人民调解工作法律

U0621423

人民调解员
不可不知的100个
心理学定律

人民调解中的沟通技巧

张思星　著

中国法制出版社

CHINA LEGAL PUBLISHING HOUSE

前　言

现代社会人与人的交往与合作日益紧密频繁，矛盾与纠纷发生的概率也在不断增加。面对纠纷，人们往往有三种依法解决的方式：运用人民调解，平等协商、化解矛盾；在有自愿协议的基础上，申请第三方仲裁机构仲裁；依法提起诉讼，由人民法院作出裁判。

这三种解决矛盾纠纷的方式，对当事人的强制性、震慑性是逐渐增高的，但相对地，它们所耗费的成本（包括时间、金钱与精力成本）、对人际关系的冲击力也同样成正比增长。

三者相比之下，人民调解在化解民间纠纷、维护社会稳定上的优势极为明显：人民调解制度不仅继承了中国法律文化的优秀传统，符合广大群众长期奉行的"和为贵""礼为先"的理念，更兼具快捷、高效、低成本、平等协商、法理相融的优势。

不过，身处社会转型期，相信有很多从事调解事务多年的"老调解员"与我一样，对近年来社会纠纷的变化有明显感受：纠纷主体的多元化，由老百姓个人间的一些矛盾，扩大到老百姓与法人、非法人之间的矛盾；纠纷的类型，也由往日普通的婚姻、邻里、房屋宅基地纠纷等，逐步扩大到专业化、行业性的特点，如近年来频繁出现的医疗纠纷、物业纠纷、商业纠纷等。

纠纷主体的扩大、纠纷类型的增多，直接导致调解纠纷的难度加大：过去，我们讲情讲理讲法就能解决的问题，现在却需要考虑个体的差异、社会转型对个体冲击所带来的心理压力、整体发展与个体需求的冲突等诸多问题。在这种情况下，人民调解被赋予新的意义：我们不仅要运用调解"止诉息讼"，更要在调解过程中安抚浮躁的人心，运用所学所知引导纠纷走向，促进社会和谐。

国家早已明确将心理学引入人民调解的必要性。在党的十九大"建设社会心理服务体系"的方针指引下，2018 年 10 部委联合发布《全国社会心理服务体系建设试点工作方案》，其中明确指示要搭建基层心理服务平台，人民调解员应具备运用心理学相关知识，引导纠纷走向的重要能力。

但反观当下人民调解队伍便可发现，在新局势、新挑战下，我们的基层调解员明显有些"跟不上趟"。哪怕在深圳、北京这样的一线大城市里，基层调解队伍依然以"专兼结合式队伍"出现：只有少部分人是接受过专业培训、专业考核的专业调解员，大部分人是社会志愿者。在这支维护社会和谐稳定的重要队伍中，不仅存在成员间年龄差距明显的情况，而且复合型人才极少，懂得心理学知识的人才更是罕见。

早在几年前，我与身边的同事便已开始尝试将心理学运用到调解工作中，并取得了极佳的效果。人民调解面对的纠纷多为民事纠纷，这些纠纷虽然琐碎，但正因为纠纷范畴、人员类型是固定的，因此，当事人的心理活动与心理变化也多有类似之处。在具体的调解工作中，适当运用一些心理学知识，根据当事人不同的心理活动以及心理变化，结合纠纷的不同性质与内容，选择恰当的调解方法、技巧和策略，对于开拓调解工作思路有着积极作用。

依据实践经验，我们甚至可以下这样的"断言"：心理学知识是提高广大调解员调解成功率、发挥调解干部社会保障功能的重要知识武装。因此，提升人民调解队伍的心理学知识储备与运用能力，不仅是当前社会对人民调解提出的新要求，更是人民调解员适应新局面、调解新矛盾所必须要掌握的科学技能。

需要说明的是，正是由于调解队伍多为专兼结合，很多调解员会将心理学视为阳春白雪，但事实上，在我们的日常生活中，无处不受心理学的影响，很多优秀的基层调解员在调解过程中，也会非常娴熟地运用心理学知识——只是他们并未察觉而已。

因此，为了总结这些自己与同事多年工作间积累的经验，同时也为人民调解队伍普及心理学知识做出应有贡献，我受邀写作了《人民调解员不可不知的 100 个心理学定律——用心理学指导调解实践》一书。

该书涵盖了 100 个对人际交往、矛盾与纠纷发展、沟通协调极其重要的心理学原理。为了使艰涩的心理学原理更贴近人民调解的真实工作过程，我从大量基层调解案例中，甄选出了一部分优秀的调解案例，以及一些带有普遍性意义的调解失败案例，并将这些案例与心理学原理相结合，全面展示了心理学与现实调解结合的具体过程。

这些案例经验，有我亲身参与调解得来的，也有从参与各类调解会议时，与诸多同行一起研究学习得来的。这也是我写作的另外一个初衷：希望能借此达到抛砖引玉的效果，让"心理学运用于人民调解"进一步扩大化使用的同时，在更多优秀调解员的交流中进一步发展、完善，而我自己也可从中进一步学习提升。

虽书中内容尽力以科学、实用为原则展开写作，但一人之词难免纰漏。若本书出版后，可供各位人民调解员实践时用上少许，或成为诸位调解员讨论、关注心理学与人民调解结合之道的切入点，那此番书写便已完全值得。

张思星

2024 年 1 月

目　录

第一章　角色塑造：介入调解时，你就是权威

第二章　直面纠纷：了解纠纷发生的心理机制

第三章　建立主场：提升心理优势，
避免被纠纷"牵着走"

第四章　深入了解：细致分析，才能有效调解

第五章　情绪疏导：先处理情绪，再处理纠纷

第六章　识别信号：在互动交流中，
透视当事人的核心需求

第七章 有效引导：缓解对抗，让纠纷有缓和的机会

第八章 技巧性说服：化干戈为玉帛，必须有情又有理

第九章　规避败笔：保持警觉，别忽视危险的迹象

第十章　群体纠纷：群情激愤下，先唤醒个体理智

第一章

角色塑造：介入调解时，你就是权威

认清自己的角色，清晰个人定位，才会有准确的行为表现，不论是组织还是个人都是如此。基层人民调解员所面对的是形形色色、纷繁复杂的各式矛盾纠纷。作为调解员，我们有必要根据每件纠纷的具体情况与事件发展的不同阶段，合理地在中间人、咨询者、倾听者、引导者的身份之间转换，并提供积极的调解服务。

1. 利他主义：调解员是社会和谐的重要力量

所谓的利他主义，是指这样一种现象：个体在特定的时间、空间下，以牺牲自身适应性，来促进与提升另一个个体适应性。利他主义建立在"利他行为"基础上，心理学家们认为，当一个人经常自觉、自愿地去做那些有益于他人、但对自己没有任何明显益处的事时，他就是一个利他主义者。

· 利他者：愿意站在他人与社会的角度去看待问题

生活中我们常常会遇到这样的人，他们不管做什么事情都是先从他人的角度出发，极其乐于助人，甚至愿意牺牲自己或者拿出最重要的东西去帮助别人。这样的人一般都拥有强烈的利他心理，因此，心理学家们称他们为"利他主义者"。他们拥有明显的行为特征，即他们总是自愿自觉地做一些对别人有好处、对自己却并没有明显益处的事。

利他主义者多种多样，如曾获"感动中国 2009 年度人物"的李灵，她在家乡创办希望小学，为留守儿童接受义务教育贡献自己的力量，且因此而负债累累。为了节约办校费用，她常常骑着破旧的三轮车穿街过巷，一斤一斤地回收旧书本，满头大汗地载回"精神食粮"。

第 20 届"中国青年五四奖章"获得者、甘肃青年张森，不仅自己是无偿捐献遗体志愿者，同时还积极动员他人捐献。在他的说服与引导下，一家老小 7 人，全部加入了遗体（器官）捐献志愿者，成为全国首个一家人全部登记捐献遗体（器官）的家庭。

利他主义者的行事原则：他们在做出选择时，往往是从他人与社会的角度出发去考虑问题的。考量他们的行为，我们会发现，他们早已习惯自觉自愿地做这些对别人有好处，而对自己没有任何明显益处的事。在平日生活中，他们乐于助人，甚至愿意牺牲自己或拿出最重要的东西去帮助他人。

· 调解过程中的利他主义以"化解纠纷"为目的

构建社会主义和谐社会是我国适应时代发展的新要求。要想建成和谐社会，需要坚持最广泛最充分地调动一切积极因素，不断提高构建社会主义和谐社会的能力。而人民调解员作为社会力量的一部分，在解决基层纠纷与矛盾中担任着重要角色。我们甚至可以说，调解员是维护社会稳定发展的"幕后英雄"。

邻里之间的纠纷往往多种多样，小到"鸡毛蒜皮"，大到"人命关天"，无不影响着社会的安宁与和谐。若不将平日的小问题解决于萌芽状态，一旦矛盾升级激化，便有可能造成严重后果。

在日常生活中，我们的基层调解员每天接触的都是社区、村里居民的家长里短，解决的都是一件件类似房屋租赁纠纷、夫妻吵架、婆媳矛盾、陌生人争执等一件件"天大的小事"，通过调解员的努力，将大事化小、小事化了。

纠纷解决了，群众满意了，邻里和谐了，社会稳定了，这就是调解员最高的工作目标，而在此过程中，调解员遵循的便是利他主义：以解决纠纷、化解矛盾为最终目标，通过服务为双方当事人进行调解。

· 调解工作的关键：调解员的工作以无私、积极、主动为特点

调解制度是解决社会问题、维护社会稳定的重要手段。它是为了解决基层社会问题而产生的科学方法与社会制度。社会问题的产生，大多源于人与人、人与社会、人与所在环境间的关系失调。这类问题不管规模多大，都必然在不同程度上破坏社会秩序，影响社会和谐，而调解员的存在，可以帮助个人与群体解决他们所面临的问题，使他们重新回到正常生活的轨道，消除社会不安定因素，从而达到维持社会秩序的结果。

比如，在一起纠纷中，丁大叔家楼上开了一个初中生补习班，每天都有很多孩子在楼道和楼上房间内大声喧哗打闹。由于丁大叔的老伴儿患有心脏病，每次听到这些吵闹声，身体都会不适。但当丁大叔与楼上住户沟通时，却常常发生言语冲突，双方闹得非常不愉快。

丁大叔的儿子常年在外，偶然回家看到此景，自然非常气愤，他把怒火宣泄到了自己看到的几个孩子身上。孩子的家长得知此事后，气势汹汹地闹到了补习班。双方都在气头上，大吵了一架，丁大叔儿子声称，自己这几天必须让补习班与"熊孩子"付出代价。

幸好，社区调解员在走访时听到此事，当晚，调解员便赶到了丁大叔家中，安抚了他的儿子，然后又抽出时间，前后三次展开调

解，提出相应建议，最终促使补习班拿出了整改措施：在原来地面隔音板的基础上，又加铺了一层厚厚的地毯；向学生强调轻上轻下、进屋脱鞋等行动细节。

从这一典型的调解过程中，我们可以看到调解工作的利他性：

（1）其工作并非商业合作式的互利行为，也不是以利他为名、牟取个人私利的行为，《中华人民共和国人民调解法》第四条规定："人民调解委员会调解民间纠纷，不收取任何费用。"

（2）其工作以帮助他人为出发点，并且通过这种帮助，可使困扰当事人生活的纠纷与矛盾得到解决。

（3）其工作过程中，调解员充当的是中立的第三者、仲裁者，且调解行为需要在尊重当事人意愿的前提下展开。

调解员的这种利他性，不仅体现在解决纠纷调解问题上，更重要的体现为"助人为乐"：基层调解员往往会采取积极、主动的态度对待社会问题，预测、发现、控制和消除可能妨碍社会和谐的因素，预防潜在纠纷的发生，维护社会稳定。

对调解员来说，自己保有、坚持这种利他主义，不仅具有鼓舞自我、自愿行动的潜在作用，同时，还可以使调解员充分发挥社会"神经末梢"的作用，确保将群众矛盾纠纷化解在源头，解决在基层，消灭在萌芽，进而对和谐社会的发展、建设做出积极贡献。

2. 角色效应：明确职业要求，你就更容易融入调解过程

社会运转中，我们以不同的社会角色参与社会活动，当个人被社会赋予了一定角色定位时，我们会不自觉地向这个身份靠拢，并以实际行动去告知他人，自己是符合角色定位的。这种因为角色不同而引发的心理或行为变化，就是角色效应。不管是在家庭、职场还是在社会交往中，人的各类角色的形成，首先是建立在社会与他人对角色的期待上的。

· 角色效应下，每个人都有多重角色

"角色"一词原指电影、戏剧里的人物，我们在观察一个演员的演技如何时，往往会通过他在剧中的表现来判断，如他的言行举止、心理活动是否符合他在剧中所扮演的角色。

大部分人都未曾意识到的是，在真实的社会生活中，这种角色效应也同样发挥着作用。在不同的角色下，个性心理倾向与个性心理特点，也会受所任角色的制约，产生与角色相符合的心理表现。

比如，一位中年调解员，他在单位是调解小组的管理者，在行事上严谨、有原则，注意自身形象。

回到家里，在父母面前，身为儿子的他对父母恭敬孝顺；在妻子面前，他是可靠的丈夫，事事体现出对妻子的尊重与爱；在孩子面前，他是严格的父亲，事事以身作则，善于用自己的经验指导孩子去解决困惑。有时，与家人发生争执，他也会为了家庭的和睦退让与妥协。

在公共场合中，他是遵纪守法的好公民，但是，与人发生争执时，他也会据理力争，不该吃亏时绝不软弱。

这就是一个人在不同角色、不同环境与地位下所表现出来的不同心理与行为，而它们都受角色效应的制约。

· 明确调解员的工作与定位

角色与心理表现存在对应的关系。两者间一致的，便可称之为"相符角色"。比如，调解员本身就是一种正式的职业，它指的是"在人民调解委员会担负调解民间纠纷工作的人员"，因此，国家、社会与群众对该职业有着明确的要求与期许。

依据《中华人民共和国人民调解法》《人民调解工作若干规定》等文件要求，人民调解员应满足表 1-1 中的四种职业要求。

表 1-1　人民调解员的四大基本任职要求

> 为人公正，不偏不倚；
> 热爱、关心、了解群众，且善于联系群众；
> 不畏风险、不怕繁重、不求名利，热心于人民调解工作；
> 拥有一定的法律、政策与文化水平的成年人。

在《中华人民共和国人民调解法》中，也明确规定了哪些行为不符合人民调解员要求，出现了就应被批评甚至是解聘（表 1-2 所示）。

表 1-2　人民调解员不应出现的行为举动

> 偏袒一方当事人的；
> 侮辱当事人的；
> 索取、收受财物或者牟取其他不正当利益的；
> 泄露当事人的个人隐私、商业秘密的。

· 六类角色需要相互转化

人民调解工作面向基层，面对的是纷繁复杂的矛盾纠纷。在具体调解工作中，作为调解员，需要根据纠纷的具体情况、纠纷发展的不同阶段，扮演与调解员角色相符合、相配合的六类角色，并在各角色间相互转化。

以基层调解员小李的工作举例，六类角色分别是：

（1）信息员

平日里，调解员小李总是密切、主动关注辖区内的社情民意与舆情动态，以便及时准确地掌握纠纷信息。在各类节假日、重大节日与社会敏感时期，小李更是会主动出击，排查各类纠纷苗头。在他看来，唯有如此，才可掌握调解主动权。

（2）普法员

不论在日常法治宣传、矛盾纠纷排查还是在具体的调解过程中，小李都会主动向群众宣传各类与他们生产、生活息息相关的法律法规知识，以增强他们的法律意识。

对于前来咨询纠纷解决的当事人，小李还会向他们讲解相关法律知识，如向深陷婚姻纠纷的夫妻，宣传《中华人民共和国民法典》中与婚姻财产分割相关的规定；向租赁矛盾当事人宣传《中华人民共和国民法典》中与租赁合同相关的规定。

在调解过程中，针对不同的纠纷、当事人的不同诉求，小李还会向他们讲解纠纷所涉及的相关法律规定、需要提供证据的法律要求、调解协议的法律效力、调解协议进行司法确认的程序等法律知识。

（3）引导员

在正式调解前，小李会将调解的相关程序、当事人需遵循的相关要求等提前告知当事人，并向当事人分析诉讼与调解各自的利弊，告知其调解的优点：既可减少时间、经济成本，又可达到案结事了的法律效果，引导当事人选择恰当的纠纷化解方式。

（4）疏导员

纠纷当事人往往情绪激动，小李总是会先疏导当事人情绪，让他们宣泄完不满与怒气，待情绪平静下来后，再进行调解。

（5）劝解员

在当事人平静心情后，小李便会通过自己由"多听少说"中获得的信息，根据具体的纠纷情况，使用多种方法，有情有义、有法律依据地劝解当事人，促使纠纷当事人和解。

（6）衔接员

调解并非万能的，当下调解成功，事后当事人又反悔转而诉讼的情况并不少见。在这种情况下，小李非但不会撒手不管，反而还会积极跟进，协助平息当事人的不满，并告知他们相关的法律程序，使当事人感到自己的事有人管、有人协调。

可以说，小李在六种角色间的有效结合、恰当转化，为所有基层调解员作出了示范：角色效应的有效运作，不仅增强了人民调解员在群众间的公信度，同时更有效防止了矛盾的激化。

3. 首因效应：用首次见面打下良好的沟通基础

首因效应又被称为"第一印象效应"，它指的是，陌生人在初次见面时，45 秒内会对彼此产生第一印象，这一印象会在双方头脑中占据主导地位，且持续很长时间，甚至有可能直接决定日后的交往结果。它本质上是一种"优先效应"：当不同信息组合在一起时，人们总是倾向于认可前面的信息。

· 首因效应在社交活动中普遍存在

在交友、招聘、求职等各类社交活动中，都存在首因效应。

比如，当下家庭成员往往会为大龄青年牵线相亲，而在这种相亲活动中，双方往往在第一次见面后就会表达对相亲对象的认可或否定。

某青年与女孩见面相亲后表示："第一眼看上去就没眼缘，再见也没什么意思。"

女孩则认为："第一次见面，对方连一句有意思的话都没能说出来，可以看出来，整个人无趣又无聊，拒绝！"

但实际上，他们在现实生活中并非彼此认定的模样，可恰恰是这样的认定，让他们无意再进行后续联系。

这种首因效应在企业招聘过程中也常会出现。面试官们大多经验丰富，且有较高的识人辨人水平，而他们也非常认可首因效应：20 分钟的面试，除非后续应聘者有杰出表现，否则，聘任与否，多在前面的 2~3 分钟就已作出决定。

- **第一印象好，才能赢得认可**

首因效应在调解过程中同样重要：好的第一印象可以让参加调解的双方更快接纳调解员，这也是调解可以达成和解的关键。若开端不好，调解员就算随后花费十倍力气，也很难消除消极影响。

调解员小刘刚过而立之年，年轻有为，对调解技巧颇有自己的一套心得，对自己经手的纠纷也颇有自信。

某日，他接受委托，前去调解一件家庭纠纷，纠纷双方是一对父子，父亲70岁，儿子45岁。小刘为了在调解过程中区分彼此，便径直称纠纷中的父亲为"老何"，而将儿子称为"小何"。不料，"小何"刚叫出口，对方便拍案而起，骂道："我年纪比你大那么多，你怎么叫我小何？"说完便转身离开。

虽然后续小刘向当事人道歉，但被称为"小何"的当事人还是认为，他经验不足，坚持让街道办事处换其他人来调解。

这个案例就是因为调解员未能建立良好的第一印象，而导致调解无法顺利展开的典型案例。

- **在初次见面时便展示良好风貌**

调解员必须要在"慎初"上下功夫，力争给参加调解的双方当事人都留下良好的第一印象。

社会经验丰富的人，在陌生人走近的瞬间，就会从对方的穿着打扮与身体活动中听到对方"自然说话"。不恰当的自然说话如表1-3所示。

表1-3　不恰当的自然说话

外表特征	潜在语言
衣冠不整	缺乏礼貌、做事没条理
穿着花哨	华而不实、喜欢张扬
姿势扭捏	缺乏气质
目光游离、缩手缩脚	情绪不稳、缺乏自信
说话吞吐	思路不清
声音太小	（对自己或所说的话）信心不足
空话套话连篇	为人飘浮、虚伪

总体来说，虽然各行各业对好的第一印象的标准可能不一致，但其具体要求却基本一致（表1-4所示）。

表1-4　良好的第一印象要求

着装合体、仪态恰当
精神饱满、信心十足
坐姿端庄、眼神温和
面带笑容、用语真诚
声音洪亮、表达流畅
坦率真诚、富有感情
机智干练、做事务实

调解员同样可以利用上述要求，展示给当事人一种极佳的第一印象，为日后的交流、沟通打下良好基础。

4. 晕轮效应：别让片面看法影响调解过程

晕轮效应是一种影响人际知觉的因素：某人或某物因为其突出的特征给人留下了深刻的印象，在这种印象的影响下，人们对此人的其他品质，或者该物品的其他特性，也会给予一样的评价。爱屋及鸟、"一白遮百丑"等，都是晕轮效应的代表。

· 晕轮效应会让人失去客观态度

从前述可以看出，晕轮效应是认知错误的一种：我们可能会因为个体一部分的优点，而倾向于美化其整体；也可能会因为个体一部分的缺点，而否定其整体。

心理学研究发现，晕轮效应多与第一印象密切相关。

举一个正面的晕轮效应例子：公司招聘中，A 与 B 能力相当，甚至 A 在某些方面表现得还不如 B，但最终是 B 被淘汰掉，公司人事部给出的解释是，A 不仅长得漂亮，且说话方式也很温柔，这样的女孩子，在工作方面也会表现得更积极。

一旦我们对一个人形成了良好的印象，那么，与之相关的其他方面也会强化这种好印象，可是，负面的信息却常常因此而被忽视。

这种情况在负面的晕轮效应中也同样存在：初入学的学生们总是更喜欢看起来和善、温柔的老师，并认为，相较于那些习惯以严肃态度对待他们的老师，和善的老师教学质量会更好。

可事实上，哪一位老师的教学质量更好？只有在经历了具体的教学过程、成绩考核后，我们才能知道。这也是晕轮效应的最大不足：不论是积极的还是消极的晕轮效应，都会干扰对信息的评价，它可能让我们得出一些相对错误的结论。想克服晕轮效应，就必须要坚持客观的态度。

· 晕轮效应很容易导致调解陷入误区

某地派出所接到报警，在繁华路段，一位老人被撞倒。民警到场后，发现老人已经躺在地上，而旁边一位染黄发、有文身的青年正在向周围人解释，老人倒地并非自己所为，自己是看她突然倒地，好心上前来扶的。

周围人纷纷质疑青年的说法，并有人窃窃私语："染着黄头发，穿得吊儿郎当的，一看就不是好人！"

"就是，你看，还文了个大花臂，指不定干什么的呢！"

"是啊！刚刚还打了电话，不知道是不是给自己的同伙打的！"

青年一脸气愤："我刚给120打电话，让他们赶快来救人，你们刚才离得那么远，不敢朝前来，现在怎么什么都知道了？"

民警听到两边各说各话，老人又无意识，便暂时安排围观群众散开，青年则随他们一起，待120救护车来了以后将老人送往医院。

一路上，民警并未轻信周围群众说的话，而是以中立的态度询问了青年当时的情景。在医院，老人醒来后也承认，自己是因为突然头晕，一头栽到了地上。在听说是青年好心救了自己以后，老人与随后赶来的家人纷纷向其致谢。

晕轮效应最大的弊端就在于，它是以偏概全的，具体表现在表1-5中的三个方面。

表1-5　晕轮效应的三大弊端

具体弊端	内在含义	真实表现
遮掩性	从个别推及一般、由部分推及整体，得出错误的结论	认为说话温柔的人比较讲理，或是从事公职工作的人更占理等
表面性	以片面的表面现象否定他人的整体	认为文身是黑恶势力的一种外在表现
弥散性	对一个人的态度，连带影响到与这人相关的具体事物上	厌恶和尚，恨及袈裟 爱屋及乌

仅拿我们刚提及的情况来想一下便知：若民警在出警时由青年不羁的外表认定他就是坏人、是肇事者，乐于助人的青年势必因此而大受打击。

· 规避晕轮效应，从三点入手

若调解过程中受晕轮效应的影响，调解员的认知势必出现偏差，轻则影响调解效果，重则失去当事人的信任。因此，我们必须要立足于客观与公正原则，依据下述要点，规避晕轮效应。

（1）警惕"第一印象"

在大部分纠纷调解过程中，调解员与当事人双方都是首次见面，因此更容易受初次见面后所形成的直观感受影响。

从这一意义上来说，调解员应注意给当事人留下良好的第一印象，但我们必须要冷静、客观地看待当事人给我们留下的第一印象，不受外表、穿着、职业等外在因素的影响，在思想上时刻保持"第一印象可能是错的"这种觉悟，让自己以客观的态度去了解纠纷发生的经过、双方的关注点等。

（2）警惕"刻板印象"

晕轮效应与刻板印象密切相关，刻板印象就是所谓的类化作用，即把人分为不同的种类，然后贴上标签、按图索骥，如老师是"文质彬彬"的；商人是"唯利是图"的。因此，在调解过程中，我们一定要牢记，人是丰富的、多样的，尊重他人的不同，并不断修正因为受个人刻板印象影响而造成的不实印象。

（3）避免循环证实

心理学早就证明，一旦形成偏见，便会形成自动证实。比如，在调解时，若对某人存有质疑与不信任，时间一长，自然会被对方所察觉，并引发对方的戒心，而对方这种戒备心理的流露，又会反过来，令你深信自己对他当时的看法是正确的。这就是心理学里的"角色互动"与"双向循环"。

如此循环往复，势必加深偏见，走入晕轮效应的迷宫。这就提醒我们：在调解过程中，当我们看不惯某人、对其怀有成见时，应首先理智地检讨一下自己的行为与态度是否受到了晕轮效应的影响。唯有察觉到了这种影响，调解员才有机会在接下来的调解中走出晕轮效应的迷宫。

5. 权威效应：表现自己在调解方面的专业能力

权威效应指的是，一个人如果地位高、有威信、受人敬重，那么，他说的话、做的事就更容易引起别人的重视和让别人相信其正确性。传统文化中的"人微言轻、人贵言重"，说的便是此类现象。

· 日常生活中，人们更信任权威人士的观点

夫妻二人带孩子去医院看病，丈夫问妻子："我们挂普通号还是专家号？"

妻子毫不犹豫地说："当然是专家号！更可信！"

甲乙两个学生正在就一个难题展开讨论，谈及一个知识点，两人争执不休，旁听的人一句话便结束了这场"学术"讨论："上次，我就这个问题问过李教授，她可是我们领域里的高手，乙的观点正是她的观点。"

在选购保健品时，某明星代言的产品销量总是比其他品牌更高。消费者说："他为人可靠，出道十几年没有黑料，他代言的东西，我们信！"

在某一领域内的权威人士、拥有一定地位与德行的人，他们本身就是说服力的象征，最典型的就是医生、教授与律师。我们之所以信任他们，是因为他们在本领域中的专业度。这种专业度带给了我们安全感：听从他们的建议，能增加不出错的"保险系数"。而对于那些比自己社会地位高、德行优秀的人表现出信任的行为，则是源于对方过往的言行：他们所说的、所做的多与社会规范相一致，按照他们的要求去做，往往不会有错。

· 调解领域中，专业权威的意见拥有极重分量

在一起有关医疗纠纷的调解中，患者因突发化脓性阑尾炎住进了当地的医院，后引发切口疝。医院建议患者转至省级医院进行治疗，但患者认为，当下局面与医院处理不当、治疗不及时密切相关，并要求医院赔偿 5 万元损失。在互不认可对方观点的情况下，这起纠纷闹到了市医疗调解委员会。

在后续调解中，为了提升调解的专业度，参与调解的成员包括了医疗、法律、保险、媒体代表等专业领域的 15 位成员。大家从自己的专业领域出发，对纠纷进行了分析：

3 位医学专家从临床医学角度对患者的疑问进行了解答，对医院的处理方式、患者的误解提出了中肯意见；

3 位律师从法律角度阐述了因果关系、相似案例的解决办法以及法律上可行的最佳解决方案；

2 位保险员则从保险角度阐述了患者有可能得到的医疗补助。

正是因为有了这些专业人员的参与和调解，后续，患者与医院很快达成了和解：医院支付给患者 1.5 万元的"补偿金"。

而此次调解之所以如此顺利，关键就在于医疗调解委员会所展示的专业力量，从专业与理法角度使患者与医院心服口服。

· 权威效应，应从与当事人初次接触就开始运用

在基层调解队伍中，本身拥有专业、学科优势的调解员比例虽然在不断增加，但大部分调解员都是普通职业。在这种情况下，调解人员如何才能运用权威效应，增强自己的可信度？

我们可以尝试从以下几个角度入手。

第一，在自我介绍阶段，便主动展示自己之前的成功率。

初次与当事人见面时，调解员都需要进行自我介绍，此时，可

以拿出自己往日的成绩，让当事人看到自己的能力。比如，一位调解员这样介绍自己："大叔大妈你们好，我是负责调解咱们这起纠纷的小李。在过去几年间，我已经成功调解了很多类似你们这样的纠纷，这也是领导派我来的关键原因。"

第二，严格遵循调解基本要求，做好开场工作。

在调解过程中，开场工作往往是运用权威效应的关键场合，运用得好，后续大有裨益；运用不好，调解便很难顺利展开。开场工作的目的如表 1-6 所示。

表 1-6　开场工作的目的

工作目的	具体工作
让当事人了解、认识整个调解过程	向当事人介绍： ·调解员的中立性 ·调解员的保密义务 ·调解如何解决问题 ·调解协议的签署
让当事人感到正式、庄重和被尊重	强调当事人参与调解的基本要求（特别是双方会谈时，要强调不可有过激行为） 展示自己对双方的公正、公平与耐心
营造和谐的氛围	缓和双方情绪，放松戒备心理 为双方展示调解的优势 帮助双方建立起"坐下来、好好谈"的信心
为赢得当事人的信任奠定基础	展示个人性格与能力 强调自己的责任心、公正性
告知当事人调解员在调解程序中所扮演的角色和定位	使当事人明白： ·调解员是无偿的纠纷解决助手； ·当事人拥有是否接受调解、是否达成协议的权利

开场工作做得好，当事人便能看到调解员在调解工作中的专

业性。而调解员的专业也会使当事人明白，调解员是值得信任的中立者，调解程序不是走过场、和稀泥，而是能够实实在在地减少彼此分歧，降低彼此对抗程度，最终平息双方纠纷争议的解决程序。

6. 认同效应：恰当展示自己对当事人的认同

认同效应又可称为"名片效应"，它是引导者通过表达与交流对象相似的观点或特征，来展示"我是自己人"的心理暗示，从而使被引导者产生一种认同感，进而缩短彼此的心理距离，消除或弱化对方的防范心理，从而取得观点认同、接受引导等效果。

· 有意识地向对方表明相似的观点与看法

认同效应常常会被人们有意或无意地运用于生活中，如在公司谈判、产品推销过程中，便常有此效应的运用。

一次，公司的陈经理正在餐厅招待一位重要客户，对方此行的目的是就双方的合作价格进行协商，事关公司盈利，自然对彼此都非常重要，再加上初次见面，双方都非常紧张。在见面后，双方都感觉到，他们间的戒备感、距离感非常强。

陈经理一直在不停地寻找一个恰当的方法，想要打破这种无益的沉闷氛围。此时，餐厅中的电视正在直播 NBA 篮球比赛，陈经理发现，对方时不时便会去看电视，于是判定他肯定是一位篮球迷。

虽然他对 NBA 与篮球并不感兴趣，但他还是从一些著名的篮球运动员与对方聊起，结果，这成了他们之间最好的话题。随后，因为这个"共同的爱好"，双方的交流变得多了起来，再加上陈经理丰富的谈判经验，最终达成了彼此都满意的新合作价格。

由此来看，在人际交往中，若可以在相识后的第一时间内，表明自己与对方相同的态度、爱好或价值观，便会使对方感觉到，你与他有诸多的相似之处，进而在短时间内形成有益于双方沟通的情境。

· 调解中也常有认同效应的运用

认同效应具体包括两个方面的内容：

第一，观点方面的认同；

第二，特征方面的认同。

比如，在一起调解中，调解员张梅便运用了这两个方面的认同。

在一起因为婆婆过度干预儿媳生活而导致的婆媳纠纷中，她在与儿媳接触的过程中，表明自己与对方身份相近："虽然我现在是山东媳妇了，但我和你一样，也是河北的闺女！"对方一听，便有了"老乡"的亲近感，便将自己在山东当地遇到的生活困难一一道来。

而在面对老人时，她则以认同表达了自己对老人的尊重："我的妈妈和您一样，也 69 岁了，为儿女操劳了一辈子，现在也是一头白发，看着您这样为孩子操心，我一下子就想起她来了。"老人对张梅的好感也立即建立了起来。

运用名片效应的最大好处就在于，在调解员阐述自我观点以前，便先向对方表明了自己在某些地方与当事人存在一致之处，这种"一致"就如同一张"名片"：一来削弱了对方在相关问题上的防备与对立情绪；二来避免了对方对调解员提供的信息、观点进行质疑与挑剔。

· 警惕为了认同而认同

在调解员与当事人初次见面时，名片效应运用得当，的确可以起到提高劝说、引导效果的作用，但在使用过程中，我们必须要注意下述几点：

（1）不可刻意迎合

调解员采用名片效应，主要是为了寻找自己与对方在思想、观念、认知、意见上的相同点。但这并不意味着，我们必须要有意隐瞒自己原有的思想、意见等，去刻意迎合对方，以求得对方的认可。

调解往往并非一蹴而就，刻意的迎合往往会在日后的沟通中形成隐患。比如，若张梅并非"河北闺女"，那么对方谈及河北民俗时就很可能露馅。而这种刻意的欺骗，很容易失去当事人的信任。

（2）认同效应往往通过语言达成

语言是劝说、引导的直接工具，调解员应注意运用语言的情感性和影响力，这对增强"名片效应"，有着不可忽视的作用，如与文化水平较低的当事人说话，应使用大众化朴实的语言；与文化程度较高的当事人谈话，宜采用文雅富于哲理的语言。对老年人应节奏缓慢，情绪稳定，对年轻人则应节奏明快，情绪张扬。

相似的语言表达方式，不仅适合于不同年龄、职业与层次特点，同时也表示出了对对方的尊重，更可给对方亲切、融洽之感。这将大大有利于消除对方心理障碍，缩短彼此间的心理距离，为接下来的劝说与引导创造心理条件。

7. 自我效能感：认可自己的调解员拥有更高的成功率

"自我效能感"是由美国当代著名的心理学家阿尔伯特·班杜拉（Albert Bandura）提出的，指的是个体评估自己能有多大程度完成某件事情的能力，或者说，感觉自己有多大把握可以完成任务的信心。我们生活中常说的"自信"，其实就是心理学理论中的"自我效能感"。

· 自我效能感与做事能否成功关系重大

研究证明，个人自我效能感的高低，直接决定着其完成任务的能力。

小李每天都在不停地喊着："我要锻炼！""我要攒钱！"但口号喊了一年，朋友也没有发现他的体重下降一公斤，而他的经济情况也一直处于入不敷出的状态。

其实，小李也很清楚，只要每天坚持做出一点点改变，自己就能拥有更健康的身体与财务状况，可是他却一直处于"下决心—放弃—再下决心—再放弃"的恶性循环中，最终只能原地踏步，好像改变自己真的比登天还要难。

在这个世界上，像小李一样的人有很多，对此，阿尔伯特·班杜拉先生是这样解释的：那些优秀的人之所以会在生活与职业生涯中表现得出色，关键在于他们拥有更高的"自我效能感"，他们相信自己拥有达成目标的能力。

而像小李这样的人，之所以减不了肥、攒不住钱，就是因为他们的潜意识认为，自己根本做不到这些。实际上，人们只有确认自己能做到时，才能坚持不懈地朝着成功的方向努力。

· 调解员的自我效能感："我能帮你解决问题"

五十多岁的老张是某区的首席调解员，在市里也非常有名。初识老张时，给人印象最深刻的就是他的激情与自信。在成为调解员时，他便立志要成为将基层人民调解工作干得最出色的那个人。在市里请他做经验推广时，他夸下"海口"："只要给我平台，我就可以带出千千万万个'小张'，为我们的调解事业做出更大贡献！"

有一次，老张调解一起上访纠纷时，上访人问："你是什么职务？什么级别？"老张回答说："我是什么职务、什么级别，这些不重要，重要的是，我是能帮助你解决问题的那个人，是你需要的人。"

群众需要信任，老张就在思想上尊重他们，在情感上贴近他们，让他们感受到尊严。群众需要帮助，老张就在他们身处困境时陪伴左右、不离不弃。群众需要希望，老张就主动担当，为他们找到公平正义。只要群众遇到困难，他便会毫不犹豫地站出来，告诉他："我是老张，相信我，我能帮助你解决问题！"

正因为拥有这种自信，老张的调解总是让人安心。也恰恰是因为这种自信，群众也相信，老张能帮助他们解决问题。

可以说，老张的这种自信其实就是"自我效能感"，它与美好的愿望不同，愿望是"相信某件事会产生"，但"自我效能感"却是"相信自己能让某件事发生"：自我效能感远比愿望更能预测调解员的行为——调解员是否会努力调解一件纠纷，能为当事人和解付出多少努力，都取决于他们认为自己实际上可以实现这些改变的能力有多大。如果一个调解员认定自己没有能力解决一件纠纷，他就不可能为此努力，去实现这些改变。

· 运用三点，提升自我效能感

在面对纠纷时，自我效能感可以指引调解员以更强大的毅力、更乐观的精神面对群众。当遇到困难时，较高的自我效能感可以引导我们保持一个平静的心态，并帮助我们寻找解决方案，而不是反复地认为是自己能力不足或是当事人不明事理。

不过，自我效能感并非凭空而生，在调解时，调解员可以按下述途径来培养自我效能感。

（1）增加自己对成功的体验

自我效能感是在个体与自我、环境发生作用的过程中产生的，拿之前举的例子来说，老张之所以敢说出"我能帮你解决问题"这种话，是因为他有极高的调解成功率。这也是为什么基层在培养新调解员时，往往会以"老带新""群体带个体"的方式开始，而新调解员初入职时，所在组织也往往会将简单的调解任务交付给他们，为的就是增加他们的成功体验，进而提升自我效能感。

（2）增加替代性经验

替代性经验，是个人通过观察与自己能力水平相当者的活动，获得对自我能力的一种间接评估。在调解生活中，调解员应多与周围的同事进行矛盾纠纷的分析、相关经验的沟通总结。从他处得来的这种间接经验，可以帮助调解员迅速成长。

（3）获得语言说服

我们对自身能力的知觉，在很大程度上受周围人评价的影响，当这种评价是来自个人认可、有威信的人时，更是如此。因此，调解员应积极地从所在组织中获得相关评价。当然，在对新的调解员进行指导时，老调解员也应秉持实事求是的原则，诚实评价、真诚指导。当调解员总是可以获得组织的关心与支持时，他的自我效能感便会大大增强。

需要注意的是，紧张、焦虑等情绪会让人对自我能力产生怀疑，降低自我效能感，因此，调解员应积极调解自我情绪，使自己在调解过程中，始终处于良好的心态与生理状态下。唯有如此，才能以最佳状态投入调解工作。

8. 心理疲劳：暂时放下，别让自己对调解失去热情

所谓心理疲劳与生理疲劳对应，生理疲劳是因为过多从事体力劳动导致体力透支而产生的疲惫感，心理疲劳则是因为长期从事过度相似的工作，而导致心理上产生了疲惫感，致使人对工作与生活的兴趣、热情都明显降低，直至产生了厌倦心理。可以说，心理疲劳往往是因为未得到及时休息而导致的身心恶性循环。

· 多种原因可造成心理疲劳

人有一个典型的心理活动特点，即如果做一件事情过久，便会感觉厌倦而不愿意再做下去。比如，有很多脑力工作者，工作了一定时间以后，就会有心烦意乱之感，不想再做了。

这种"心烦意乱"并不一定是因为身体疲劳引起的。调解员因为工作与生活超负荷运作，大学生因为在校学习、训练压力大，都很容易造成心理疲劳（表1-7所示）。

表 1-7　心理疲劳典型表现

思维	注意力不集中、思想紧张、思维迟缓
情绪	情绪浮躁、厌烦、忧虑、倦意、感到无聊
感知敏度	感知敏度减弱，对外界话语、他人表现的体会能力下降 有饥饿、姿势不舒服、睡意增长等独特表现

对工作的过度焦虑或是生活中的心烦等情绪，有时也会引发心理疲劳，如做一项工作时，因太过担心做不好而焦虑过盛的话，就会浪费过多的情绪与能量，从而产生疲惫感。

心理疲劳可以分为两类：

（1）暂时性心理疲劳

即对所从事的工作感觉厌倦，注意力无法集中，思维能力下降，导致工作效率下降，情绪低落等。

（2）慢性疲劳

这是暂时性心理疲劳的下一发展阶段，它反映的是整个身心的疲劳，除暂时性心理疲劳的特征外，还会表现出诸如记忆力下降、多梦、失眠、周身机能紊乱等严重的全身性症状。

因此，出现暂时性心理疲劳的典型症状时，我们便需要注意：身心已在发出"我需要休息"的警告了。

· 感觉有心理疲劳时，切忌调解

对于调解员来说，最忌讳的就是在心理疲劳状态下介入调解。

老叶一向是个稳重的调解员，但最近家里出了点状况，他的妻子突发疾病住院，他一边在调解办事处上班，一边还要照顾妻子，再加上自己也已经 50 多岁，家中孩子又在其他城市生活，帮不上忙，自然有些应接不暇。

同事们看老叶最近状态不佳，在办事处说话的火气都大了些，纷纷劝他请上几天假，照顾好家里再来上班。老叶拒绝了："咱们片区本来人口就多，调解员不够用，我再休息，你们怎么办？"

以疲惫的状态投入调解工作，这份对调解工作的坚持固然值得赞赏，却不值得提倡：在老叶调解一起租赁纠纷时，语气与情绪都有些过于着急，在当事人心情不好的情况下，老叶也失去了耐心，最终导致当事人投诉到了办事处领导那里。

调解员有必要提醒自己：我们的工作内容本就是随时可能激化的矛盾与纠纷，而处理此类事件，最需要的就是身为调解员的我们以平和的态度、积极的情绪引导双方展开良性沟通。若调解员自己都处于心理疲劳状态，又如何去安慰与辅助调解当事人的情绪？

因此，在感觉到自己有心理疲劳的情况时，应暂时放下工作、给自己一个彻底的休假是非常必要的事情。

· 几大要点，规避心理疲劳

与因为连续工作引发体能下降，进而导致的生理疲劳不同的是，心理疲劳是指个人因为中枢神经细胞过于持续紧张，导致身体与心理出现变化，对工作与生活的热情明显降低，直至产生厌倦情绪。因此，调解员在心理疲劳状态时进行适当调节是非常重要的。

（1）展开认知调节

调解员需要明确，调解工作的目的是"及时解决民间纠纷，维护社会和谐稳定"，而一种不良的心理状态不论对于解决纠纷还是维护社会和谐稳定，都是没有丝毫益处的。因此，在感觉身心出现疲惫时，要及时休息，给自己一个放松的机会，才能在接下来的调解工作中发挥出最佳效果。

（2）释放压力

有关释放压力的方法往往因人而异：有些人会通过锻炼、出去散步放松自己；有些人喜欢给自己放几天假，进行彻底的休养；有些人会选择听音乐、画画、写作；有些人则会选择与朋友聚会、聊天。

找出适合自己的最佳放松方式，并经常在工作之余抽出时间用此类方式放松自己，不仅可以防止体力与精力严重透支，更能拥有充沛的精力去做好每一项工作。

此外，如果心理疲劳是因为挫折或其他事件引发的，调解员还需要考虑如何应对挫折，或者有针对性地解决引发心理疲劳的事件。比如，像调解员老叶的情况，在家庭生活与工作无法兼顾的情况下，自然难以解决心理疲劳问题。在这种情况下，老叶的坚持其实对调解工作、对自己的生活都无益。此时，坦然地接受组织的安排，先处理好家庭生活，便成了去除心理疲劳的根源所在。

9. 动机适度定律：你是调解员，更是普通人

"动机"是心理学上的术语，它是对所有引起、支配与维持个人想法、行为的过程的概括。心理学家通过分析动机的强度与具体的行为效率发现，很多活动都存在一个最佳的动机水平。这一动机水平指的是，你有多渴望完成这项任务。动机不足或者过分强烈，都会令工作效率下降——由此延伸出"动机适度定律"：一个人做

事的动机太强，事情反而容易办不好，动机适度，事情才更容易做好。

· 动机适度，潜力才能得到充分发挥

我们常常会有这样的体会：不重视的话，事情有很大概率会做不好，这是动机过弱导致的。

就如同普通人参加公务员考试一样：如果动机不足、对待考试的态度不够端正，那么，他在学习、复习的过程中便会表现得动力不足，也不会将大量时间分配给学习。长此以往，他的考试结果自然不会太好。

但是，有些事情越想做好便越会紧张，越紧张反而越做不好，这种现象则是动机过强导致的。

如果某人过分看重公务员考试，将这次考试当成自己能否摆脱生活困境，甚至能否顺利过好一生的关键，他自然会全身心投入学习中。可这种过分重视很可能会使他在临近考试时过分紧张，导致睡眠质量极差，进而影响到考场发挥，甚至有些原本可以答对的题目也没有答出来。

可是，那些虽然自己看重考试，却并不将它视为"唯一道路"的人，却既能在备考期间好好准备，又能在考试中以轻松自如的心态应对，进而良好发挥。这种现象其实就是"动机适度"定律的体现。它带给我们的启示是，做事的动机必须适度，过强、过弱都可能影响发挥，进而导致失败。唯有对结果抱以乐观、豁达的态度，才有机会表现出最佳水平。

· 调解员需谨慎动机水平

现实操作中，有两项内容影响着调解员的动机水平：一是调解员的等级评定；二是调解员的奉献精神。

我国人民调解制度中，存在人民调解员的等级评定制度。在基层工作中，这一等级评定的具体方法往往是以调解员的"调解成功率"来判定的。

我国专职调解员人数有限，大部分调解员是以"兼职"形式工作的。对于费心费力的调解工作来说，这些兼职调解员大多不图名不图利，单纯只是怀着"让社会变得更好"的奉献精神投入工作。

这两项原因，都有可能导致有些调解员在工作中表现得动机过强。

比如，A调解员为了得到"二级人民调解员"的称号，过于追求调解成功率，在调解中以强硬、严厉的态度要求当事人和解。

B调解员则因为太过于强调"家庭和谐"对"社会和谐"的重要性，反复劝导一位因家暴而决意离婚的女性接受丈夫的道歉，最终被对方反问："难道需要我牺牲自己让社会和谐吗？"

这两位调解员都违背了"动机适度"定律：他们完全违背了调解工作原则不说，更容易导致当事人对调解失去信心，转而选择诉讼。

· 保持适当动机，接受调解结果的不确定性

心理学家们认为，中等程度的动机水平，最有利于行为效果的提升。在调解过程中，调解员也需要依循动机适度原则，让自己恰当调解。

观察、对比现实生活中调解员的具体工作过程与结果就会发现，往往越是"心重"、对自己期望值过高的调解员，越容易引发当事人反感，越容易失败。原因无他，"动机适度"同样存在于劝导过程中。

我们都有过这样的体会：当你试图说服他人接受你的观点，或者按照你的想法做事时，若动机表现得太过强烈，对方很容易就会

感觉你别有用心，或者另有所图。如此一来，他们便会产生戒备心理，而一旦产生戒备心理，你会很难说服他们接受你的观点。

因此，调解员应重视自我调解技能的培养，在调解中让自己以最佳状态介入，但不可给自己与当事人过大负担。

此外，调解员也必须承认这一现实：调解本身就存在着极大不确定性，准备得再充分，也有可能会出现当事人反悔、拒绝调解等情况。比如，在某起购房经济纠纷中，在调解员的努力下，双方当事人都决定和解，但卖方在回家后发现房价上涨，立即反悔，且坚决拒绝调解。

因此，保持"努力但不强求"的心态，明显更有助于调解成功。

10. 正确归因：有效归因才能快速成长

"归因"，是指人们总喜欢为周围发生的各种事情寻找一个原因，而"正确归因"，则是指通过系统、全面的观察，从内外两方面入手，为那些正在发生的事情找一个合理的理由，以备日后再次遇到相似情况时，知道如何处理与应对。

· 归因理论会影响个人自信心

个人成功与失败的经验会对自我效能感发生巨大影响，一个多次经历成功的人，自然会认为自己是有能力的，对个人行为也有较高的评价；反之，则会对自己的行为与能力产生怀疑。但做事的结果往往由多方面的原因构成，正确归因，才能正确评价自我能力。

小甘是一名设计师，他性格开朗，乐于与人交往，设计出来的作品也一向颇受客户认可。可是，在某次重要的设计竞标活动中，小甘的作品却落败了。虽然上司并没有对他多加责备，但他却对自己苛责颇多。

　　小甘一向自视甚高，但在此次竞标中，他看到了许多远比自己的作品更优秀的作品。这让他对自己的能力产生了巨大的怀疑，进而认为自己没有做设计师的天赋。

　　小甘之所以陷入"自我怀疑"之中，关键就在于他对自己的失败进行了错误的归因。

　　从心理学角度来说，人的一切行为都是在主客观相互作用下的产物，外部的经验、个人的认知，对自信心的形成有极大影响。

　　同样是失败的经验，它可能会降低 A 的自信，却并不一定能降低 B 的自信。只有将失败归因于自己的能力不足这种内部、稳定的因素时，个人的自信心才会受到影响。

　　成功的经验能否提升个体的自信心，也取决于个体的归因方式。唯有当成功被归因于自我能力出色这种内部、稳定的因素时，个人才会产生积极的自信。若将成功归因于"这一次运气好""站在了风口上"这类外部原因，则并不能产生积极的自信心。

· **经验与主观认知**

　　在调解工作中，调解员能否正确归因，也往往决定其能否干好、干长久调解工作。

　　老赫因为人缘好、沟通能力强，成了所在街道的兼职调解员。可是，虽然经过了大量的前期培训与"前辈"们的指导，但老赫独立接手调解工作后，却经历了"三连败"：三次调解没有一次是成功的。虽然同事们都劝导他，调解并不是每一次都能成功，但老赫还是钻了牛角钻，认为是自己能力不行，干不好调解员这份工作。

　　老赫是将失败全归因于自身，相比之下，另一位新兼职调解员老雷则是将失败全归因于外部：不是当事人太过"刁蛮难缠"，就是事情太棘手，"不上法庭根本解决不了"。

　　归因模式的不同，直接导致了反应方式的不同，乐观模式会按照乐观的方式重复，形成循环，情况便会越来越好；悲观模式会导致人缺乏信心，形成悲观的期望，且会让自己陷入恶性循环，情况就会越来越糟。因此，错误的归因会导致调解员对调解工作产生误解，严重者甚至会导致群众对调解工作失去信心。

· 正确归因，总结经验让自己成长

唯有改变自我归因模式，意识到归因对自己的影响，在建立积极心态的同时，客观合理地归因，才能不断突破自我，走向成功调解。

立足于美国心理学家伯纳德·韦纳（Bernard Weiner）的归因理论，我们可以将影响事情的成败原因总结为表 1-8 中的六个。

表 1-8　影响成败的六个原因

具体原因	判断标准
能力	根据自己情况评估个人对该项工作是否胜任
努力	个人反省检讨在工作过程中是否尽力而为
运气	个人自认为此次成败是否与运气有关
任务难度	凭个人经验判定该项任务的困难程度
身心状况	个人工作过程当时的身体及心情状况是否影响工作成效
其他因素	其他事关人与事的影响因素（如别人帮助或评分不公等）

上述六种因素可以纳入表 1-9 所示的三个维度内：

表 1-9　影响归因的三个维度

具体维度	内涵	包括内容
控制点 （因素源）	影响成败因素的来源	内控因素：能力、努力及身心状况 外控因素：运气、任务难度、其他因素

具体维度	内涵	包括内容
稳定性	影响成败的因素在性质上是否稳定，是否在类似情境下具有一致性	稳定项：能力与任务难度 其他内容为不稳定项
可控性	影响其成败的因素能否由个人意愿所决定	努力为唯一可控性

因此，在分析成败缘由时，我们应考虑三维度、六因素，以及其具体结合情况（表1-10所示）。

表1-10　三维度与六因素结合表

	稳定性		因素源		可控性	
	稳定	不稳定	内在	外在	可控	不可控
能力高低	√		√			√
努力程度		√	√		√	
任务难度	√			√		√
运气好坏		√		√		√
身心状况		√	√			√
外界环境		√		√		√

具体到调解工作中，我们可以做到以下几点：

（1）尽全力做最好的"调解员"

调解工作展开过程中，我们应时刻对照人民调解制度中的具体条例来要求自己，在以客观、公正的态度对待当事人时，也要以乐观积极的态度面对调解过程。调解本身并非万能的，但秉持"尽人事"的原则，履行好自己的职责，以信心、耐心对待群众，才能在调解结果面前正确归因。

（2）调解之后要及时总结

很多基层调解单位都会有这样的制度：在一周期内（多为一周或一月）针对本单位的调解工作进行总结。有些地区还会召开大型的调解工作经验交流大会。在这些总结性会议上，出现的往往是成功经验的总结，但实际上，对失败调解案例的复盘也非常重要。

调解员可以在小组会议或者私下交流里，与同事交流沟通，针对某一次调解的具体过程进行一一"回放"，找出哪里做得较好，又在哪里出现了纰漏，下一次是否有更好的解决方法。而具体的复盘过程，则可以根据"三维度与六因素结合表"来展开，如表 1-11 所示：

表 1-11 调解员复盘具体内容（可根据实际情况进行内容添加）

> 这次调解任务的难度如何？其他同事是如何看待这次任务的？
>
> 调解过程中，我的状态如何？是否有其他因素影响了我的状态？
>
> 同事是否给予了我帮助？我是否在遇到困难时及时向同事求助？
>
> 我在调解过程中是否尽全力了解了纠纷的具体情况，以及当事人的需求、底线等内容？
>
> 这次调解任务与我的能力是否匹配？与我能力相当的同事，会如何处理？
>
> ……

对成功经验的总结，可以有效积累经验；对失败经验的总结，则可以让自己当下的调解技巧得到有针对性的提升。两者相辅相成，缺一不可。

第二章

直面纠纷：了解纠纷发生的心理机制

　　心理学上，将人与人之间的对立与纷争称为"人际纠纷"。"人际纠纷"又可以下分为以利益纠纷为主的利害纠纷，以意见、看法不同引发的认知纠纷，以及以伦理、道德观不同导致的规范纠纷。立足于这三类纠纷，了解纠纷在发生发展过程中的心理机制变化，才能让调解更具针对性。

1. 渐进理论：冲突的发展与解决都是渐进式的

　　渐进理论指所有事物的发展都有一个具体的过程，都是具有连续性的，大至国家兴衰、小至家庭冲突，它们都是一步一步地、循序渐进地发展到当下状态的。在冲突中，也同样存在渐进理论：所有的不满都是由少至多地缓慢积累起来的。

　　·所有的冲突都呈现出渐进式发展

　　冲突的发展一般会经历五个可辨认的阶段。在下面，我们将以家庭中的婆媳关系冲突举例：

（1）潜在的冲突（冲突产生前提）

原本毫无竞争关系的两个女人，由于家庭地位、彼此认可度、男性（主要是同时兼任了丈夫与儿子两个角色的男性）认可度等，开始有了冲突的可能性。

一般来说，婆婆与媳妇之间的差异越大（文化、认知等），促使冲突表面化的可能性就越大，冲突的潜伏期就会越短。

（2）知觉的冲突（对冲突的认识）

婆婆与媳妇都开始意识到彼此之间有认知上的不同，如对某道菜的味道要求不同，对家务"干净"的定义不同等。但在此时，冲突依然处于潜在阶段，并未真正爆发。

（3）感觉的冲突（冲突的影响）

双方开始感觉到明显的冲突，并开始在心理与行为上划分"我与她"之间的界限。"婆婆不是妈""儿媳养不熟"等观念开始产生并萌芽。

（4）显现的冲突（冲突行为出现）

如果在感觉的冲突阶段，双方都未能控制住自我行为与情绪，那么，冲突行为很快就会出现。起初，可能是彼此言语间的一些小龃龉，慢慢地，明面上的争吵也会日渐频繁。

（5）冲突的结果（产生冲突的新条件）

当有重大事件，或者导火索性事件出现时，冲突便会彻底暴露，双方要么彼此退让，要么直接撕破脸。

从上述五个阶段可以看出，冲突是渐进式、逐步推进发展的。而且，它往往与特定事件相关，这一特定事件多被称为"导火线"。引发冲突的导火线可能是一件微不足道的琐事，也可能仅仅是一句话，但其背后反映的，是冲突双方在相互作用中积累起来的、被忽视的紧张或者敌意的猛烈爆发。

· 处理不当，冲突便会升级

从第三个阶段的"感觉冲突"开始，处理不当，冲突便有可能升级。

通常情况下，冲突升级会表现为两种形式：

（1）问题扩大化

当冲突产生以后，双方往往不会一直关注中心问题，而是会扩大到其他方面。

比如，婆婆认为儿媳做饭味道不合胃口。如果双方讨论的问题一直围绕"如何让味道更好"，那么冲突便不会产生。但在实际交流中，双方很容易扩大化。

儿媳："我愿意给你们做就不错了，我在我们家都没有做过！"婆婆："你什么态度？"围绕态度好不好，一场冲突就此产生。

婆婆："你这个样子，以后怎么照顾我儿子？"儿媳："凭什么是我照顾他？我是他妻子，不是他的老妈子！"围绕"妻子的定义"，一场冲突在所难免。

（2）冲突涉及个人私利或者颜面

当冲突逐渐包含了参与者的自尊、自我形象（面子）、地位、权力等内容时，冲突必然会升级。因为此时已经不再是实质的问题，而是有关个人情绪的发泄。

同时，冲突发生后，双方出于平衡考虑，会根据当时的冲突情形作出自己的反应，即对方攻击，自己也回击；对方愿意退一步，自己也礼让三分。但在大多数情况下，只要冲突开始实质化，便会出现升级趋势。

· 着力于冲突特点合理调解，推动冲突向良性方向发展

上述两种冲突升级虽然有一定差异，但它们往往会表现出惊人

的相似性：冲突发展到最后，双方更多的是考虑自己的立场、策略（如何应对接下来的争吵、如何占据先机），而不是如何更好地解决问题。

此时，调解员需要注意的是，导致冲突升级的关键在于如何用更合理的方法引导双方沟通。一般来说，我们可以将沟通分为两个维度：内容与关系。

如果冲突双方在彼此的沟通中只注重关系维度，那么冲突升级的可能性就比较大。因为在这一过程中，双方的关系会格外紧张，并会产生焦虑、不安的情绪，使注意力转移到收集各类证明对方敌意的证据上。在婆媳关系的冲突升级中，甚至有调解员遇到"她的眼神一看就没安好心"一类的"敌意证据"。

随着"敌意证据"的不断增多，冲突双方彼此间的信任度越来越低，倾听对方意见的机会越来越少，争论却日渐增多。最终双方的沟通便会陷入恶性循环：信息交换越来越少，越来越多的信息被歪曲地理解，冲突也不断加剧。

调解员需要从渐进理论的学习中牢记的是，这种冲突渐进是普遍存在的，它既可能存在于婆媳、夫妻、邻里等亲密关系之中，也可能存在于陌生人纠纷、团队纠纷、经济纠纷、群体纠纷中。而且，渐进理论同样用于调解过程：冰冻三尺非一日之寒，化冰之举也绝不可能一蹴而就。与冲突形成的时间对应的是，越是长久化的纠纷，解决起来也越慢、越难。在这一过程中，调解员如何运用调解技巧，让双方从"关注关系"转移到"关注内容"，便显得尤为重要了。

2. 信息差异原理：信息接收与处理方式不同，导致纠纷产生

信息差异原理指的是，个人的先验信念与任务经验，决定着我

们处理事情的具体方式。换句话来说，我们如何处理事件、如何应对冲突，其实都是因为个人之前所接受的教育、所学习到的经验决定的。因为每个人的成长环境、教育背景不同，我们处理问题的方式也往往与他人存在明显差异。

· 冲突起源：你看到的未必是我看到的

对信息的判断分为感知接受、判断处理两个步骤。举个例子：一阵风吹过来，"我"抓紧了帽子，此时，"一阵风吹过来"就是我们感知到的信息，而"抓紧帽子"则是针对信息做出的判断处理。

在面对同一个信息时，不同的人往往会有不同的反应。

某公司刚成立不久，有一次，总经理马某带着同事去外地出差，途中看到了一所大房子。马某问同事："你看到了什么？"

这位同事答道："很漂亮的房子，你看，它是欧式设计，充满了异域风情，而且，这个房子前面还有一片大草地……"

马某听完他的意见后，说道："你看得真仔细，不过，我刚刚看到房子上贴了售价，比我们的公司现有资金还要高。"

很显然，同样是一所漂亮房子，总经理与他的同事接收到的信息并不一样。一个实实在在接收到了具体的房子细节信息，而另一个则更关注这房子所反映的物质意义——前者感性，后者理性。

同样，这也是构成人与人之间冲突的主要根源，因为即使是同一个事物，我们所接收到的信息也未必与其他人相同。

· 对信息接收要求的不同，导致纠纷频生

不同人在信息接收与处理方面存在不同的倾向与偏好，这也造成了我们在人格上的差异，

比如，在一起夫妻纠纷调解中，两位当事人便当场展示了他们

是如何争吵起来的。

丈夫：你说，我们什么时候处理房子的事？

妻子：晚点吧！

丈夫：晚点是什么时候？

妻子：反正不是现在！

丈夫：你什么态度？我问的是你什么时候去处理房子的合同，你就不能给我一个具体的时间？

妻子：每一次你都非得这样！你让我说具体时间，可我现在没办法判断什么时候有时间！你对我一点耐心都没有，我都怀疑，这个婚姻还有存在的必要吗？

通过这个例子，我们可以发现，不同人对信息的接收偏好是不同的。具体来说，这种信息接收偏好可以分为以下两类：

（1）情感型

同样是有关时间的信息，妻子倾向于用感性化的方式来接收、发出信息，这种人一般在处理事情时也会显得更感性，如他们更关注信息背后所隐含的可能性与引申意义，反而对具体的事实信息并不太感兴趣。

就像例子中的妻子一样，她从丈夫坚持追问时间这件事情中，感受到的并不是丈夫想要明确时间的要求，而是引申、扩大为丈夫对自己没有耐心甚至不爱自己。

（2）思维型

很显然，丈夫更倾向于理性化的信息，即具体、准确、实实在在的时间。这种人接收信息，并作出决策、判断的原则是客观的事实与逻辑，他们更侧重于"事实是什么""细节是什么"，同时更少关注情感体验。

两方的争执便是因此而生的。

· **促进认知与理解，让当事人调整相处模式**

因为信息差异导致的冲突，完全可以通过让双方当事人进行理性的彼此认知与理解，情景化地调整彼此的相处模式来结束。

（1）意识到当事人的感性与理性存在偏好性

在知晓了人与人在信息接收与处理上的不同后，很多人习惯对人进行绝对化的标签划分，如 A 是感性的，B 是理性的。但事实上，信息接受与释放都存在"偏好性"，即人对信息的接收与处理方式不是"非黑即白"的，一个习惯情感化表达的人，在某些情况下，也会关注具体化的信息。这就像我们的用手倾向一样，惯用右手者，并非绝对不用左手。

（2）促进当事人交流信息

在很多纠纷中，双方当事人往往得不到足够的信息，甚至在同一问题上得到的信息也并不对称。调解员介入后，通过自己搜集的信息，帮助双方澄清事实，能够大大帮助缓和紧张局面。

在某些时候，因为理解方式不同，双方也可能会对信息有不同的解释，或者对同一信息的重要性产生不同的认识。比如，面对服装的报价，公司里的财务主管可能会从"进价高低"来判断它对财务的影响，但销售部主管却可能从"该批服装的高质量能带来高销量"来解释它的高进价。

在这种情况下，双方开诚布公地谈一下，了解对方的立场与出发点，便显得尤其重要。

（3）帮助当事人意识到，万事不是"非黑即白"

在我们刚提及的夫妻吵架中，妻子认为丈夫非要听自己给出具体时间，就是对自己没有耐心了，这其实是一种绝对化的判断方法。

调解员应引导她意识到将问题绝对化对夫妻感情的危害，同时指明丈夫只是非常关心房产问题，并希望能早点处理好它。"你们早一些卖掉旧房子，早一些换新房子不好吗？他告诉过我，他只是想让你早点实现住新房的愿望。你可以回想一下，他最近是不是一直非常关注那些新楼盘的信息？"

（4）引导当事人相互配合对方的信息接收方式

很多冲突之所以发生，就是因为当事人未能及时针对交流的个体，调整自己的信息释放方式。这一点对调解员也格外重要：对于理性的人，沟通要多用事实与证据，给出细节；对于感性的人，应更照顾其情感体验，在对话时也应更注意使用温和的语气。

通过帮助当事人认知自己、了解他人，信息差异将大大降低，因此而产生的冲突也将大大减少。

3. 透明度错觉：你不说，别人不会知道你在想什么

透明度错觉是一种心理错觉，类似于我们把自己想象成生活在透明鱼缸里，并总以为自己的表情、神色会清楚地表现出我们的想法，并会被在场的其他人注意到。这也是一种常见的错觉：现实生活特别是在亲密关系中，我们很容易高估自己对他人心理状态的了解程度，同时，我们也会高估他人对我们状态的了解程度。用一句话总结就是，我们没有想象中那么了解别人，别人也没有想象中那么了解我们。

· 接受事实：我们并非世界的焦点

下面这些事情可能被很多人视为"噩梦"，因为它们时刻影响着我们对自身行为的评价，同时有可能持久地决定我们随后的行为与态度：

①与重要的人初次见面，一起用餐时，不小心把酒杯打翻了。

②在为尊敬的客人夹菜时出现了失误，该送到对方盘子里的菜掉了。

③在所有人都愉快交流的时候，不小心说了一句非常不得体的话，于是全场冷场。

哪怕这些可能真的只是小事，但当类似的事件发生时，我们的第一反应依然是尴尬，在潜意识中认为别人都在看自己的笑话，于是接下来的一举一动都会变得小心翼翼。之所以会这样，是因为我们总以为自己是人群中的焦点与重心，别人会对我们倍加注意。

可事实上并非如此：我们往往会不自觉地放大他人对我们的关注度，这种对自我的专注，让我们始终处于"高估自己"的心理状态中，更会让我们陷入愤怒、厌恶、焦虑与不安中：当我们发现，他人并不在意我们时，我们要么因为感觉失落而表现出冷淡，要么因为感觉受到忽视而表现出愤怒。

· 纠纷产生原因：表达不到位，感知也会不到位

某小区发生一起火灾，消防支队接到报警后及时将大火扑灭，并在后续依法认定，火灾是因 2 单元 102 室的业主祖某家中厨房电路老化引燃所致。

在这起火灾中，不仅祖某家中受损严重，其邻居张某家中也有部分电器受损，间接造成了张某经济损失 3 万余元。

祖某曾在火灾发生后，与张某主动协调，愿意赔偿 2 万元。张某当时并没有应声，而是说："你先处理你家的事情，我们稍后再谈吧！"接连两次，张某皆是如此表态，祖某只得放弃先赔偿他的想法，转而处理自家的事情。

谁知，一周后，张某生气地找到祖某，声称他不负责任，不主动赔偿。祖某顿时不满，两人大吵起来，并向居委会申请调解。

调解员在入户摸底后发现，祖某之前找张某谈过赔偿事宜，并了解了张某的态度，便询问他为何后续又与祖某吵了起来。张某说："我们家因为他们家损失高达 3 万多元，再加上我由此误工的

损失，前后有 4 万多元了！他只给我 2 万元，我当然不满！"

"那你为什么不直接和他说？"

"都是成年人了，这点暗示都不懂？"张某言谈中尽是对祖某的不满。

曾有社会心理学家运用透明度错觉来解释沟通中的误解：虽然并没有将自己的想法表达到位，但给予信息的一方会以为自己的感觉与需求能被另一方清晰地感知到。

可事实上，祖某在家中失火、家人暂无居处的情况下，根本不可能注意到张某"话中有话"。在这起纠纷中，张某便是犯了"透明度错觉"上的失误。因此，调解员让双方坐下来，坦白沟通赔偿相关事宜，并最终达成了祖某赔偿张某 3 万元的协议。

· 透明度错觉容易破坏关系，应引导双方坦诚交流

透明度错觉经常出现，特别是在当事人表现出过分自尊心的情况下更会如此，而由这种错觉造成的误会可以破坏很多关系。调解员在遇到这种情况时，便需要立足于事实，引导双方在沟通中坦白交流。

（1）先查明事实才有机会减少揣测

当事人是不是陷入了透明度错觉，调解员往往需要查清楚事实真相以后才能判断，事实不清楚，便不能开展工作，更不能给当事人提供正确的引导，以及提出双方都能接受的调解方案。

就像祖某与张某的矛盾一样：调解员只有先了解到祖某有"想补偿"且找对方谈了两次这一举动，才能判断出祖某并非故意推卸责任，而是张某误以为祖某理解了自己的暗示。

因此，只有调解员会听、会问，耐心听取双方当事人的意见，对不清楚的地方多问，进行相应的调查，才能搞清楚事情的真相。

（2）分清是非曲直，了解双方的需求

调解过程中，当事人往往会站在自己的立场上衡量是非，此

时，分别找他们谈话，询问清楚各自的要求与底线并征求对方的意见就显得格外重要。

在此过程中，我们可以借鉴这样的沟通句式：

你因为（客观事件），而有了/遭受了（情绪或是具体损失），所以，你能不能说出自己的具体要求？

比如，在与张某的对话中，调解员便询问他："你因为这次火灾，共损失了 4 万多元，所以，你能不能说出自己的具体要求是什么？"

在这一句式引导下，双方矛盾便会进一步清晰，下一步调解员便能针对性地教育、疏导，调解才有机会事半功倍。

4. 自我宽恕定律：大部分纠纷源于自以为的正确

"自我宽恕定律"说的是这样一种现象："我没有错。如果我有错，都是被逼的，若不是他们逼我，我也不会这样。"它反映的是一种"自怜"心理：我们在自己犯错时，总是会为自己找到合理的解释理由，而且这些理由往往与他人有过多联系。也就是说，人们面对自己的错误时，惯于用争吵来推卸责任，而非承担责任。

· 长期的自我宽恕就是自我放纵

小偷在偷东西时被抓现行，却美其名曰："我是在劫富济贫！"并声称自己本性不坏，只是因生活所迫才走了这条道路。所以，就算接受了法律的惩罚，之后的他还是会把手伸向不属于自己的财物。

一个学生沉迷于网络游戏，以至于忽视了学业，却为自己辩解："大家都在玩，我不玩的话，就没有办法和大家交流，朋友们就会疏远我，你们想让我遭遇校园'软暴力'吗？"所以，不管父母与老师如何苦口婆心，他依然照玩不误。

一个上班族总是上班迟到，每次被老板责问，都有新借口，不是路况太差，堵车太严重；就是家里孩子生病了，赶着送医院；要不然就是天气不好，下雨了……在他那里，迟到成了无法改变的理所当然与常态。

我们接受的教育告诉我们，犯错就会受到惩罚，而人的本性却遵从趋利避害的原则，因此，一旦察觉到自己处于"被责备"的危险境地中，自我宽恕定律就会启动，极力为自己辩解，然后将错误归于他人与外界。殊不知，这种长期的自我宽恕很容易成为自我放纵，进而造成严重后果。

· 当事人在纠纷中往往怀有同情自己的心理

现实生活中，很多纠纷都是因为当事人不肯承认自己的错误，甚至美化这种错误、给予自己同情、宽大与关爱而导致的。

在一起家庭纠纷中，浙江某镇公务员全某从网上认识了身在河南某大学教书的李某，两人迅速结婚并陆续有了一儿一女。两人在生活期间一直 AA 制，由于感情渐淡，决定离婚。在儿女抚养权与抚养费的问题上，两人起了争执。

李某强调自己不要女儿的原因："我根本不同意生二胎！她怀孕到 7 个月时才告诉我，这个女儿我不认可！"但长久的两地生活，儿子根本不认可他，更不愿意跟他去河南。而李某强调，如果儿子不跟着自己，自己也不会付抚养费。

在调解过程中，调解员询问道："身为两个孩子的父亲，你不能陪在孩子身边，还不付生活费，你认为这样合适吗？"

李某为自己辩解："我每个月就那么点工资，我的父亲母亲都老了，需要我照顾，我的弟弟妹妹也没有经济收入。你说，你是准备让我不赡养父母，还是置兄弟姐妹于不顾？我也不想这样，但全某不顾我的意愿生了二胎，而且她经济状况比我好，只能暂时这样做了。"

可以看出，李某自我宽恕、自我同情倾向非常严重，而且为自己找出了立足于"孝道"与"家庭"的道德理由。恰恰是这种自我宽恕，导致他们的婚姻走到了尽头。

· **用恰当的言语与方法驳回自我宽恕**

很多调解员认为，想要解决上述纠纷，必须指出当事人的错误，如"你不抚养自己的孩子就是不对！""你不遵守公司的原则造成了损失，公司就该扣你的工资！"

可是这些命令式的说法很难让当事人接受——善于自我宽恕的人是很难被说服的，他们对纠纷本身就存在错误的认知。就像李某所说的，他不抚养儿女是因为需要赡养老人与照顾兄弟姐妹；他不接受女儿是因为他不同意生二胎。着力于这些点去批评他的做法，并不能真正地解决问题。

（1）陈述无法辩驳的事实

自我宽恕往往建立在"对自己的错误产生了自我同情"这一事实基础上，调解员需要做的是以语气平和的陈述指出他的错误。

调解员在面对李某时，首先是对他建立在"对原生家庭有抚养责任"之上的道德感进行了反击，而反击的内容是真实存在、不容驳斥的事实："父母是你的家人，全某也并没有提出不让你赡养父母，但你的孩子、妻子就不是家人了吗？你现在都已经42岁了，你的弟弟妹妹还没有成年吗？还需要你来照顾？"

这些错误如果是能被法律支持的，那么，对方自我同情的情绪就会被大大打击到，因此，调解员对李某也指明了不抚养子女的话，会有哪些后果。

（2）指明对方坚持错误想法的利益损失

人们善于自我宽恕，是受趋利避害心理的影响，此时，指明对方错误想法带来的损失，极有可能使对方更快接受调解。比如，调解员在调解过程中，便指明了李某所面临的处境：

①若诉讼离婚，双方都需花费大量时间与精力处理此事，对彼此工作不利。

②若全某将此事告知他的学校，对其声誉不利，而作为教师，声誉的重要性不言自明。

③大儿子不肯随他回河南，小女儿他不要，日后或许儿女皆不认可他。

阐明了这些损失后，李某不再像之前那样坚持自己的想法。

（3）提供解决方案

因为全某坚持离婚，调解员给出的解决方案是，若李某也无意挽回，便每月给孩子 2500 元的生活费，同时，儿子、女儿在假期跟随李某生活，以加强情感联系，李某最终接受了这一方案。

自我宽恕在调解中非常常见，因此，如何针对当事人的错误认知进行有效引导、劝解，是解决纠纷的关键。

5. 马斯洛理论：需求得不到满足，便会萌生事端

需求刺激欲望，欲望产生追求，需求、欲望和追求是前因后果的递推关系。对此，美国心理学家亚伯拉罕·马斯洛（Abraham Maslow）对需求理论进行了细化，他认为，人类需求就如同阶梯一样，从低到高，按层次可以分为五类，分别是生理需求、安全需求、社会需求、尊重需求和自我实现需求。

· 人生来便有五类需求

马斯洛的需求层次理论基本内容如下：

（1）生理需求

这是维持人类自身生存的最基本要求，包括了饥、渴、衣、住、行方面的要求。

（2）安全需求

人类保障自我安全、财产威胁等方面的需求。

（3）社会需求

这一层次包括两方面内容：友爱需求，即人人都渴望被爱与爱他；归属需求，即人人都希望成为群体中的一员，相互关心与照顾。

（4）尊重需求

人人都希望自己拥有稳定的社会地位，希望个人能力与成就得到社会承认。

尊重需求又可分为两种：向内的自尊心需求；向外的渴望他人尊重、信赖与得到高评价的需求。

（5）自我实现需求

此类为最高层次的需求，它是指实现个人理想、抱负，发挥个人能力与价值，完成与能力相称的一切事情的需求。

这五类需求如同阶梯一样，从低至高，按层次逐级递升。但其次序并不完全固定，可以变化也可以有种种例外。比如，在某一阶段，不同时期，人们都会有一个主要需求，而且，就算低层次的生存、安全需求得到保障后，它们依然存在，只是对行为影响的程度大大降低了而已。

· 发生纠纷，多因某一需求未得到满足

在纠纷发生、发展的过程中，我们可以很容易观察到这种需求的变化。仅拿夫妻纠纷来说：

（1）生理需求受到挑战：某女性坚持与丈夫离婚，因为丈夫长达多年未履行"性"义务。

（2）安全需求受到挑战：丈夫长年家暴，妻子对家庭充满恐惧，决意离婚。

（3）社会需求受到挑战：丈夫为公司销售经理，常常需要出差、应酬，但妻子总是疑神疑鬼，频繁查岗，导致丈夫在公司同事面前颜面尽失，因此而生出家庭纠纷。

（4）尊重需求受到挑战：城市女与农村男结婚后，均对对方的原生家庭不满意，女人认为婆婆无知，男人认为岳母市侩刻薄，且将这种评价延续到对方身上。

（5）自我实现需求受到挑战：某女一直积极上进，连孕期、哺乳期也一直在坚持进修与工作，但丈夫不支持，并认为"女人就该以家庭为主"。

· 不同需求需要不同调解方法

调解员需要注意，双方当事人是积极的主体，只有通过自愿的表达，我们才能了解他们的真实需求，并在双方合意的情况下，最大限度地实现其诉求。

（1）警惕低层次需求不满

值得调解员加以注意的是，越是低层次的需求得不到满足，对社会与双方当事人的危害就越大：

生理需求得不到满足的女性经双方父母与调解员协调，在男性做出极大让步（将名下三套房产转至女性名下）的情况下，在家庭生活中对丈夫完全失去尊重，总是进行言语伤害，而男性尊严被严重损伤的丈夫做出了极端之事——将妻子刺伤。

长年被丈夫家暴的妻子求助无门，在又一次被家暴时，向丈夫举起了刀。

这些都是真实发生过的，因此，我们对低层次的需求不满更需谨慎处理。

（2）需求层次越高，越需要注意调解手段与方法

在一定程度上，因为需求未得到满足而引发的纠纷，受当事人经济水平的影响（如图 2-1 所示）。

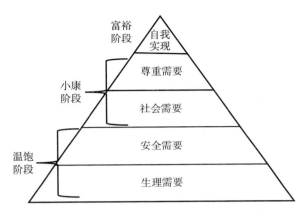

图 2-1　当事人具体需求会受所处经济水平影响

因此，层次越高的需求反而越难调解，一方面是因为经济水平受认知水平的影响；另一方面则是因为高层次的需求满足标准很难确定。

仅拿我们刚才举例的城市女与农村男的尊重需求来说，男方提出，妻子必须尊重自己的母亲，但尊重到什么程度？哪些行为算不尊重？这些标准很难确定。另外，因为涉及原生家庭，双方的纠纷呈现扩大化，也增加了调解的难度。

对此，调解员唯有在过程中针对纠纷、当事人性格进行仔细分析后，才有机会推进调解工作。

（3）调解中需求处于渐变状态

行为的动机是由优势需求所决定的，当物质需求得到满足的时候，安全的需求跃居首位，安全的需求实现的时候，爱与归属的需求则凸显出来。

这种变化在调解过程中很常见：在调解员介入后，被邻居威胁的男人发现自己没有了安全之虞，于是转而要求得到邻居的尊重；得不到丈夫尊重的女人发现，对方轻视自己是因为没有经济收入，于是提出要求，此次争吵后自己要出门工作，开始追求自我实现。

因此，调解之初定位的需求满足，很可能只反映了当时当下的需求平衡，但在调解中后期，调解员需要再次定位，通过当事人的自愿表达，确定其新需求，恰当地考虑接下来如何进行调解。

6. 信念偏见：我们只相信自己相信的

信念偏见指的是，在面对一件事情时，人们倾向于把他们能够为它给出一个合理解释的事件判断为正确的，而把那些自己无法为之构建合理的内容判断为错误的。它反映的是一种心理偏见：人们往往会不顾实际情况，只去接受自己认为可信的内容、拒绝自己认为不可信的结论。

· 个人的"合理世界模型"导致信念偏见

现实生活中有很多信念偏见：丈夫以往都会按时回家，且回家后会帮助自己打理家务，近段时间突然常常加班晚归。于是，妻子认定，丈夫是对自己的感情变淡了，开始变心了。

哪怕是在假日，某员工也总是在收到老板的信息后立即回复，近段时间，老板给他发信息后，他总是回复很慢，且发生了好几次。于是，该老板认定，这位员工有离职倾向。

作为公司出纳的妻子发现，某女员工某些报销明显不当，但同在一公司且担任总经理的丈夫却总是批准，于是认定，两人定有私情。

……

这样的事情其实就是偏见效应：心理学家们发现，每个人都有基于过往认知建立起来的"合理世界模型"，且倾向于把他们依据模型所推断的结论判断为正确。但事实上，很多时候，人们观念里的"合理世界模型"既不合理也不正确，以此推断的结论自然有所偏差。

就像我们刚举的例子：

妻子的合理世界模型是丈夫按时回家，一旦丈夫不按时回来，便是不爱自己了。

老板的合理世界模型是员工一收到自己的信息便立即回复，否则便是有离职倾向。

身为出纳的妻子认为，丈夫应严格坚持报销制度，对女性例外就是与其有私情。

但这些其实都属于"信念偏见效应"的范畴。

· 信念偏见极易导致纠纷

现实生活中，许多纠纷是由当事人的"信念偏见效应"导致的。

在一起家庭纠纷中，后母小甘尽心对待丈夫与前妻离婚后留下来的女儿，但前妻却始终向女儿灌输"后妈就是坏""有了后妈就有了后爸"的观念，从而导致小甘不管做什么都无法得到女儿的认可。在心灰意冷之下，小甘与女儿的关系日渐紧张。

此时，女儿又通过近期小甘的表现，告诉父亲，小甘其实一直对自己不好。起初不信的父亲在多次看到妻子小甘批评女儿后，终于忍不住指责了小甘。

小甘为此大受打击，并决意离婚。当法院调解时，她直言："一腔爱意被泼了冷水，永远改变不了对方'恶毒后妈'的想法，也不愿自己的人生陷入这样的痛苦里。"

丈夫有意挽回，并向调解员求助。而调解员一眼便看出，此纠纷的关键就在于其女儿与前妻存在严重的"信念偏见"：其合理世界模型就是认为，所有的后妈都是不好的，因此，小甘也必然是不好的。

可事实上，不管何种人群都有好有坏，身份并非评价人的标准。受错误的标准影响，女儿与父亲不断在无意识间认定小甘不好，小甘自然心冷——一段婚姻极有可能因此而告终。

· 有效引导当事人建立全方位视角

对于调解员来说，及时察觉当事人有信念偏见是非常重要的。此类当事人往往有这样的表现：

①喜欢给人贴标签，如"后妈""木头人""花心男人"等。

②往往反复提及标签，并不断以曾发生的事件论证。

③当遇到反驳时，不会坐下来倾听，而是立即以自认为正确的"事实"举例说明。

此时，调解员就必须细致观察，看对方的信念是正确的还是虚假的。

（1）查明事实，才能判断信念是否与事实相印证

比如，在小甘的离婚调解中，调解员便发现，当事人小甘是极温婉的高级知识分子，哪怕继女对她"指控"不断，她还是以"孩子还小"为对方开脱，并认为，"是成人的事情让孩子困扰"，同时指出，"之所以有这样的结果，是她的父亲不相信我的为人"。

与小甘的丈夫交流后，调解员认定，小甘并无实质虐待继女的情况，相反，小甘一直在努力做好继母，是小甘的丈夫不相信她，伤了她的心。

（2）引导错误方意识到自己的信念偏见

当事人存在错误的偏见，往往是导致纠纷萌生、爆发的关键，因此，让错误方意识到自己的不对之处是推进调解的前提。

调解员先是对小甘丈夫进行了教育，并指明小甘的确是一位优秀的女性："我从她那里得知，你在前期与她是交往了两年，全面观察了她对孩子的态度以后，才决定与她结婚的。以你对她的了解，你认为她是那种虐待孩子的女人吗？"同时，调解员还与小甘

丈夫一起回忆了两人婚后小甘与继女相处的点滴，使小甘丈夫意识到了自己对妻子的伤害。

值得一提的是，当事人有些信念偏见是受其他人影响产生的，在此次调解中，关键他人就是女儿的生母。此时，调解员指明这一关键他人的作用，并建议男方与前妻、女儿好好沟通，看如何就其已形成的错误观念进行纠正。

（3）与被伤害方进行协调

受信念偏见伤害的一方往往表现出格外的执拗，此时，调解员就需要发挥作用，以言语引导，与过错方配合，令其受伤的情感得到抚慰，才有机会化解纠纷。在小甘的丈夫再三表示歉意，并说明自己日后会在家庭教育中配合小甘以后，小甘才解开了心结。

但同时，调解员也指出了这起家庭纠纷并未完全解决："坏后母"的观念对孩子影响颇深，这对二人情感是巨大挑战。两人的当务之急，是如何在正确引导女儿的同时又不激起女儿的反感，同时更不影响双方的感情。

这也是调解员需要警惕的地方：信念偏见引发的纠纷往往不能一次性解决，因为"合理世界模型"并非一日建立的，因此，在调解过程中，引导双方就信念偏见建立起纠正机制就显得尤为重要了。而在小甘夫妇和解后，调解员的建议便是请他们在孩子对小甘有不满时，一家三口及时坐下来沟通，听听孩子的想法，合理则由小甘改进，不合理则由父亲说服女儿——当父亲变成了小甘与女儿之间的"缓冲带"后，家庭纠纷自然减少。

7. 公平效应：对公平的不同定义

心理学家将"公平效应"视为一种参照效应，即人是否能感觉到公平，不但受"他们得到了什么"影响，而且受"他们所得的，与别人所得的相比是否公平"而定。"公平效应"揭示的是这样的事实：一个人不仅关心自己的得失，还会关心自己与他人得失之间的关系，即我们会与他人进行比较，这种通过相对比较衡量来的得与失，与当事人的主观感觉有很大关系。

· 感觉上的公平比什么都重要

公平效应反映的是这样一种现实：人们都有追求公平的倾向，不患寡而患不均。现实生活中也有诸多的例子。

一家公司中，员工的工作积极性、主动性并不取决于老板付给他多少薪水，而是取决于自己的工资与同水平的人比较后的结果。

两个顾客同时在购买糖块，销售员在称 A 顾客的糖果时，一边喊着"20 块"一边随手抓了两块糖添进去；轮到 B 顾客时，销售员再次喊出"20 块"但同时去掉了两块糖。此时，B 不满了："怎么一样的钱，别人的你就添，我的你就减？我的明明和他的差不多嘛！"

销售员是否有不公？实际上，称重表明，销售员并没有偏向 A 顾客，为什么 B 会有"不公"的感觉出现？关键就在于其动作"一添一减"，让顾客在心理上产生了明显差别。这便是感觉上的不公平现象。

· 感觉不公平，纠纷便产生

生活中很多纠纷都是因为当事人感觉上认为"不公平"。

准备上班的妻子突然被丈夫叫住："老婆，我下午临时有事，不能接宝宝放学了，你去吧！"

妻子顿时不满："你怎么总有事？怎么不早告诉我？我今天忙完工作，好不容易去美个甲，你就说你有事了？家务我做，你偶尔接个孩子就不行？"

丈夫一看妻子的态度，回应道："你怎么这种口气呢？我也不知道自己临时有工作，你让我怎么告诉你呢？"

妻子顿时无语，在气头上她拎起包，甩门走了。

在这起常见的家庭小纠纷中，妻子很清楚丈夫并非有意失约，但她感觉到了不公平，这让她以不理智的语气向丈夫发泄不满。这是人们感觉到不公平以后采取的一种回应方式：寻求补偿，即为难、骚扰或者欺骗那些"伤害"了自己的人。

另一种回应方式则是接受并认同这种"不公平"，如有些人很贫穷，和那些富有的人相比，他们就可能感受到非常大的不公平，但他们认为"自己虽然穷，但是很快乐"，通过这种阿Q式的自我安慰，他们消除了自己的"不公平"感。

但若有人并不使用这两种正常的、对不公平的回应方式，便有可能转为报复，来获得心理上的平衡。

比如，在某公司的员工宿舍里，李某感觉同宿舍的赵某对自己不公平：对方接连好几次让其打扫宿舍卫生。这让李某非常不满：大家都是普通员工，凭什么你指派我？于是，他选择了报复对方：不仅烧掉了对方的几件衣服，还把对方的床铺洒满了水。随后，两人大打出手，冲突升级、恶化。直到调解员介入、调开了两人的宿舍，此事才告终。

我们可以看到，产生冲突的关键原因是一个人感觉到了不公平，那么，为了协调、顺畅地进行沟通，让对方感觉到公平就显得比较重要了。

· 展示公平，让当事人感受到公平

调解员需要注意的是，因为"感觉不公"而产生的纠纷中，双方当事人对"公平"的定义是不同的。

（1）当事人对公平的定义不同

李某的公平是，大家想打扫卫生就打扫，不想打扫就一直脏着；或者一人一天，大家按时打扫。

家庭财产纠纷中，女儿认为，哥哥应与自己平分父母的遗产；哥哥却认为，嫁出去的女儿泼出去的水，适当给妹妹一点已经不错了，平分是痴心妄想。

公司合同纠纷中，一方认为，对方需完全按合同履行生产义务，否则就要赔偿违约金；但工厂方直言，因疫情影响，全行业停产，这个责任自己不能全负。

……

只有深入地了解这些看似合理的"公平"要求，调解员才能知道，双方的诉求是什么，是否有可调解的机会，应从何处入手促进双方沟通。

（2）让双方意识到对方的付出

根据心理学中的"付出平等"理论，若你和我是沟通的双方，存在某种关系，当我们的付出和所得满足下面的关系等式时，我们会感觉到公平。

$$\frac{我的所得}{我的付出} = \frac{你的所得}{你的付出}$$

也就是说，当双方的付出与所得呈现比例均衡时，人们才会有公平感。但是，在现实人际关系中，人们往往并不会主动要求对方给予公平的"待遇"，我们往往是这样操作的：希望对方主动、有意识地来衡量这一等式，并适时地满足我们。大部分纠纷就是因为对方"无意识"或是"未主动"展示这种公平，才因此产生的。

而解决的办法，就是帮助双方意识到，对方在一段关系中处于付出平衡状态，如通过说服、举例、引导沟通等方式，向丈夫展示妻子做家务的辛苦，从而让丈夫意识到她为家庭的付出，并愿意分担家务。

此外，让人们感觉到公平，还需要对方的认同感。比如，丈夫说自己每天回来也会做家务，但他所说的做家务只是帮妻子扫了下地、擦了下桌子，再无其他——此时，妻子自然不会认同他的付出。

另外，调解员不管调解哪类纠纷时，都要注意自己的言行举止会不会让双方当事人产生"不公平感"。就如我们在开头所说的，销售员"一添一减"的小动作会引发顾客质疑，调解员也要注意，我们的一举一动都有可能引发当事人的"不公平感"。时刻提醒自己并注意公平，才有可能调解当事人的"不公平"纠纷。

8. 嫉妒心理：80%的纠纷源自嫉妒

心理学家们认为，嫉妒是人类与生俱来的本能，它是一种激烈的情感活动，是一种企图缩小与消除差距、维持自身生存与发展的心理防御反应。具体来说，它是当我们看到别人拥有、享受着我们想要得到却没有的东西时，所感受到的强烈的负面情绪。这种情绪一般只会针对某一个人或某一种群体。

· 正常的嫉妒引发上进行为，非正常的嫉妒造成攻击性行为

嫉妒是心理上的恶性肿瘤，但它又是每个人都拥有的负面情绪。在面对处境优于自己的幸运者时，很多人都会怀有一种冷漠、贬低、排斥甚至是敌视的心理状态，一旦放任，嫉妒心理便会滋生。它会让嫉妒者难过，严重者甚至会令人产生愤怒、怨恨情绪。

有则西方寓言，明确地说明了这种嫉妒心理的可怕。

农夫遇到了神明。

神明说："现在，我可以满足你的一个愿望，任何愿望都可以，但前提是，你的邻居可以得到双份报酬。"

起初，农夫高兴不已。可是随后他便郁闷了起来："如果我得到了一份田产，我的邻居就会得到两份；如果我要一箱金子，我的邻居就会得到两箱！"想来想去，他实在不甘心自己被邻居白占便宜，最后，他一咬牙："请您挖我一只眼珠吧！"

故事里农夫的嫉妒，其实已到了变态的地步。不过，在现实生活中，嫉妒并不完全是消极心理，大部分时候，它都是正常且常见的心理状态。从某种角度上说，嫉妒甚至有催人向上、令人自省的作用，可一旦嫉妒过度，便会导致心理亚健康，甚至可能在人际关系中明确表现出来，进而引发纠纷。

· 普通纠纷，很多因嫉妒心理而生

某地派出所接到杜某的报案，称邻居在半夜砸自己家门。

警察赶往现场发现，报警的杜某家门上有明显的被砸痕迹，且通过监控发现，是斜对面的青年莱某所为。

杜某直言，近期不知为何，莱某见了自己与妻子时，总会恶狠狠地盯着他们看，甚至当面吐口水。但他与妻子一向与人为善，莱某搬来只有三个月，之前并未与他们有过交集，只在电梯里遇到过几次。但最近莱某出现的反常行为，严重影响了他们的正常生活，更给妻子造成了心理阴影。

可当民警敲开莱某家的门、询问之后发现，莱某并没有恶意，只是看对方笑口常开，还总是在自己面前秀恩爱，再想想自己长年"单身狗"，工作也不顺，便故意砸门发泄不满。

嫉妒一般分为三个活动阶段：嫉羡→嫉优→嫉恨。

从少到多，嫉羡中羡慕为主，嫉妒为辅；

嫉优中，嫉妒的成分增多，已经到了怕别人威胁自己的地步；

嫉恨中，以嫉妒成分为主，令自己痛苦，甚至产生极端行为。

莱某的嫉妒正处于从"嫉羡"到"嫉优"的状态，即羡慕邻居杜某的幸福，并开始用对方的幸福自我折磨，进而产生了砸门的极端行为。由分析可以得知，莱某嫉妒心理的发展，也是纠纷从萌芽到产生的过程。若不点醒当事人，加以引导，日后莱某或许会有极端行为，有可能引发邻里争斗。

· 从教育宣传到心理疏导，恰当应对嫉妒心理

嫉妒并非一种彻头彻尾的消极心态。在大部分时候，嫉妒是常见且正常的心理状态，无论是出于占有还是自信不足。从某种角度来说，嫉妒甚至可能是驱动个体向前迈进的原动力。但话题总会回到关于嫉妒程度的自省上。过度的嫉妒往往是心理亚健康的一个重要表现，此时此刻，调剂就会变得尤为重要。

当调解员发现纠纷是由嫉妒心理引发时，应细心观察，并分辨出它属于哪种类型。

嫉妒产生的原因通常包括但不限于图 2-2 中所示几点。

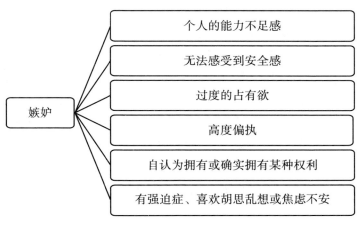

个人的能力不足感

无法感受到安全感

过度的占有欲

嫉妒

高度偏执

自认为拥有或确实拥有某种权利

有强迫症、喜欢胡思乱想或焦虑不安

图 2-2 嫉妒产生的原因

而我们刚才提及的莱某，便是因为能力不足而引发了嫉妒。处

理嫉妒心理，调解员应先从批评教育、法治宣传入手。

（1）告知嫉妒方当事人不当行为的后果

嫉妒方当事人之所以将嫉妒心理外化成攻击行为，多是因为他们受情绪控制，做出了极端行为。在这种情况下，应以恰当的方式展开批评教育，并配合法治宣传：调解员应及时批评、引导当事人看到不当行为有可能造成的严重后果，并告知其若不改正或行为进一步激化需要承担何种法律后果。

（2）引导当事人看到和睦关系的重要性

需要注意的是，嫉妒心理引发的纠纷往往高发于近距离、近关系中，陌生人之间很少因为嫉妒而产生纠纷，多是邻居、亲属之间出现此类纠纷。因此，调解此类纠纷时，调解员也应从和睦关系的重要性入手。

在莱某的案例中，民警调解员向莱某指出，虽然邻居间不像家人有血缘关系，但良好的邻里感情也对自己有着莫大的好处。

当然，民警也向莱某提出建议：嫉妒很常见，但嫉妒他人美好的生活永远不如自己努力："你想想看，你大半夜花那个时间去砸别人家的门，是不是还不如你好好休息，明天好好工作有用？"

当然，如果调解员发现过错方当事人已经嫉妒到了高度偏执的地步，便应在郑重告知对方不当行为的法律后果后，提醒另一方当事人注意安全，并规避有可能刺激嫉妒者的行为，因为高度偏执的嫉妒者受情绪影响或许会有过激行为出现。

9. 自利性偏差：好处是自己的，错误是别人的

美国心理学家戴维·迈尔斯（David Myers）认为，我们中的绝大多数都对自己评价极高，这种现象就是"自利性偏差"。这是一种人类普遍存在的心理学现象：人们习惯用对自己有利的一面来判断客观事物，将不好、错误的原因归于其他人或外因，而这种归因

错误也很容易导致偏见，并对他人形成刻板印象。

· 自利性偏差导致对自己的评价过高

在自利性偏差的影响下，人们的决定往往会呈现下述状态：

①如果这件事情我没有做好，并不是因为我技术不行，而是因为有不可控（别人的或意外的）因素影响。

②如果这件事情我成功了，那肯定是因为我水平高。

抱持着这种态度的人，还有可能产生这样的想法：

①如果一件事情其他人做好了，那肯定是因为他运气好。

②如果他失败了，则是因为这个人的水平不行。

这种偏差会导致我们对自己有过高的评价。比如，当别人喜欢你时，你会认为，这完全是因为自己的性格、样貌优势；当别人讨厌你时，你会认为这与自己无关，只是因为对方讨厌这样的性格与样貌，是对方的原因，自己并没有做错什么。

· 许多纠纷起因都是当事人认为"不是我的错"

开车的人大都认为自己的驾驶水平很不错。国外也有机构做过类似调查，结果显示，有高达90%的司机认为，自己的驾驶水平远高于平均水平。

于是，下面的场景便显得再正常不过。

交警与派出所民警接到报警，某重要路段有两人当街打了起来，到达现场后发现，甲车主认为，乙开在前面的车要么是溜坡，要么是倒车了，"反正肯定轻轻碰着我的车了！"

乙车主则反驳道："明明是开在后面的你追尾了！技术不行，你别上路！现在出了事故还不想负责？"

"我怎么技术不行了？我的技术比你好太多了！明明就是你狡辩，开车不行，要嘴皮子功夫倒是一流！"

两人说着说着，眼看又要打起来。

在交警与民警的劝说下，两人住手了。

交警查看后发现，双方的车子其实并无大碍。到派出所以后，双方都憋着气，非要让对方认错。

调解民警从"男子汉大气一点"入手，对双方进行了劝说："车子没事儿，人也没啥事儿，你看看你们，因为这点事儿闹上社会新闻，你们自己想想好笑不好笑？男人大气点！"回过神来的两人最终意识到自己的"幼稚"，握手言和。

在这起纠纷中，双方当事人便是受了自利性偏差的影响：错不在我，只在对方。这种自利性偏差源于自我保护的天性，极难克服，因此，也是引发纠纷与冲突的重要心理效应。

不过，在了解到这种现象的存在以后，在调解过程中，调解员应针对不同情况进行恰当的引导与纠正。

· **正视自利性偏差**

自利性偏差在纠纷中往往会呈现为下述三类，调解员需要针对不同类型，进行相应的调解。

（1）自我防御型自利偏差

在面对自己不利的状态时，为了避免痛苦、紧张、焦虑等情绪，大脑会有意无意地启动各类心理调整。自利性偏差就属于此类自我防御，它能有效保护人们的自尊心与自信心，让人们不那么容易受到精神创伤。

这种自利性偏差反应在冲突中，就是当事人回避自己在事件中的责任，不愿意承认自己有错，如常见的家庭关系中，夫妻将错误推给对方。自尊心越强的人，自利性偏差的倾向越严重。

面对纠纷中的这种自利性偏差，调解员应在察觉到对方的自尊心后，给予有效保护，并积极引导。

（2）印象型自利偏差

比如，刚刚提及的两车车主发生纠纷，便是因为"印象型自利偏差"：两位车主都是男性，且都试图让别人认可自己的车技，所以，在沟通不畅时，更倾向于将错误归结到对方身上。

若不涉及经济纠纷，这种纠纷一般经过良好的语言技巧调解，便可以使双方尽释前嫌。

（3）非道德型自利偏差

这种自利性偏差已经偏离了正常范畴，它是个人明知自己有错，却不愿意承认，并不道德地将责任推卸给他人与外界，甚至将责任转嫁到他人身上。

在这种当事人刻意隐瞒错误、规避责任的情况下，仅靠语言引导往往并不能产生作用。此时，调解员就需要深入了解事实，帮助另一方当事人收集证据，并在调解过程中应用面对面对质、陈述法律上的利害关系等方法进行调解。

10. 预言自我证明：越相信什么，越容易发生什么

通俗来说，预言自我证明，即我们越相信什么，就越容易发生什么。心理学家认为，之所以出现此类情况，是因为人们的自我暗示会影响到个人注意力。在注意力受到影响后，大脑便会寻找相应资料去印证之前的暗示，进而形成预言自我证明。

·预言自我证明，导致一个手势引发群殴

2014 年世界杯比赛中，阿根廷队点球惜败德国队后，双方球员在场上发生了肢体冲突。事后调查结果显示，祸根源于罚点球时德国队员博洛夫斯基的一个手势：他将自己的手指竖在嘴边，让对方不要吵，结果，阿根廷队队员就火了，虽一直压抑着不满，但在阿根廷队惨遭淘汰后，两队队员还是打了起来。

　　但是，在德国队队员看来，先挑衅的是对方："他们冲着我们的队员大吼，但我们根本听不懂他们在吵什么。我们认为，他们是在试图干扰我们的队员。这就是两方起冲突的原因。"

　　为什么一个手势，就让两支出色的球队在全球观众面前上演闹剧？心理学家们认为，人们都会利用自己的直觉来解释事情的原因，并将之归结为两个方面，从中找出哪一方面的原因对结果负责：

　　①人为的、内在的、倾向性的原因；

　　②外在的、情境性的原因。

　　经过心理学研究发现，面对冲突性事件时，人们更愿意选择"自我印证式"解释，即之前对哪一方面不满，便将结果归类为哪一种。

・归因错误，致使沟通中不断印证错误预言

　　调解员常常会听到这样的话：

　　"我早就知道，他就是那样的人！"

　　"我之前说得没错吧！早就知道他不会负责任！"

　　"你看！我早就说过他会这样做！"

　　而且，不管自己处于优势还是劣势中，当事人说出这些话时，都会有一种格外自豪的感觉，认为自己就如同先知一样，每一个判断都是正确的。

　　就像上面所说的足球比赛中的冲突一样，因为双方都是重要的冲冠对手，因此，在赛前便已将对方当成了敌手。正式发生冲突后，双方都在搜罗对方的"证据"，分析彼此的"动机"与"行为目的"，而对方每一个有可能导致误解的行为——不管是吼叫还是竖手指，都被他们用来证明是对方故意挑衅，为的就是干扰他们的比赛节奏，分散他们的注意力。

其实，这是人们很容易犯的错误：一旦在前期预设了立场，后期便会站在原立场的角度去判断客观事物，把不好的、错误的原因归于他人或外因，这种归因错误也很容易导致偏见，严重者甚至会引发针对对方的后果。

一旦预言自我证明被察觉，双方都会失去客观理性判断的能力，引发不必要、非理智的情绪冲动，产生诸多不必要的摩擦与冲突。

· 用事实引导当事人从客观视角观察纠纷

调解员在听到类似于预言自我证明式的言语时，便应该意识到，当事人很可能已经处于预言自我证明的状态中了。在这种情况下，直言指明其不公态度显然对调解不利。

（1）坚持尊重与聆听

正是因为当事人已经预设立场，所以，对于这一方已有立场的当事人，调解员更应做到以文明、礼貌、尊重的态度去聆听对方的不满。"我感觉你这样想不对""你这个态度有问题"这种生硬的态度，只会让预设立场的当事人产生不满，进而不愿意坦诚其看法。只有静心聆听、细心引导，我们才能从其言语中得知更多与"预言"相关的信息。

（2）仔细取证与验证

当事人有与纠纷相关的证明时，调解员应及时记录下来，同时还要善于寻找线索解决关键和疑点问题，以便确定双方当事人的叙述是否符合实际与逻辑。只有与双方都进行过充分的沟通以后，我们才有机会去除两方观点中的主观成分，把握主要问题，询问当事人纠纷发生的过程，做出进一步的准确判断。

在这一过程中，调解员要格外注意坚持"公平"原则，让双方当事人都意识到，自己是客观看待问题、协调解决问题的中间人。

同时，在与双方交流时，也要坚持以事实为依据，以法律为准绳，减少主观判断。唯有如此，才有机会让预设自我证明的当事人意识到，之前的立场与看法是错误的，才有可能为接下来的和解创造机会。

第三章

建立主场：提升心理优势，避免被纠纷"牵着走"

体育比赛中有"主场优势"一说，即队员们在自己熟悉的场地环境中比赛，赢的概率会更大。其实，这一主场优势在调解过程中一样存在，那些调解成功率高的调解员，都非常善于塑造有利的调解氛围，更会运用调解技巧将调解变成由自己主导的主场。

1. 文化效应：了解隐喻文化下的调解方式

文化效应指的是，每一个国家与地区在发展过程中，都会形成其独特的文化与传统，而在这一国家生活的个体或多或少都会受到当地文化的影响，并发展成为其个人内心深处的文化心理。它不仅影响着个人的思想，同时也支配着个人的行为准则以及评价着个人的德行标准。

· 不同文化造就了不同的沟通模式

有关文化效应，我们从夫妻交流的一个片段中便可以了解到。

一对英国人正在做饭，妻子说："亲爱的，你能把沙拉酱拿给我吗？"

丈夫说："抱歉，我现在帮不上你，我正在煎比萨。"

妻子只好自己去拿。

一对中国夫妻正在做饭，妻子说："老王，你把那个给我！"

丈夫说："什么？"

妻子用手指着摆满了调料的地方："就是那个！"

"那边那么多，我怎么知道是哪个？"

"酱油！酱油！没看见我在炒菜吗？该放酱油了，这都没注意到，你在干什么！"

"我在洗菜，你要什么不能直说吗？"

"怎么了，现在又是我的问题了是吧？"

丈夫一看，马上就要吵起来："好好好，是我的问题行了吧？"

听了丈夫的话，妻子却并没有满意："你什么态度？"

心理学家们在研究"跨文化沟通模式"中发现，不同国家的人民在沟通时能够处理的资料容量均有所不同，具体可以用"高处境"至"低处境"这一尺度来排列。

在"低处境"文化里（以美英等西方文化为代表），人与人之间会使用明确的语言传递信息。

在"高处境"文化里（以中日韩等东方文化为代表），信息在很多时候不会清楚、明确地被语言传达，而是包括在彼此的相处与行为中，"未宣之于口"的内容，远比已经清楚表达的讯息更重要。

· 中国人习惯隐晦式沟通

在纠纷调解过程中，这种文化效应非常明显。在国内，因为双方都惯用含蓄、间接、暗示等充满了象征意义的方法沟通，因此，调解员更需要仔细了解纠纷发生的经过以及双方的具体需求。

某村里，赵某家的柿子树长到了邻居井某家里，双方由此引发了冲突。

调解员原本以为这只是一桩小事，但在了解情况时却从双方的言语中听出了弦外之音，感到纠纷绝对不是树长得过界这么简单。

随后，她与对方展开了"一对一"谈话，得知双方矛盾的真正原因是赵某曾经向别人传播井某生活作风方面的闲言碎语。

接下来，调解员对赵某进行了批评教育，并在征求井某的意见后，将问题进行了"冷处理"，避免了矛盾升级。

这起纠纷可以说是中国人隐晦式沟通的典型：受传统文化的影响，中国人在沟通中，就算有不满，也往往会用暗喻的方式，"指桑骂槐"，甚至"口蜜腹剑""笑里藏刀"。若调解员未能听出双方对话中的弦外之音，那么，双方的矛盾势必会进一步加剧。但将问题具体化处理，一一摊开说也不现实：一来井某是在暗中"指桑骂槐"，二来涉及生活作风这类越谈得细就越会引发公众注意力的问题。因此，调解员的做法既考虑到了双方的面子，又照顾到了井某的情感。

· 立足文化背景才能更好止争息讼

调解员常常可以看到这样的情况：当事人或是话里有话不明说；或是表面认可调解意见但就是不行动；或是表面谦和，但行动上却丝毫不退让。在这种情况下，调解员就需要考虑到文化效应。

（1）听到"弦外之音"，才能有效地进行协商

有时候，弦外之音是以隐晦的语言表达出来的，有时候，它是以一些肢体语言、表情、动作传达出来的。调解员只有观察到这些双方不和或是不愿意配合调解的细节，并且在沟通中不断重建正面积极的情境，才有可能推动整个调解过程顺利展开。

（2）考虑到人情与面子

中国人处理冲突时的最高原则，是达到"人情"与"面子"的统一。所谓"法不外乎人情"，就算对方的要求有根有据，也要合情合理，否则，另一方很难答应。反之，若方案有"人情味"，双方都愿意考虑。

而面子则包括了两个概念："脸"与"面子"，前者关乎个人道德与人格，后者关乎个人成就与获得的尊重。这两种面子对于当事人同样重要，调解员必须谨记。

（3）考虑到和解条款的象征意义

一桩纠纷进行到和解阶段时，往往会签订细节条款。但在条款中，中国的隐喻文化同样存在。比如，夫妻间，双方把金钱放在一起，可能意味着"信任"；将物资分开计算，可能代表了"绝情"；行使权利可能代表"无情无义"，对此，调解员应小心处理。

我们每一个人都深受传统文化影响，在利用心理学知识配合调解时，必须考虑到这种文化所带来的协同效应。唯有如此，人民调解才能在与时俱进的同时，不忘文化对个体产生的潜在影响，进而更好地实现息讼止争，促进人际关系的和谐发展。

2. 积极情绪：用乐观与热情构建起对话环境

心理学认为，情绪包括两个方面：人对客观事物的态度体验，以及因态度而生的、相应的行为反应。一般来说，消极情绪指的是沮丧、愤怒、焦躁等情绪，积极情绪指的则是希望、信心、乐观、同情、爱等具有振奋作用的情绪。

· 积极外向的人更受欢迎

一位做广告业务的老板最近辞退了一位性格冷淡的设计师。他是这样解释其动机的："其实他的设计能力不错，但每一次和他交流时，我就感觉有一块大石头压着我，他冰冷的脸、对工作没有丝毫热情的表现，让我在他身边感受不到快乐。换句话来说，他让我感觉，和我在一起，他是不快乐的，做这份工作，他是沮丧的。我是老板，他都能让我这样想，我们的顾客在面对他时，又会是什么想法？"

这也是为什么服务业用人的第一原则是"积极外向的性格"。若没有令人感觉愉快的性格，就算再有才华，也很难得到认可。因为这种性格不仅不利于沟通，而且对工作本身也无益处。

这一点在人际沟通心理学的研究中早有证明：在与人沟通时，我们很难公平、准确地看待每一个人，其中某些特征远比另一些特征更能影响人们的判断。而在所有的人格特征中，那些能够表现出积极情绪的人，总是更受人们的欢迎。

· "积极向上"是调解员被认可的"中心特征"

什么样的人有什么样的言行举止，什么样的职业应该体现出什么样的情绪，人们的印象里对此都有一定的标准。而对人民调解这一类以"息诉止争、促进和谐"的大众服务职业来说，最基本的要求就是要表现出积极情绪。

积极情绪影响沟通效果在调解中显得格外明显。若留心观察身边的调解员，你可以发现：

那些热爱调解工作的调解员总是充满了愉快的情绪，就算遇到难以调解的纠纷，他们也会以耐心与信心去面对；

那些得到组织、领导重视的调解员，都有积极向上、为人乐观的特点；

那些让人敬重、爱戴、深受信任的调解员，依然是乐观开朗、充满热情的人。

与此相对应的是，那些冷酷、不合群、孤僻的人是不可能被任命为调解员的。也就是说，"积极向上"是一个调解员所有品质中最"中心"的一个：在调解过程中，调解员担任着传递信息、有效引导的"中间人"角色，处于纠纷中的当事人传递某些信息时，是通过调解员来实现的，而调解员是否具备积极情绪，必然会影响到信息传达与接收的效果。

· 主动建设一个和平、乐观的对话环境

至此，我们可以看到积极情绪在调解过程中的重要性。不过，调解过程中需要表现的积极情绪与日常生活中的积极有一定的差别。

为了获得当事人的信任，为身陷纠纷、怒气冲冲的当事人们提供一个和平、乐观的对话处境，调解员需要主动向当事人展示出友好、关心与积极自信的一面。

如果你对自己调解的纠纷、纠纷的当事人没有什么兴趣，表现出一副无所谓的样子，试想，对方会如何接收你的信息？很显然，你无所谓，对方也会对你表现出"无所谓"。正如我们之前所提到过的，抱持着"我愿意帮助你解决问题""我是那个能帮助你的人"这样的态度，当事人才会愿意与你沟通，才会乐于接受调解。

一些优秀基层调解员的经验非常值得借鉴："你要表现得热情点，主动与当事人聊天，当事人才会愿意和你沟通。你要是有一丝不耐烦，对方就会觉得你摆架子，也不愿意搭理你。"

而另一位调解员在谈到如何与一些"难打交道"的老年当事人的沟通时这样说道："有时候，他们不太愿意和我聊天。我就亲自去他们家，而且要表现出这样的感觉：我并不仅仅是来调解的，更是来听他说话，陪他拉家常的。表现出足够多的热情与关心，才能博得老人的好感。"

信息的多少是有限的，但积极的情绪产生的影响却是无限的。在纠纷调解之初，让当事人感受到你的积极，对后续的细致调解无疑有积极意义。

3. 寒暄效应：有用的"废话"能迅速拉近心理距离

不管是会议还是偶遇，不管是初遇还是再相见，如果双方在见面时使用了恰当的开场白，以亲切、贴心的话语消除了陌生感，那么，双方便会以更好的状态进入下一阶段的信息交流、情感沟通——这便是寒暄效应。它体现的是人们在人际交往中的亲和需求。前期迎合了这种亲和需求，后期便可建立起和谐、融洽的交谈氛围，而交际的最终目的也将顺利达成。

· 正确的寒暄可以促进交流

古典名著《红楼梦》第六回中，乡下老太太刘姥姥成为大观园里的"红人"，关键就在于她善于"寒暄"。在还未进大观园时，她与管事的周瑞娘子交流时，两人就用了很多场面话进行寒暄。

周瑞娘子迎出来问："是哪位？"刘姥姥忙迎上来问道："好呀，周嫂子！"周瑞娘子认了半天，方笑道："刘姥姥，你好呀！你说说，能几年，我就忘了。请家里来坐罢。"刘姥姥边走边笑道："你老是贵人多忘事，哪里还记得我们呢。"请至房中，周瑞娘子命小丫头上茶，问了些别后闲话，又问姥姥："今日是路过，还是特来的？"刘姥姥便说："原是特来瞧瞧嫂子你，二则也请请姑太太的安。若可以领我见一见更好，若不能，便借重嫂子转致意罢了。"

在这段对话中，其实两人说的大多是场面话，刘姥姥虽然是来"投奔富亲戚"，但其一番得体的寒暄，使周瑞娘子意识到，虽然对方出身寒酸，但却知礼懂人情，将这样会说话的人引荐入大观园，对自己没有风险，反而有益处，因此，周瑞娘子乐于卖刘姥姥一个人情，让她见见主子。

其实，我们都有过类似的经验。一些原本不好开口的话，经过了恰当的寒暄以后，听起来便会舒服多了。因此，在与陌生人或不熟悉的人交往时，恰当寒暄无疑是清除距离障碍的第一把钥匙。

· 警惕：错误的寒暄有可能弄巧成拙

寒暄虽然重要，但并非任何寒暄都可以成为交谈的催化剂、沟通的桥梁，不当的寒暄很可能会弄巧成拙，让调解在最初就陷入困境。

在某次邻里纠纷中，两位基层调解员一起来到了当事人老宋家里。当调解员 A 出去找另一方当事人谈话时，老宋家的三女儿向调解员 B 表达了不满，她先是说调解员 A 一看就是效率很低的人，根本不可能解决好他们的问题，所以他们全家已经打定主意要求仲裁了。

接下来，她又非常生气地说："这个人（指 A 调解员）头一次来我屋里（我家）时，就问我爸，家里有几个儿子。这话是什么意思？感觉我们家好欺负是不是？"

此时，调解员 B 才发现，老宋家到场的男家属都是老宋的女婿。一问方知，老宋只有三个女儿，膝下无子。但当地思想观念传统，并有"儿子就是底气"的风气。因此，调解员 A 在首次见面寒暄时提及"有几个儿子"的话题，宋家人会感觉是对他们的挑衅，并因此感到愤怒。

其实，这件事情只是调解员 A 的无心之失，其原意只是询问宋家的人口结构，可是在寒暄时这样问却显得不合时宜，而恰恰是这一句不合时宜的话，让当事人对他失去了信任。所以，并不是所有的话题都可以用来寒暄，调解员需要针对当事人的具体情况、当下的处境、纠纷类型，设计不同的寒暄内容。

· 用关联理论把"有用的废话"说得恰到好处

调解员需要意识到，寒暄听起来像"废话"一样，但它却是正式交谈的前奏，因此，有些经验丰富的调解员在正式会谈前几分钟，都在用"拉家常"的方式，与当事人融洽感情："笑话要讲，玩笑也要开。"

正是因为寒暄的"调子"直接影响着整个谈话的过程，因此，在与当事人寒暄的过程中，调解员应考虑到关联理论。

关联理论是心理学中的一个基本理论，它将人的话语看成一个"明示——推理"的过程，前者与说话人相关，后者与听话人相关。

依据关联理论，在寒暄过程中，说话人通过寒暄向听话人明示自己这次交流的目的，为听话人的推理提供必要的理论。

同时，听话人根据对方的明示进行推理，获得足够的语境效果，最终推导出对方寒暄的目的。

某基层调解员谷某在社区走访过程中发现，相邻两家人因为装修施工问题在上午吵得不可开交，要不是有人拉着，甚至可能大打出手，于是迅速到其中一家了解情况。

在得知装修施工的赵某家的确存在扰民问题后，谷某以最快的速度赶过去，与对方寒暄："老赵，这段时间怎么样？忙坏了吧？忙也值，马上给儿子娶媳妇了，这么大的喜事，值得高兴！"

在得到对方的回应后，谷某进入了正题："老赵呀，为了早点把儿子的新房装修好，施工进度赶点没关系，但不能影响邻居呀？"

听了谷某的话，老赵立即火了："是不是隔壁的去告状了？我就知道他没安好心！"

谷某连忙劝导："这你可误会大了，是我正好在小区了解基层情况遇上了。"然后，谷某又从邻里和睦对于新婚夫妇融入小区生活的重要性，引导老赵意识到了自己的鲁莽，最终将纠纷消弭于扩大阶段。

可以看到，寒暄的内容最好可以让当事人意识到调解员的来意、行为的目的以及亲切的态度，只有三者有机结合，寒暄的目的才能达到。

此外，寒暄需适可而止、因势利导。恰当适度的寒暄对谈话的局面有益，但切忌没完没了，时间过长。调解员应如谷某一样，从寒暄中找到切入纠纷的契机，因势利导，言归正传。

4. 主场优势：选定最佳调解主场

几乎所有的体育比赛都无法否认"主场优势"的存在：运动员在主场比赛时取胜的概率，要高于在客场比赛的取胜率。心理学上同样存在"主场优势"：比起在不熟悉的环境中，一个人在自己熟悉的环境中，能获得更好的沟通效应。

· **主场优势直接影响个人发挥**

主场优势暗含的是熟悉的环境会对个人产生的巨大安慰能量，更能增加一个人的自信心。

比如，在足球与篮球比赛中，主场优势往往非常明显：来观看比赛的人多半是本地观众，他们多是支持本地队伍的，因此，为主场队伍呐喊助威的声音要更大，而这种声音在比赛中不仅会影响队员的气势与信心，同时也会影响其赛中发挥。

这也是为什么很多教练员都在想办法提升队员心理承受力的原因：想要在客场获得胜利，技术很重要，但个人的心理承受能力也同样不容忽视。

不光是体育比赛中，生活中处处都存在主场优势，如现实利益谈判中，主场优势就特别重要。这也是为什么两个国家谈判时，都会选择中立场地的原因：这样对大家都公平。当年，拿破仑与沙皇谈判时，为了规避对方占据主场优势，两人竟然找了一条河，在一条小木船上进行谈判。

· **调解中，主场优势同样存在**

由于当日未能及时办理业务，居民杜某与某乡信用社社员米某大吵一架，同时砸坏了营业室的护栏。事发后，乡司法所派出调解员进行调解。

调解员先是走访了当时在场的群众，得知了双方发生纠纷的原因，并在分别与双方当事人沟通、获得较大进展后，约定隔日在乡司法所进行面对面纠纷调解。

双方当事人在约定的时间到达时，调解员已经在那里等候。宣布调解会议开始后，双方当事人陈述事情经过，调解员从法律角度分析了双方的错误行为，明确指出了杜某损坏公物是一种违法行为，应予以赔偿；而米某未能履行业务具体办理时间的明确告知义务，且态度不佳，属于工作失误，应予以道歉。

通过对纠纷的层层利弊分析，双方都受到了感化与教育，并主动承担了责任，纠纷得以顺利解决。

在这起普通的纠纷中，调解地点选在了调解室，不仅显得正式，而且给双方一种威严感。这让当事人更容易端正态度，认真对待纠纷的解决，纠纷自然更容易调解成功。

· 运用主场优势，建立调解优势

主场优势对每一个人都会产生影响，这就意味着，它一样会对调解员、双方当事人产生影响。因此，在调解中，我们需要谨慎选择调解的场所。

（1）选择专业的调解室作为调解场地

根据"主场优势"原则，调解员最好能够选择自己熟悉的环境作为调解场地。在《人民调解工作若干规定》第二十八条指出，人民调解委员会调解纠纷，一般在专门设置的调解场所进行，根据需要也可以在便利当事人的其他场所进行。

（2）采用某种办法，令自己熟悉中立场地

主场优势重要到何种地步呢？重要到如果调解是在调解员不熟

悉的场所展开，你就要想尽一切办法，让自己获得一些主场优势。

最好的办法是比当事人提前至少 10 分钟到达中立场地，并且按照自己的要求布置一下纠纷双方的座位，选择自己感觉最适合的座位。同时，摆好自己惯用的调解常用物品，如自己的笔记本、相关的资料等，就仿佛沉浸在自己的办公室中一样。

（3）根据纠纷类型，选择调解地点

对于一些事实清楚、情节简单、争议不大、可以即时调解的纠纷，以及当事人提出了明确要求的，调解员需要从"便利当事人"的角度出发，充分发挥人民调解特有的便民、亲民、利民优势，利用当事人所在的车间、工段、三头（村头、地头、炕头）等群众易于接受的地点进行调解。

同时，调解员还需要考虑到这样一个事实：纠纷发生的地点不同，纠纷往往会呈现出不同的发展态势，纠纷调解选择的地点就可能不同。比如，婚姻家庭纠纷，若发生在家庭之外，其严重性就会增加，当事人间的矛盾就要升级甚至是已经升级，调解的难度就会随之增加。调解人员在选择地点时，就需要选择比较公开的场合。

调解员选择调解地点的技巧可以参照下述几个例子：

①若一方有明显过错且不讲理，可以选择严肃的场合进行调解；

②对于家庭婚姻类纠纷，可以选择亲切型场合；

③对于同一公司、单位内当事人间发生的纠纷，可以选择归属型场合；

④对需要调动当事人特殊情感的纠纷（如夫妻感情、父母子女、兄弟姐妹等），可以选择关联型场合。

即使无法做到完全选择中立场合这一点原则，调解员也不应将纠纷中某一方当事人熟悉的环境作为调解场地，以避免主场优势对双方产生影响。

5. 环境效应：以舒适、柔和为主，设计调解室环境

"环境效应"指的是，外界环境可以引发情绪的明显变化：整洁素雅的房间，光线明亮、色彩柔和的环境，可以令人产生舒畅、恬静的心情。相反，阴暗、狭窄、肮脏的环境，却会令人感觉憋闷与不快。作为展开调解的重要场合，调解室也需要考虑到环境效应。

· 外部环境会引起情绪、心情的变化

色彩、声音、空气、家居布置……这些都属于环境的组成竞争，而这些你在平日里可能并不会注意到的东西，会直接影响着你的情绪变化。

开车出行时，我们往往会有这样的感觉：在光线好、路面通畅的道路上，驾驶员的心情会好一些。可是，一旦交通拥堵、路面破败，且周围鸣笛声增多时，驾驶员便会十分烦躁，注意力也会不集中。

在另外一些场合，我们也可以观察到环境对个人情绪的影响。

在医院里，医生与护士的衣服、医院的墙壁整体都是白色，令人整体产生一种安静、严肃的感觉，此时，人会不由自主地变得安静。

在甜品店，装修风格多半悠闲而慵懒，灯光与色彩都是以柔和色调为主，令人从视觉上感觉到舒适。

由此可见，人的情绪其实是一种主观体验，它是大脑对外部环境的一种具体感受，而环境作为最大的刺激源，往往会直接影响到人的心理活动与情绪。

值得注意的是，环境对情绪与心情的这种影响是在无意识间产生的，即在我们没有注意到的情况下，我们的情绪已经受到了环境的刺激。

· 良好的调解室环境会对当事人产生积极影响

有杂志，有电视，桌子上有新鲜的水果，墙壁上有赏心悦目的书法作品……某区对调解室进行了家庭化的装饰，利用环境，大大提升了调解成功率。

这间调解室的设计不可谓不用心：进门便可见到一套浅灰色的休闲沙发，旁边的书柜里，整齐地摆放着生活或服务类杂志，可供当事人随时取阅。同时，书柜还承担着"隔断"的作用，走过书柜，便可看到后面摆放得如同自家客厅一样的调解区。

该调解室的主管人员说："过去，我们的调解室布置得如同办公室一样，黑色的办公椅、四方而沉重的办公桌，让人看上去就有一种压抑感。对比现在这种温馨的场景，很明显后者更有利于使当事人快速平静下来。"

事实也证实，温馨的调解室环境更受当事人的认可。有位当事人直言："本来心里憋着火过来的，但看到这么温馨的房间以后，就感觉火气没那么大了。"

由此可见，调解室环境的确可以成为一种诱发因素，令当事人的情绪发生与环境相呼应的变化。

· 调解室环境设计建议

除非是私人调解室，隶属政府管理的调解室不应过于随意，既要凸显温馨环境，同时又要做到朴素不失亲和。在此基础上，设计与布置调解室时，可参考下述两个原则。

（1）细节应设计到位

调解室应选在光线充足、空气流通的地方，其布置要干净大方又不失美观，可摆放一些绿色的植物，以烘托室内温馨的气氛。

在调解室的设计中，灯光一定要柔和，因为调解室本身就是调和纠纷与矛盾的场合，太过强烈或是不够明亮的灯光，都会令人产生不悦感，破坏交谈的氛围。

（2）最好有大型与小型两种调解室

调解室的空间不应过小，在此基础上，最好分别设置专门的大型调解室与小型调解室：当涉及群体纠纷或是家庭大型纠纷，来人较多时，调解员可使用大型调解室凸显重视与严肃。如果来的人数较少或只是小型纠纷的话，调解员便最好使用小型调解室，因为人数有限时，过大的陌生环境会使当事人产生不安感，而小空间却可使当事人感受到亲切与自在。

我们需要牢记一点：设计调解室环境，其根本上是为了营造轻松的调解氛围，丰富调解的人性化形式，因此，虽然各个地方调解室具体设计可能会依据实际情况有所变化，但皆应以缓解当事人紧张情绪为基本原则。

6. 坐向效应：座位中隐含沟通密码

在交际心理学中，人们把因为具体坐向而影响交往质量的现象，称为"坐向效应"。它反映的是这样一种现象：一个人选择坐在了哪里，对他人来说，隐含着某种重要的心理密码，特别是在重要的合作或沟通中。"坐向效应"反映了这样一种现实：有时候，你说什么并不重要，可是，你坐在哪里却十分重要。

· 人们会根据关系，选择具体的坐向

一位评论型电视节目制作人非常苦恼，因为他的节目缺乏足够精彩的辩论高潮，每一次都在气势不足里收场。

后来，他收到了心理学家的建议：改变一下座位的排布方式，即让嘉宾们从以往的横排而坐，改成两排相对而坐。

自从接受了这一建议后，该节目每一次播出，都可掀起热烈论战。

改变座位提升了嘉宾的辩论热情，反映的其实是"坐向效应"：具体的坐向，会直接影响交往的质量。

最先提出"座位影响人际交往"理论的，是美国著名心理学家斯汀泽。他在进行小团体的生态研究时，发现与会者体现出了一种明显的心理倾向，即当过去的争论对手（或是观点有不同的同事）就座时，双方往往会坐在彼此的对面。

随后，更多心理学家研究发现，人的安全心理范围并非以自己为圆心的圆形，而是后面稍扁、两侧稍窄、正前方比较长的形状。因此，与会者往往会坐在与自己关系较为亲近的人的左右两侧，而关系相对较远或对立者则会选择坐在正对面。

· 调解中的沟通也受坐向效应影响

在一次因为物业管理不当导致的群体纠纷中，调解员请群众来到物业办公室谈一谈自己的看法。由于前期不够重视，调解员请来者随意坐，而来的十几位群众代表径直坐到了他的对面。这就导致调解员与群众形成了座位上的对峙：当调解员提出相关建议时，十几位群众代表齐声发出反对声，导致此次调解调解员先机尽失，只得宣布择日再调解。

导致此次沟通失败的原因有两个：群众代表过多，座位呈对峙状态。在这种坐向影响下，群众代表形成了一个"小团队"，对调解员形成了包围，一旦有反对声，便会齐声攻击。调解员在心理优势未能建立起来的情况下，调解自然不顺。

· 想建立和谐调解氛围，需正确安排座位

在具体的调解沟通中，调解员可以根据不同时机，选择不同的坐姿。

（1）与一方当事人进行良性沟通时，坐在当事人的左侧

在调解过程中，调解员往往需要向当事人表达关心，同时倾听对方的话语，此时，最好采用侧坐、并坐的方式，这会减少对方的抵触情绪，让对方产生亲切感，进而愿意敞开心扉、接受调解员的建议。

此外，人际关系心理学发现，站在左侧的人往往可以更轻松地伸出右手，营造一种主动、强势的氛围，产生压倒性的优越感，从而在对话中获得控制权。有关这一点，我们在调解过程中也可以借鉴。

（2）引导双方面对面沟通时，用圆形派位

当下，很多地方性调解室都将传统的"方形桌"变成了"圆形桌"。这是有一定道理的。圆形的桌子不分首次座席，双方当事人围绕着调解员坐定后形成一个圆圈，不仅便于交换意见、沟通彼此情感，同时能够大大降低"对面而坐"产生的攻击性。它凸显的是一种促进双方合作的愿望，因此，当事人之间发生冲突的可能性会大大降低。

（3）让当事人面门而坐

我们都有这样的体验：在陌生的环境中背门而坐，且后面又没有依靠的话，便很容易产生不安全感。这种情况被称为"冷风吹背"：因为心理上总是怀疑有人在窥视，所以当事人很容易思维杂乱、情绪不安。

这种情况在调解中同样存在，因此，若请当事人到调解室调解，最好将调解桌子与座位摆在面向门口的位置，增加当事人的安全感。

7. 外表效应：让自己看上去就值得信赖

"外表效应"又被称为"美人效应"，因为在交往中，个人长相是诱发人际吸引的首要因素：漂亮的人往往会比相貌普通的人能

吸引到更多注意力，他们更有可能应聘到工作，甚至在法庭上，长相漂亮的犯罪嫌疑人也更容易受到较少处罚。

· 外表与职业发展密切相关

在这里，我们有一系列的数据可以证实"外表效应"会影响个人职业。

美国经济学家丹尼尔·哈默梅什（Daniel S. Hamermesh）展开了一项"劳动市场上的美貌价值"的研究。他发现：

① 那些长相出众的人，比一般人拿到的薪水要高 5% 甚至更多；

② 有魅力的男性比普通男性要多挣 9%，有魅力的女性则比普通女性多挣 4%。

的确，外表效应在现实生活中普遍存在：可爱的孩子更招人疼爱，也有更多人愿意跟他们玩耍；老师们在课堂上更愿意关注那些外表出色的孩子；在对外招聘时，企业不仅会衡量个人实力，更会将外观作为重要的参考标准。

外表不仅包括天生的长相。中国有句俗语，"人靠衣装"。《哈佛商业评论》曾专门撰文，着装得体是取得成功的重要因素。事实上，在这篇文章成文前，采访了多达百位企业高管，而受采访对象中，有一半以上的人认为，外表与职业有着紧密的联系：如果你没有领导者的外表气质，那么，你就不大可能得到此类职位。

· 调解员应注意运用外表效应

外表如何并非个人的事情，很多优秀的基层调解员认为，好的外表有助于自身建立自信与博得当事人的信任，而这些恰恰是调解员顺利参与调解过程的基本前提。

一位基层调解员这样说道："我非常看重自己与当事人的第一次见面，纠纷越大越难调解，我越会慎重自己的仪表。你得让人家一看就知道你是专业的、可信的，吊儿郎当的、不庄重的调解员，群众很难信任你。"

一些调解队伍的管理者也认为，他们对自己所属团队中的调解员会提出明确的外表要求："不管是男性还是女性，举止行为都不能表现得过于懒散随意，一定要沉着冷静、举止得体。"

某些地区的基层调解单位甚至会专门开设"庄重你的外表"一类有关仪容仪表的课程，请专人来指导下属调解员如何打扮得更值得人信赖。

· 让自己用严肃的外表面对当事人

人民调解工作本身就带有一定的法律严肃性，一些类似于公开调解的较规范调解场合就有这种严肃的外部表现形式。在这样的公开场合下，调解员如果身着"奇装怪服"，脚穿"拖鞋"，跷着"二郎腿"，说话"娘娘腔"，满口"粗话脏话"，不修边幅"蓬头垢面"地来主持调解，即使当事人与旁听人员不会当面表现反感情绪，其内心至少会产生不尊重调解员的逆反心态，演变的结果可能会导致调解最终失败。

因此，不管何种性别，在主持、参与调解时，调解员都应满足下述外表要求：

①衣着端正、朴素、大方，以简单稳重为主，给当事人一种整洁严谨的外表形象；

②坐、行、说、做要文雅，给当事人有一种有知识水准、有文化蕴涵、有道德修养的内心形象；

③如果是女性调解员，应尽量不穿超短裙，不穿疑似袒胸露背的短上衣，更不宜化浓妆等；

④男性调解员需要及时刮胡子、修剪头发，以清爽、干净为原则。

仪表与举止看似是生活小节，但它对博得当事人信任有着重要作用，因此，调解员应慎重对待。

8. 执行意图：先筹划，再调解

"执行意图"是由美国心理学家彼得·戈尔维策（Peter Goll-witzer）提出来的，该概念是指，一个人针对某一愿望的明确意图，简单来说，就是一个人在面对某一件事时，先了解自己"具体要怎么做"。"执行意图"对工作所产生的最重要意义在于，当我们设想了做事的场景、具体的过程以及有可能遇到的困难后，我们会更有动力去做好这件事。

· 执行意图：详细拆分你要"怎么做"

彼得先生发现，仅有目标是没有用的，因为一旦目标执行遇到障碍，往往计划就变成了纸上谈兵。他发现，有一种方式可以应对这种现实障碍，即使用下图 3-1 中的方式制订计划，个人的执行意图与积极性就会大大提高。

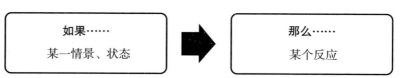

图 3-1 执行意图操作过程

比如说，我们在与领导沟通以前，便可以给自己一个执行意图。

如果（我紧张），那么（我会打开 PPT 说一段我比较熟悉的工作汇报）；

如果（我紧张），那么（我会告诉自己，又不是演讲，只要真实表达自己就好）；

如果（我紧张），那么（我会告诉自己，先安静下来再讲话）
……

执行意图的作用在于，它提前演练了所有的可能性，给潜意识里最糟糕的情况做了一个预案，一旦遇到障碍，这个预案马上就会被唤醒，然后见招拆招。

· 锻炼执行意图，才能找到调解倾向

心理学家们将愿望结果与障碍之间的对峙称为"心理比对"。对于调解员来说，"心理比对"可以让我们既怀有"调解成功"的梦想，又脚踏实地地留意细节，找到通往成功的那条正确途径。

"执行意图"是为实现目标而制订的行动计划，它的格式为"如果……那么……"它可以帮助我们在大脑中预设反应模式，面对障碍时，无须意志力就能快速行动。

比如，一位调解员在调解群体纠纷以前，总是会先制订行动计划，而这个行动计划就是按照"如果……那么……"的格式展开的：

"如果双方情绪比较激动，我就先安抚他们的情绪，此时做出'一定会调解好'的承诺非常重要。"

"如果能找到群体中的意见领袖，就请其代表纠纷群众到调解所来沟通，这样可以避免事态扩大化。"

"如果群众情绪暂时无法控制，我要先保证自己的人身安全，再配合情景与群众展开沟通。"
……

可以看到，"如果遇到情绪 A，就采取行动 B"这种简单格式的行动计划可以让人快速切入纠纷场景之中。因此，在平日里，预想一些有可能在调解中遇到的紧急的情况，并想出特定的处理方法，对调解有积极意义。

·深入了解纠纷，搭建调解框架

在调解开始后，调解员往往需要通过当事人各自的陈述了解所发生的事情，了解他们各自的想法和需要。要想成功调解，我们必须努力感受每一个争议细节对当事人的重要性，以此评估他们为达成调解而可能做的努力，以及为实现这个可能寻找路径。尤其要注意当事人对另外一方所提问题和要求的反应，特别要注意数字等敏感字眼。

（1）更深层次理解当事人

当然，想调解成功，仅了解发生了什么、当事人的要求是什么是远远不够的。我们还必须对争议有更深层次的理解。比如：

他们对同一事件的不同表达背后的原因是什么？

他们之前是否有过不和、之前因为什么原因而影响到彼此关系？

是否有其他原因影响了争议本身？

（2）寻找框架，建立初步计划

通过倾听与思考后，我们需要在心里搭建一个初步的调解框架。在此过程中，调解员要认真地记下当事人口中任何积极的信息（表 3-1 所示），哪怕这些积极信息的含义是模糊的。

表 3-1　积极的信息与示范性语言

积极的信息	示范性语言
表达过去的良好关系	"他以前对我是很好的。"
认可或部分认可对方的提议	"对方提出来误工费按照 2000 元每月算的话，我是同意的。"
趋向理性的表示	"我不会要无赖的，凡是法律规定的赔偿我都是愿意的。"

续表

积极的信息	示范性语言
出现新的线索	"上次爸爸看病是他花的钱？这个事情我是不知道的。"

若当事人在沟通中没有出现任何积极的表示，调解员便需要预见到未来调解的难度，我们最好围绕着之前获得的信息，使用提问的形式来获得当事人的积极回应，提问时，可多提一些回答"是"的问题，以此来缓解对方的对抗与不满情绪。

（3）明确"如果……"式风险，提前预防

在沟通过程中，最容易出现的就是双方当事人打断对方发言并因此而出现争执。在此阶段，调解员需要做的就是依据具体情况及时制止。

①如果只是轻微的"插嘴"，调解员用适当的手势制止即可；

②如果有一方经常打断别人的发言，或语调过高，调解员必须坚决制止，并再次强调调解的基本规则；

③如果一方并未直接打断，而是在对方陈述时表露出烦躁或心不在焉，调解员可以适当的眼神表示，并可说明下一个就轮到他发言了；

④如果对方当事人语言过于啰嗦，或出现其他贬低的词语，调解员也应予以提醒。

依据纠纷的具体内容、当事人反映的具体情况，提前筹划，调解员可以更有效地针对当事人的需求展开调解活动。

9. 反馈效应：积极的调解建立在频繁反馈的基础上

反馈效应是指，及时对行动的结果进行评价，可以强化活动动机，对行动起到积极的促进作用。在沟通中，反馈效应有积极的意义：人与人之间的误会有 80% 是由沟通不到位造成的，而良好的沟通都有这样的特点：双方能够在对话过程中，对彼此的话语进行积极、恰当的反馈。

· 没有反馈，便没有积极的沟通

反馈，是对对方的沟通信息给予一定的回应。在一次正常的沟通交流中，人们的回应方式往往各种各样，或心不在焉，或敷衍附和，或点头认同，或表示不赞同，这些都是反馈。

心理学家们通过实验发现，不同的反馈方式，会影响人们的行为。

以演讲为例：一位演讲者站在台上时，若他收获的掌声越多，他的积极性便越高，他的发挥也会越好。但是，如果他站在台上讲了半个小时，观众们都在低头刷手机，那么，他便会越来越不自信，同时语速会越来越快，甚至最后词不达意，这是因为，没有收到反馈的他，在不安的情绪下再也无法从容发挥正常水平，于是转而期望赶快结束演讲。

因此，在沟通中，不论是表扬还是批评、鼓掌还是摇头，都是一种反馈方式。这些反馈都可以让对方了解自己的行为结果，并能够进一步强化其之前的行为，从而继续做出此类行为。

· 调解员的反馈对当事人有积极意义

可以这样说，任何一种回应方式——哪怕是表达批评与不认可，也比无动于衷、毫无反应有益于沟通。反馈的这种积极意义，在调解中同样存在。

调解员小陈接到了社区居民的沟通电话，对方在电话中咨询如果自己与邻居存在经济纠纷，要如何请社区调解。

小陈回应道："那您在电话里先和我们说一下大概情况吧！"

咨询人："是这样的，四年前，他借了我两万块钱，说是女儿出国用，结果，一借就是三年，其间也没有说要还钱。我一直以为他忘记了，前段时间一起喝酒，提起来这件事，他竟然说，我一年前买彩票中了五万，那奖号是他一直看好的，是我从他那里偷看到的，他要分一半！所以，两个账就直接抵销了！你说气人不气人？"

小陈没有直接回应："然后呢？"

咨询人："然后我们就吵了起来，桌子都掀了！你说这件事是不是他要无赖？"

小陈道："哦……"

对方在电话里又说了半天，小陈一直没有直接回应，突然听到电话里传来一阵咆哮："你这个同志怎么这样？我和你说了半天，你怎么一句回应也没有？"

小陈有些懵：我不是一直在回应吗？

虽然当事人是打电话来咨询调解相关事项，但小陈的反馈方式过于不当，至少，他未体现出真诚与耐心。从整个对话来看，咨询人有倾诉欲望，但小陈的回应却敷衍了事。这种态度若在正式调解中，难免会让调解员游离于纠纷以外，不利于准确把握基本事实，更有可能令当事人心生"欲诉无门"的感觉，无形中加大了后面的调解难度。

而对于小陈来说，更恰当的回应莫过于端正态度，在耐心倾听的同时给予积极的反馈："您说的情况我听到了，现在，您想如何处理呢？"

若对方回答想要申请调解，小陈则可以请其告知具体来访时间，然后再记录下纠纷的大体情况，待当事人到访后，再做详细打算。

· 选择恰当反馈

反馈如此重要，因此，调解员需要在介入调解初期更好地运用这一沟通元素。从反馈的整体方式上来说，积极的反馈需要做到如下三点。

（1）选择恰当的媒介

反馈时选择恰当的媒介，无形中能助调解员一臂之力。比如，在倾听当事人诉说时，用身体微微倾斜向当事人、时不时点头、眼神沟通等身体语言，可以起到积极的反馈作用。

在沟通中，将当事人重要的信息记录下来，也是一种积极的反馈，这可以让当事人意识到，调解员非常重视自己的意见、想法。

（2）区分对人和对事的反馈

针对不同的对象，所采用的反馈方式应有所区别。当事人透露出对纠纷的大度想法时，调解员往往需要表达认可，此时，应尽量认可当事人本身，而非具体的事，这样更容易让当事人收到积极的反馈，在接下来配合调解工作。

相反，若当事人表现出不当的想法，或是在沟通纠纷事实时透露了不当的举动，调解员则应对事不对人，只指出其事件与行为上的不当，而不指责其人品。

（3）运用迂回反馈战术

调解中常有当事人已经知道错误，但其因面子或其他原因而不愿意承认的情况。在这种时候，调解员的迂回反馈便显得尤为重要了。比如，一位基层调解员便用自己之前调解过的案例，来说明"及时回头"的重要性。

另一位调解员则有意暗示错误方当事人："你们都是一个公司的同事，你也应该知道，对方并没有非要计较到底的想法，只是想要个说法而已。你自己想想，打了人一耳光，是不是应该有所表示呢？你想想看，你要受了这么大气，是不是也和他一样？"

调解本身就是沟通的艺术，而反馈作为最重要的沟通元素，在调解过程中必不可少。因此，调解员一定要善用反馈，来促进和解达成。

10. 杰奎斯法则：急于求成是调解员大忌

杰奎斯法则是由英国管理学家埃里奥特·杰奎斯（Elliott Jaques）提出来的，他指出，有些管理者从开始时就下定决心，要解决一切存在的问题，但这种观念本身就是一个错误。心理学家后来将其引申到心理领域，并认为，改善现状、不甘落后的心理倾向是一种良好的工作愿望与强烈的事业心的体现，但若妄想解决一切问题，则会让事情走到极端，并最终导致失败。

· 急于求成不利于事情解决

现实生活中，很多人试图一口气吃成胖子。

一个处于人生困惑阶段的青年人向学者发问："人活着有什么意思呢？成功怎么这么难？"

学者说："你问的问题太大了，像这样的问题，你本来不需要去费神考虑的。你只需要考虑自己当下遇到的问题就可以了。你的女友离开了你，你应该想的不是人活着的意义，而是你们肯定有不适合的地方；你对现在的工作不满意，你应该想的不是成功怎么这么难，而是如何去找一个适合自己的工作。那些太高远的东西是哲学家要考虑的，我们只需要做好当下能做好的事就好了。"

杰奎斯法则能有效地指导我们思考所遇到的问题：最智慧的人在遇到问题时，并不会急于求成、期望马上解决，相反，他们会让头脑冷静一下，并思考下述问题：

①问题出现的前因后果是什么？

②解决这个问题所需要的时间、资源与精力有哪些？

③当下要从哪里入手？

这样才会更有利于事态的发展。而想从最开始就将一切存在的问题都解决，本身就是不可能的事情。

• 越是复杂的纠纷越不可急于求成

当事人向人民调解求助，往往是因为纠纷已经处于冲突双方无法协调的地步。此时，当事人多半无法理性对待，需要一个情感发泄的过程。承办的调解员在此时万不可急于求成。有些纠纷的调解甚至会需要很多次的"拉锯战"才能成功，这就要求调解员必须要有耐心。

比如，在一起保证合同纠纷中，黄某做姚某的担保人，后来，姚某突发疾病身亡，于是，债权人起诉黄某，要求其承担保证责任。此事进入调解阶段后，调解员从平衡双方当事人的利益出发，一次次耐心地长谈、沟通、调解后，当事人也开始冷静下来。最终，双方达成调解协议，黄某一次性将 10 万元现金交给了债权人。

调解本质上是对当事人之间的利益纠葛进行协调，而涉及利益，就必须要反复沟通、协调，越复杂的纠纷，其背后的疑难点就越多，只有耐心对待，找准切入点，不畏烦琐、不惧当事人可能出现的暴躁情绪或置之不理的态度，善于控制局面，勤于与多方沟通协调，对调解方案进行调整，才有机会化解纠纷。

• 不同纠纷需要不同处理方法

杰奎斯法则提示人们，处理事情必须有条不紊、冷静处理。将这一法则运用到具体调解过程中来，就必须要意识到，不同纠纷需要不同处理方法与处理时间。这就要求调解员在承办纠纷后，第一时间对纠纷进行初步梳理。

对于纠纷细节比较清楚、争议不大的纠纷，调解员应在最短的时间内安排调解，这样做的目的，是避免出现"夜长梦多"的不利情况，因为一些看似简单的纠纷，时间拖得过久，当事人的诉讼心理会发生变化，双方的矛盾可能会进一步加剧，给调解工作带来不利。

但是，对于那些情况复杂、头绪较多的纠纷，如果急于调解，调解员便很容易陷入"无的放矢"的窘境中，难以很快提出有针对性的调解方案，调解的成功率也会很低，所以，这类案件需缓慢推进，一般会在召开双方会议或是分别沟通后，了解了双方的态度与底线，再考虑具体的调解方案。

对于那些因为当事人一时动怒引发的"赌气纠纷"，调解员更需要"温火调制"，因为对于这类纠纷，时间往往是医治心理伤痛的一剂良药。相反，若急于下判断，虽然纠纷了结了，但双方的怒火与不满未消，在这种情况下，极有可能造成社会安全隐患。

因此，在调解过程中，我们必须要时时牢记杰奎斯法则：只有合理分析、有效预测、有序调解，才能推动纠纷解决。

第四章

深入了解：细致分析，才能有效调解

　　与所有事物一样，每一场纠纷都有其萌芽、发展、高潮与结束的特定走向；每一件看似独立的事件背后，其实都透露着纠纷能否被彻底化解的信息。因此在接手调解事件时，调解员有必要在正式介入以前，先彻底了解当事人的信息以及纠纷产生的原因，然后，再根据得到的信息决定如何去调解纠纷。

1. ABC 理论：了解对抗情绪因何而起

　　美国心理学家阿尔伯特·艾利斯（Albert Ellis）曾提出过情绪 ABC 理论，这一理论认为，引发不当情绪与行为的，并非当时的事件，而是因为个人对这一事件持有不正确的认知，或者产生了错误的信念。换句话来说，引发争执的并非事件本身，而是当事人是如何看待这件事情的。

· 冲突很可能源于看法、信念不同

　　在艾利斯先生看来：“人们并不会受事物干扰，而是受他们对事物的看法的干扰。”在他提出的情绪 ABC 理论中，三个字母分别对应三个单词，且它们之间存在图 4-1 中的关系。

图 4-1　ABC 情绪理论

换句话来说，愤怒、悲伤、快乐、厌恶等情绪感受，不仅取决于当下发生的事情，同时更由我们对这些事情的思考所决定。比如，生活中最常见的例子：

上司找你，询问你上星期接手的那个工作进展如何。

此时，依据往日的经验或认知，你可能会产生表 4-1 中的两种看法：

表 4-1　事件与信念会导致不同的情绪和结果

A　实际事件	上司询问工作情况
B　信念或看法	上司只是在正常地询问工作进度，所以正常回答
	他是认为我不够努力，还是不放心我，想要检查我的工作
C　情绪与结果	平静地回答
	带有情绪地沟通，甚至有可能因此产生误会

通过上面的对比，我们可以清晰地看到，在面对一些事时，我们的心态与处理方式是什么样的。而这一过程也可以证明，很多争执的产生，很可能只是因为当事人多想了：上司询问工作，也可能是想要确认工作是否在正常进行，是否有需要帮助的地方，但如果往"他是不是不放心我"的方向去想，自然很容易产生误会。

ABC 理论带给我们的启示在于，争执的产生，很可能是在某一件事上，双方当事人存在信念或看法上的不同，导致了"冲突"这一结果。

· 意识到对抗情绪的存在

李某与安某是邻居，安某住在李某家楼下。某天，因李某儿子在楼上玩耍，致使楼下正在休产假的安某之妻无法休息，安某上楼提示李某。但在提醒过程中，李某无意间说的一句"我儿子明天还要上学"导致安某大怒。在他看来，李某是看不起自己两个孩子都是女儿。两人话不投机，继而厮打在一起。

在其他邻居报警后，民警到场时看到双方已叫来了自己的亲友，似乎有"大干一架"的趋势。

了解了事情的缘由后，民警发现，其实整个事件就是因为安某对"儿子"这个话题过于敏感导致的。他向民警倾诉称："如果不是故意讽刺我没有儿子，为什么刻意强调他儿子？"

但整件事情在李某看来有些莫名其妙："我只是随口一说，现在什么社会了？怎么可能讽刺他没有儿子？"

民警搞清楚两人的矛盾根源以后，立即展开调解：先是劝导无关人等离开，然后，将安某与李某带回派出所进行调解——由于事情本身就因误解而产生，所以，纠纷很快得以解决。

· 先解决情绪，再解决问题

在上面的例子中，我们可以看到民警有很重要的一个动作，即"劝导无关人等离开"——这是让双方情绪不再恶化的重要一步，而其要达成的目的也很简单：不让纠纷继续下去，不让纠纷激化、扩大、升级、转性。这一点在双方纠纷扩大阶段极其重要，否则，便有可能使纠纷由争吵转化为械斗，由少数转化为群体，由一般转化为重大，由民事转化为刑事。

所以，我们在看到情绪激动的当事人时，最先要采取的办法是将他们分开：将情绪激动的当事人先分开，对于个别情绪恶化的当事人，调解员要立即分别进行劝解、引导，并重点监控。

比如，在上面的例子中，民警在出警后发现，安某情绪已经濒临崩溃状态，因此，民警立即把当事人双方分开，并将其他相关亲属、看热闹的邻居劝离，同时，将当事人带回了派出所。

疏散人群，劝导无关人员离开，可以避免因围观者众多促使纠纷双方更加注重面子、一定要分出高下。同时，人多嘴杂，在纠纷发展时期，我们无法深入了解纠纷双方到底会受哪种说法的影响，更无法详细判断当事人间的对抗情绪到底因何而起，因此，将当事人与纷繁的环境隔离开，帮助他们冷静下来，对后期的调解极其重要。

2. 破窗效应：制止"破窗"行为再发生

破窗理论是犯罪心理学的一个理论，它指的是，如果大家公认的行为准则遭到了破坏，却没有得到相应的惩罚或斥责的话，那么，个人便会将这一行为默认为"许可"，久而久之，大家都会对此破坏行为陷入"许可"状态中，甚至变本加厉地去破坏规则。

· 破坏一旦开始，便无法停止

心理学家曾经做过一项有趣的试验：把两辆一模一样的汽车分别停放在两个不同的街区，其中一辆完好地放在中产街区；另一辆则摘掉车牌、打开顶棚，停放在相对杂乱的贫困街区。

结果，停在中产街区的那一辆，过了一个星期还完好无损；但打开顶棚的那一辆，不到一天就被偷走了。

随后，心理学家又将那辆完好的汽车敲碎了一块玻璃，结果，几个小时过去，那辆汽车就不见了。

以该试验为基础，有犯罪学家提出了"破窗理论"，他们认为，如果有人打坏了一栋建筑上的窗户，但又没有及时修复的话，其他人就有可能受到暗示，即认为"打碎玻璃"是被允许的，进而去打碎更多的玻璃。

这种现象其实就是中国古语中所说的"千里之堤，溃于蚁穴"。从心理学角度来说，"破窗理论"的本质是主张建立一种机制，以防范与修复"破窗"，并对早期发现的"破窗者"进行惩罚，唯有如此，才能防微杜渐，进而起到维护秩序与保护集体行为准则的作用。

· 破窗效应往往出现在多人纠纷中

完好的东西没有人去破坏，破坏了的东西会遭到更大的破坏——这种奇怪的"破窗现象"在现实生活中也常常出现。比如，我们常见的物业纠纷里，便常常会遇到此类情况。

某小区有 138 户业主拖欠了物业服务费，其中，有 28 户长达 3 年未缴费，由此产生了一定的滞纳金。两笔费用合计数额较大，有些甚至超过了 3 万元。物业起诉到法院后，被告的业主们主动到社区调解室寻求意见。

经过询问后发现，这些业主不缴纳物业费的原因很简单：

小区环境脏，小广告层出不穷；

绿化带杂草丛生、绿化枯萎；

安保设施差、监控摄像头严重失去防守措施；

……

但后续调解人员从物业那里了解到，物业接手该小区时，不论是草地还是墙壁，都曾经进行过大规模的整修，但某些业主总是不自觉，破坏小区环境。比如，在某次活动中，物业特意买了很多漂亮的鲜花，可某一天，不知被谁搬走了几盆。于是，接下来街上的花盆接二连三地丢失、损坏，到最后，只剩下一堆被孩子踢坏的破盆。

其实，这起纠纷就是破窗效应的典型：因为业主爱护公共环境的意识不足，导致小区环境遭到破坏，进而小区业主不满，罢缴物业费——在无人有效引导的情况下，矛盾越闹越大。

· 传递法治声音，方能解决破窗问题

"破窗"行为之所以会蔓延，是因为它助长了人们的四种心理。

①颓丧心理：坏的东西没人修，公家的东西没人管，看到此类状况以后，人们对社会的信任度就会随之降低。

②弃旧心理：既然破掉的东西没人管，那就随它去吧。

③从众心理：规则是大家定的，别人能破坏，我也能破坏；别人能拿，我也可以拿。

④投机心理：看到有机可乘，自然可以"投机"，反正那么多人没缴物业费，我不缴不就顺便占了便宜吗？

小洞不补，大洞吃苦，这早已是屡试不爽的真理——"破窗"的出现，给人造成无秩序、无人管的感觉，而这两种感觉都会诱发群体效仿。

要想解决"破窗"问题，就必须要"及时修复"：试想一下，当物业对于偷拿花盆、乱画墙壁的行为早些制止，自然可以将之消灭在萌芽状态。

在我们刚刚提及的"拖欠物业费"的案例中，调解员便拿出细心与耐心，仔细摸清了业主的心理素质与思想动态，并向业主一遍一遍地讲解《物业管理条例》与物业服务合同的相关法律知识，同时，告知业主"拒缴"行为不会受到法律支持，进而使这批案子的调解成功率达到了 85% 以上。

对于物业方，调解员也提出了告诫：对破坏小区环境者，应有一定的惩戒措施或告示提醒，以防破窗效应进一步扩大。

这也是破窗效应带给我们的启示：在调解过程中，调解员应找出那些有可能破坏公认行为准则的行为，并予以道德、法律层面上的告诫，由此，才有可能保护好公认的行为准则，进而降低纠纷激化的可能性。

3. 信息递减效应：依据事实，还原事实真相

信息递减效应指的是，在信息传递的过程中，存在"信息递减"现象：一条信息每传递一次，信息的总量便会减少一点，且存在扭曲现象。递减的规律则是，个体会按照自己的理解与经验来接收信息，最初说话的人的真实意图反而会被丢失。

·信息传递的过程，就是失真的过程

信息递减可以通过下面的小故事看出来：

某军队里，团长传口令："今天是八月十五，晚上 8 点请大家到操场赏月！"

消息传到营长，营长传口令："团长请大家在八月十五晚上到操场赏月。"

连长传口令："八月十五晚上，团长让大家去操场！"

排长传口令："十五晚上，团长要在操场讲话！"

班长传口令："团长要在十五晚上检阅大家操练，大家做好准备！"

虽然是一则笑话，但口令一再失真，反映的却是信息在传递过程中的丢失与递减，并最终产生误会的过程。

其实信息递减现象在生活中很常见：一条信息在传递时，往往会需要由个人的嘴巴说出来，但因为表达方式不同、对信息的理解不同，自然会使信息愿意扭曲。因此，在国家政府机关中，重要信

息一般是以公文的形式呈现的。这种硬性的规定，在一定程度上就是为了规避信息递减效应。

· **信息递减受多方面影响**

信息递减规律会产生三个属性：

（1）只要有传递便会递减，真实的信息量不会增加

婆婆对儿子说："小 A 早上说想吃螃蟹，你打电话告诉她，今天市场上的螃蟹不新鲜，明天妈再去买，明天再做。"

丈夫告诉小 A："妈说没买到螃蟹，今天不做了。"

（2）这种传递不可逆转

信息从"丈夫→小 A"是一个递减的过程，且"丈夫←小 A"不会成为递增过程——小 A 可能会说："为什么没买到？前几天你想吃就买到了，今天我想吃就买不到了？"也可能会说："今天不做了？说好了晚上吃螃蟹，那现在晚上要吃什么？"

可以看到，不管小 A 说什么，她所说出来的信息，都与婆婆发出来的原信息毫无关系。

（3）递减过程受多种因素影响

不同性格、不同说话方式、不同说话力度、不同的说话环境，都会对话语产生影响。就拿询问"为什么买不到螃蟹"这句话来说，性格温柔的人与性格刚直的人说、慢慢地说与着急地说、大声地说与平和地问，产生的效果都是不一样的，更别提受教育程度、个人思想等因素的影响了。

这种信息递减效应，反映在纠纷发生过程中，往往是以负能量不断增加的形式呈现出来的：两人发生争执时，每个人都不同程度地按照自己的方式理解对方的话，有意无意地曲解对方的信息，真实信息的传递大打折扣，原意甚至可能被曲解，争吵自然很难和解。

· 引导双方当事人实现正确的信息沟通

在很多纠纷中，双方当事人往往对同一信息产生误解，或者是在同一问题上得到的信息并不对称。此时，调解员搜集、澄清事实就可以大大帮助缓和紧张的局面。

（1）从当事人性格、行事作风入手了解其信息传递方式

不同性格的人传达信息时的方式不一样：力量型当事人往往在说话时便表现出固执甚至是专横，冲突型人格很可能会因为一些微小的细节而与人冲突。依据不同性格入手，了解信息，有助于调解员寻找到更积极、更恰当的沟通方式，同时也有益于我们了解信息是如何在传递过程中失真的。

（2）引导当事人尽可能使用准确的词语

这一点对于调解员、当事人来说都非常重要：沟通过程中，使用不产生歧义的词汇，使用双方都可以理解的词汇，是减少信息递减效应的关键。调解员在必要的时候，可以请当事人复述一遍，确保自己未误解信息。

（3）引导当事人减少臆断

在调解过程中，很多当事人喜欢用"他就是那样的人""不是这样还能是什么样"一类自我臆断来推测他人。这样的情绪宣泄方式可以理解，但在了解事实发生经过时，调解员必须引导当事人意识到"有多少证据、说多少话"的沟通原则，只阐述事实，少阐述情感。

同时，调解员也需要建立起"听到多少、确认多少"的严谨习惯，依据事实与细节来判断纠纷的具体原因、走向，否则，调解很可能会因为信息递减走向错误的方向。

4. 沉锚效应：别让思维被第一信息所左右

我们在对某人某事做出判断时，往往会受到第一印象或者第一信息的支配，这些信息就如同深入海底的锚一样，把我们的思想固定在某处。这种思维被限定的现象，在心理学上被称为"沉锚效应"。之所以将这一现象称为"沉锚"，是因为这一锚点往往深埋于意识深处，我们甚至根本意识不到自己已经被埋入了锚点。

· 先入为主，会导致信息被误导

一家卖快餐的小店，同为售货员，A 的营业额永远比 B 高。这种现象引起了老板的注意，于是，他特意站在柜台边观察了几天，然后发现，差别就在于 A 与 B 在顾客点餐时的应对话语。

B 在客人点餐后往往会说："需要加个蛋吗?"选择加蛋与选择不加蛋的客户往往是 1∶1 出现的。

A 在客人点餐后却会问："加一个蛋还是加两个?"在这种询问下，只有 25% 的客人说"不加蛋"。

在这种刻意的诱导性询问下，A 的营业额自然比 B 高出很多。

这便是生活中典型的"沉锚效应"运用案例：A 成功地在顾客作出决定以前埋下了锚——要加蛋，因此，顾客的思维被锚定在了"一个蛋"或"两个蛋"上，只有少数人会想到，自己还可以"不加蛋"。

正是因为锚点的隐蔽性，大多数人会误以为，自己的决定是独立思考后作出的。但就如故事中的顾客一样，其实自己已经在不知不觉间被各类先入为主的信息误导了。

· 调解时要警惕思维被锚定

思维锚定是人的心理反应，想要彻底克服它绝非易事。我们在思考问题时，总会在不自觉间接收大量信息，潜意识会依据这些信息形成某种思维范式，而这些信息一方面有利于我们思考，但另一方面也有可能会形成一种"沉锚"，使原本开阔的思维被锚定。因此，在调解过程中，调解员要格外警惕。

一位基层调解员直言，自己在刚刚接触调解时，见一些申请人衣着朴素，叙述纠纷详情时也往往摆出"弱者"姿态，将"受气""受辱"用泪水表现得恰到好处。调解员说："听着、看着都感觉可怜，自然想要在纠纷中维护其利益。"可事实上，当她真正去了解事情经过、听到另一方当事人的叙述后才发现，事情往往不全然如申请人所说的那样，有时候，连申请人本身也存在过错。

调解制度并非深不可测的学术理论，而是为群众所设立的、解决矛盾与纠纷的制度。每一起纠纷背后所涉及的事件，都足以折射出当事人之间的利益纠葛，调解员只有从与当事人的交流、对话中，才能尽量详细地了解纠纷背后的真实信息。

迷信当事人的一面之词，不仅有可能矫枉过正，更可能使自己的思维被锚定，因此，调解员应在调解过程中，摒除主观因素的影响，时刻保持理性、中立的态度。

· 两种方法，避免"沉锚效应"

调解员要如何避免或减少"沉锚效应"的影响？

所谓"沉锚效应"很多时候是因为先入为主，而先入为主，归根结底是因为接收的信息量过小。

人的大脑非常奇特，当我们处理的信息越少时，我们对信息的分辨能力就会越弱。相反，在处理大量信息时，大脑反而会处于高速运转状态，判断出哪些信息是有价值的，哪些信息是毫无意义、有可能导致"沉锚"的。

因此，想要完全避免沉锚效应对自己造成影响，我们可以使用如下两种办法：

①完全忽略之前听到的有关该当事人的只言片语，以自己的眼光，通过与对方交流的过程去做出判断。

②事前收集大量有关该当事人的信息，并全面地分析信息，用于辅助见面时对此人的判断；最后，依据见面时的经历，做出理性的判断，将"沉锚"的影响降到最低。

此外，调解员还应尽量拓宽视野，不断学习、实践，集思广益，多听身边的同事的调解经历，并从中学习他人的处理方法。增加自己对各类纠纷的了解、知晓人的多样化，对于规避沉锚效应有着积极的意义。

5. 费斯汀格法则：从当事人态度入手引导纠纷

"费斯汀格法则"是由美国社会心理学家费斯汀格（Festinger）在人际交往中发现的，它指的是态度决定事件走向：生活中的 10% 是由发生在你身上的事情组成的，而另外的 90% 则是由你对所发生的事情如何反应决定的。换言之，所有的问题都是"心态问题"，只要控制了对事情的反应，便控制了生活的走向。

· 态度不好，生活便很难好起来

老刘早上起床后，把自己的高档手表放在了洗漱台边上，妻子怕水把手表淋湿，便随手拿到了餐桌上。刚起来的儿子没注意，把手表碰到地上摔坏了。

老刘气坏了，打了儿子一巴掌，骂了妻子一通，委屈的妻子与他吵了起来。一家人带着气匆匆出了门。

到了公司老刘才发现，重要的文件没有带，被上司狠狠责骂了一番；妻子买菜时，因为心情不好，和路人发生了争执；儿子在当天的班长竞选演讲中落败——一家人都因为早上的事情受到了负面影响。

在这个事例中，手表摔坏只占据了生活的 10%，而后面一系列的事情就是另外 90%。因为当事人并没有很好地掌控那 90%，所以才导致这一天成为"闹心的一天"。

试想，如果在那 10% 的坏事发生以后，老刘可以换一种反应，如安慰儿子："不要紧，我拿去修一下，下次要小心一些。"或是妻子、儿子可以换一种反应应对："对不起，是我的错，下一次会注意。"那么，三个人的心情都会好一些，之后的一切也不会发生。

可见，在坏事面前，我们可能控制不了前面的 10%，但完全可以通过自己的心态与行为，决定剩余的 90%。纠纷调解中也一样：当事人的纠纷闹到需要调解介入时，坏事已然是定局，此时，我们就需要引导双方的态度，改变剩余的 90%。

· 纠纷发生、发展过程中，当事人往往会受对方态度影响

态度是由认知、情感、行为三者共同构成的，但三者的差异程度越大，越容易改变态度，反之，则越不容易改变态度。

比如，当事人 A 无意间摔坏了当事人 B 的高档手机，虽然 B 要求 A 全价赔偿（理智的认知与要求），但他很清楚，A 是无意的，且其经济条件不好，因此有些于心不忍（情感）。在这种时候，如果据此调解，劝说 B 让 A 少赔偿或者不赔偿，B 就比较容易接受——这就是人们常说的"按理应该如何，但于心不忍"的情况。

当事人 B 的心理状况，就反映了其态度成分由完全一致到不一致，因此经过劝说后很容易改变态度。

所以，我们调解时，需要从调整当事人态度中的认知成分或情感成分入手：

①已知，高档手机被摔坏，B 很生气，坚决要 A 赔偿。

②调解员介入，了解事情缘由后发现，A 家境不好，B 在气头上。

③引导 B 意识到 A 行为的无意性，并劝说完全照价赔偿对 A 是较大的负担；同时，引导 A 真诚道歉。

④B 动了恻隐之心，并为 A 的态度所打动，决定让 A 少赔偿。

从"坚决要 A 赔偿"到"决定让 A 少赔偿"，调解员运用的，就是从情感成分入手，引导 B 改变态度。

但是，如果 A 有意甚至是故意打坏手机，或者其有完全的赔偿能力，那么，调解员劝说少赔或不赔就没那么容易了。

不过，究竟要先转变当事人的认知成分还是情感成分，需要依据纠纷的具体情况而定。

· 先转变认知还是情感，需要从当事人需求入手

在调解过程中调解员除了安抚当事人情绪以外，还需要注意，当事人态度的转变与当事人的切身利益有着密切的关系：

（1）与当事人的利害关系越大，其态度就越不容易转变，反之则较容易转变。

如果 B 同样家境不好，手机是其购买的少数奢侈品之一，那么，劝 B 接受少赔偿甚至不赔偿的建议就不太可能实现，因为对 B 来说，手机也是"值钱"的物品之一。

（2）如果当事人感觉到，调解员的劝说是符合自身利益，或者有利于自己免受惩罚，或是有利于发挥自我潜力，或是有利于自己获取新的好处（如人脉、声誉等），这样的劝说就越容易被当事人所接受。反之，则不容易被其接受。

所以，我们在劝说当事人转变态度时，应首先注意引导当事人意识到纠纷中的利害关系。比如，在上面的"手机摔坏"纠纷中，调解员便直言，因为手机已经使用了一段时间，如果非要 A 按原价赔偿，B 需要将手机拿到相应的机构去鉴定其价值；而且，二人在同一单位，而 A 给人的印象一向是安静不惹事，且很少有人知道其

家境问题，若手机的事情闹开，大家很可能因为同情 A 而对 B 有所非议——这种情况，不论是 A 还是 B，都不希望看到。

值得注意的是，如果当事人的不满态度只是由一个事实导致的，如上面 A 与 B 只是因为"手机摔坏"起了纠纷，没有其他冲突，那么，调解员劝说起来就会较为容易。

但是，如果引发纠纷的原因是多方面事实造成的，事实越是复杂，当事人态度就越不容易改变——这一点在经济纠纷、家庭纠纷中最为明显，如婆媳关系类纠纷，多是由一件件小事积累成了"大不满"，这些事情往往纷繁复杂、日积月累，因此，调解起来也大多非常困难。

6. 诱因理论：分清主诱因与次诱因，才能找到调解发力点

心理学家发现，并不能单纯地用动机理论来解释所有的行为，如在冲突发生过程中，外部的刺激（诱因）在唤起攻击性行为时也起到了重要的作用，这一理论被归纳为"诱因理论"，它强调的是外部刺激对冲突行为的重要性，并认为，外部刺激可以直接唤起攻击性的冲突行为。

·诱因会引发冲突

诱因理论是把态度的形成看成权衡各类可能性之后做出选择的过程，如一个大学生可能感觉，晚上和朋友一起去酒吧聚会是一件让人开心的事，而且，他的朋友也喜欢这样做——这种想法会让他对聚会产生积极的态度。

可是，他知道自己的父母不赞成自己去参加这种聚会，而且，这种活动的确对他的学习有干扰。更重要的是，他已有考研计划——这些想法让他对聚会产生了消极的态度。

按照诱因理论，当两者发生冲突时，这些诱因的相对强度决定

了他的最终态度：想要与朋友一起参加聚会的想法，最终被想要好好学习的想法打败，于是他决定在家复习。

诱因理论设想的是，人们在沟通过程中所做出来的反应，是伴随着消极或者积极的思想的，而这些思想本身的强度，决定着人们的沟通结果，以及其具体表现出来的态度。

· 引发冲突的诱因有两大特点

现实世界里的冲突虽然有其固定的发展过程，且引发冲突的诱因往往呈现出多样化，不过，调解员在调解过程中需要注意到两个事实：

（1）诱因通过需要发生作用

诱因是使个体产生某种需要的刺激，它是通过需要发挥作用的，如果没有需要，只存在诱因的话，便不能产生动机。

比如，甲与乙两个人同时都看见丙丁在打架，丙吃了大亏，甲与丙是好朋友，出于友情的需要，甲产生了要帮丙打丁的动机，而乙与丙不相识，只是出于好奇心看热闹。

（2）诱因分为正负两种

诱因有正诱因与负诱因之分。正诱因是刺激当事人需要产生正向的行为，即促使个体趋向于接近某一目标以满足个体需要的刺激，如上例中，甲看到丙丁打架的情况就是正诱因。

负诱因是刺激当事人需要产生负向的行为，即促使个体趋向于回避或离开某一目标，是妨碍个体需要得到满足的刺激。

比如，在上面的例子中，如果甲看见与丁一伙的几个人也站在旁边，此时，虽然他很想帮助朋友丙，但看到丁的同行者那么多，便产生了"帮忙不成反被打"的畏惧心理，这种畏惧心理会抑制其参与打架的动机——此时，站在旁边与丁一伙的几个人就是负诱因。

· 区别主次才能更好地设计调解方案

如果同时起作用的诱因有两个或两个以上，那么，起主要作用的便是主诱因，起次要作用的便是次诱因。

在调解过程中，当事人的行为往往取决于与诱因之间的相互作用。在预防纠纷发生与激化的过程中，以及在调解的过程中，调解员不仅需要重视诱因对动机产生的作用，更需要注意哪些是正诱因，哪些是负诱因，哪些是主诱因，哪些又是次诱因。只有区别出了正负与主次，我们在调解过程中才能找到具体的发力点。

我们依然拿上面的例子来说：甲本来因为畏惧心理不准备参与打架，但后来他发现丙被打伤了头部，再不帮助他，他可能会有生命危险，于是参与打架，并打伤了对方。在这一过程中，他参与打架的主诱因便是"朋友有危险"。因此，在调解过程中，甲虽然有过错，但导致其参与打架过程的主诱因也需要考虑在内，才能设计出更合理的调解方案。

之所以必须考虑"主次诱因"的因素，是因为调解过程中有"诱因责任理论"之说：判断纠纷与当事人行为之间是否存在因果关系的标准是"可能性"与"诱发性"，只有在查明了纠纷事实与结果之间存在联系的情况下，调解员才能明确其对纠纷的具体影响，进而判断出双方的调解目标与具体需求是否合理。

7. 性格理论：分析性格，辅助纠纷调解

性格是人格与处事方法的具体表现，同时也是人对现实的态度，以及个人行为方式中较为稳定的心理特征。因为生活环境、文化素养、道德观念、社会阅历的不同，每个人都有不同的性格特点。心理学家们认为，依据对方的性格，来决定如何与之交往，会起到事半功倍的作用。

· 了解常见的性格类型

很多心理学家在研究性格时，会将性格分为若干类型。在生活中，我们较为常见的性格分类有以下几种。

（1）外向型与内向型

这是国际上较为广泛的一种分类方式，它是按心理活动的具体倾向来分类的。

外向型：对外界事物充满兴趣，活泼开朗，情感易外露，待人处世不拘小节，但有时会冲动。

内向型：较为沉静冷漠，情感深沉，处事严谨，不喜欢与他人交往过密，不善于交际。

（2）理智型、情绪型与意志型

这是一种根据个人智力、情感与意志三类心理机能来区别性格的方法：

理智型：善于冷静思考，以理智来支配个人行为。

情绪型：情感丰富且行为常常会受情绪支配，极端情绪影响下，甚至会有极端行为出现。

意志型：拥有明确目标者，他们做事积极主动，且善于坚持不懈。

（3）独立型、顺从型与反抗型

该方法从个人独立性出发，进行性格区别。

独立型：善于独立思考、独立解决问题，遇事也不慌张，甚至喜欢将自己的观念强加于他人。

顺从型：易受人影响，喜依赖他人，遇事多犹豫不决，人云亦云，常被人说"没主见"。

反抗型：总是以"敌对"态度出现，往往在人群中唱反调。

（4）活泼型、完美型、力量型与和平型

将内外向、理智与情感结合起来，可以将人的性格分为表4-

2 中的四类：

表 4-2 常见性格分类

性格	特点	外在表现	情感心理
活泼型	外向、善言、乐观	充满热情、快乐有趣、引人注目，马虎、健忘，喜欢赞美、夸张，喜欢聚会	积极享乐型，生活在当下，不生气、不记仇，很具有感染力，很讨人喜欢
完美型	内向，喜欢思考，生活态度比较悲观，对自己要求严格，对别人也要求严格，拥有牺牲自我的精神	诚实礼貌、尊重他人，但是他们的性格比较矛盾，怕别人不在乎，又怕别人太在乎，比较敏感多疑；交朋友也很慎重，爱挑剔，好批评，不爱赞美，善于分析，注重文化修养，不合群	他们喜欢沉浸在自己的感受里，消极、忧虑，经常计划却难以行动，有艺术家倾向，属于情绪化的内向情感型人格，注重内涵，有深度
力量型	自信乐观的行动者，他们对别人要求严格，对自己却无所谓	意志坚定、果断敏捷，是天生的领导者，敢于尝试与冒险，具有竞争意识，善于争辩，容易坚持己见，无同情心	生活在目标中，难以放松，性急、烦躁，强调价值，忽视细节，有主见
和平型	内向、悲观，似乎是生活的旁观者，对自己与他人都无要求	平和、缓慢，不愿意引起周围人的注意，适应能力强，善良无侵害，很有自控能力，善于避免冲突，擅长调解矛盾，是良好的倾听者	喜欢享受安逸的生活，心智冷静，泰然自若，面面俱到，不发愁，知足常乐，不动声色，缺乏热情

需要注意的是，人的性格是复杂多变的，且每一种性格类型都有其优点与不足。比如，内向性格者虽然不善与人交际，但他们因为其性格沉静，往往有埋头苦干的精神。

· 过错方的不良性格促使冲突形成

性格表现了人们对现实与周围世界的态度，并具化在其行为举止中。在冲突形成的过程中，有过错一方当事人的不良性格——特别是对现实的错误态度，是引发冲突的主导因素。

一对夫妻因相亲结识，由于婚前双方缺乏足够了解，感情基础薄弱，导致双方在婚后多有争执。特别是男方性格暴躁，常对女方恶言恶语，而女方性格也较为冲动，两人次次吵架都得惊动双方家长。发展到后来，双方越来越听不得对方的指责，一吵架便拿刀拿棒，虽然未造成实质伤亡，但对彼此原生家庭都造成了极大困扰。

在调解员介入后，不仅夫妻二人坚持要离婚，双方家长也毫无劝和之意。"我们也想多活两年，他们这样天天闹，我们跟着害怕!"在调解员协调好经济纠纷后，双方顺利离婚。

小赵原本就性格内向，但喜读书，而且在工作中常常引经据典。同事小李一贯大大咧咧，很是看不惯他自视清高的样子，总是在言语中以开玩笑的方式对其进行讽刺，小赵多半隐忍下来。

一次团队会议上，小赵读错了一个字，小李不仅当场指出来，还开玩笑道："怎么大文豪也读错字啊?"大家哄堂大笑。会议结束后，小赵气不过，找小李大吵，二人由口角发展至肢体冲突。

调解员在面对这起纠纷时，也是从"点醒"小李入手：小赵原本就内向老实，多次当众不给人"面子"，明显有"欺负老实人"的意思。最终，纠纷以小李道歉结束。

正是因为性格是人对社会与现实的态度，所以在调解过程中，我们必须要考虑到当事人的性格特点，配合恰当的调解方法，才能顺利化解纠纷。

· 区分性格，区别调解

不同性格的当事人，对纠纷与调解人员的工作往往有不同的看法。调解员在面对不同性格的当事人（特别是有过错方当事人）时，也应有针对性地展开调解工作。

（1）对重感情、直爽、看重人际关系者，用情感感染法

调解中遇到此类人时，不要急于点题，这样的人往往爱面子，调解员可以先从情感入手，谈一些纠纷以外，诸如工作、学习、生意等事情，也可以提一些家常事，然后再逐渐转入正题。

（2）对性格刚烈、不怕撕破脸皮者，用以柔克刚法

此类人多傲慢、怕软不怕硬，因此，居高临下、硬碰硬式的调解方式往往会激发他们的斗志。遇到这类人，调解员应主动热情，以诚相待，轻言细语，运用与朋友交流的方式，先谈一些当事人感兴趣的话题。

（3）对遇事优柔、缺乏主见者，用震慑法

此类人往往对问题把握不准，对纠纷发展也没有具体的判断。调解员应使用有针对性、原则性的语言让其知晓行为后果，促使他们配合调解工作。

（4）对固执己见、多次做工作却无成效者，用群众抨击法

对待这类当事人，应使用措辞较为严谨的法律术语，明确地告知其所需要承担的法律责任与后果。调解员也可以有意识地运用群众力量，如朋友、邻居、有威望的第三者对其行为进行评议，令其感受到思想压力。为了摆脱这种来自人际关系的压力，这类人可能很快就会认识到错误，积极地配合工作。

（5）对性格冷酷者，用情感感染法

此类当事人往往缺乏同理心，其行为近乎冷血。这类人往往是在冷酷环境中成长起来的，在情感上很容易与人发生冲突。面对此类人，调解员必须以真挚情感让其感受到社会有真情。

（6）对调解有明显对立情绪者，应多耐心解释，必要时可更换调解员

不管是何类性格的当事人，都有可能对调解程序或调解人员有所不满。这种不满或许是因为调解员与亲友之间有过不快，或许是对调解本身了解不足，或许是当事人因为对纠纷本身存在"必诉必胜"的坚持。对此，调解员应耐心地向当事人解释，争取当事人的理解。若当事人无法理解，则可以尝试调换调解员，或者由双方当事人共同选择一个调解员。

总之，调解员只有把握了当事人的性格特征，立足于其行为一贯的轨迹，才能做到有的放矢、对症下药，有针对性地展开调解，进而达到息事宁人的目的。

8. 动机理论：洞悉当事人诉诸调解的动机

"动机"是指激发与维持个人某种行为的心理倾向，它是对所有引起、支配与维持个人想法、行为的过程的概括。现实生活中，一个人做出某种举动，往往是因为其有明确的动机。

· 不同的行动背后，往往有不同的动机

冲突也往往因动机而生，具体来说，冲突表现为人们因为双方的观点、需要、价值、利益要求的不一致而引起的一种或明或暗的激烈争斗。

在一位企业家公开演讲过程中，一男子用书"袭击"了他。当警察询问这位男子为何这样做时，男子说，自己非但没有恶意，而

且是企业家的"粉丝"，而这位狂热粉丝之所以扔书，是因为："这本书是我写的，希望他可以好好读一下。"

让偶像读一下自己写的书，这就是男子扔书的动机。

某市有人报警说，有男子准备跳江。警察赶到后，劝其下来，男子却拒绝了，原因是女友要与其分手，不得已出此下策："我要证明给她看，没有她我生不如死！"幸好警方趁其不备，将其强制拖到了安全地带。当警方质问他时，他却说："我根本死不了，这桥又不高，我水性很好，根本淹不死，我就是想吓吓她，让她回心转意而已。"

用跳江来威胁女友复合，这就是男子的动机。

动机或许是隐蔽的，或许是明确的，但只要有冲突或纠纷发生，其背后便一定有动机存在。

· 纠纷发生后，动机越强，纠纷持续时间越久

动机是基于诱因、动因认识基础上的情感所产生的意向，在纠纷发生过程中，动机往往被称为"意图"或"念头"。

在某纠纷中，当事人甲听到张三说当事人乙讲了自己的坏话，为了维护自己的名声，而产生了要报复当事人乙的念头，他想用伤害的办法进行报复，计划要打肿对方的嘴巴，因对方反抗未能实现。

此例中，当事人甲"听到张三说当事人乙讲了自己的坏话"是诱因，"维护自己的名声"是动因，它反映了当事人甲维护自尊的需要，"要报复当事人乙"就是动机。

在纠纷发生以后，调解员需要注意到，纠纷动机有以下几大特点：

①方向性：纠纷发生后，当事人的行动有明确指向性，甲的"报复"指向只有"乙"，而没有中间传递人"张三"。

②强度：当事人的动机越强烈，其因此而展开的行为也越强。

③持久性：维护自尊的动机一直存在，在没有达到目标以前，甲的"报复"想法不会消失。

④隐蔽性：维护自尊的动机是无法观察到的，动机会以隐蔽的方式，一直支配着"对乙展开报复"的方向性与强度。

由此可以看出，只要动机产生，纠纷便处于发展中，直到激化，因此，调解员需要根据纠纷的特点，找出当事人诉诸调解的动机。

· 明确当事人诉诸调解的动机

当事人之间的纠纷达到一定强度（如甲真的打了乙几个耳光），在无法通过双方理智调解或者相互协商解决的情况下，某一方或者双方便会诉诸调解。

诉诸调解的动机是为了获得物质或精神上的权益，具体来说有以下五种。

（1）获得物质赔偿的动机

比如，在我们刚刚举的例子中，甲打了乙耳光后，受伤的乙为了获得医疗费、误工费、营养费等赔偿，而诉诸调解委员会进行调解。

（2）维护自己的合法权益的动机

在家庭纠纷、知识产权、债权等权益纠纷中，权益受到损害的一方，会为了维护自己的合法权益、获得物质利益与心理平衡，而诉诸调解。

（3）争是非的动机

在公共生活交往中（如买卖、乘车）或是其他偶然性的相遇中，双方因为言语或行为失当造成纠纷，家庭成员、邻里之间因为生活琐事造成纠纷，当事人诉诸调解的动机，往往是为了争是非，借助调解员的力量，使对方认错服输，挽回自己的面子。

（4）挽回名誉损失的动机

在一些纠纷中，一方当事人认为，另一方当事人侮辱、诽谤自己，给自己造成了精神损失，为了挽回自己的名誉而申请调解员介入。

（5）掩盖自己错误的动机

这是一种欲盖弥彰的动机：当事人明明自己有错，非但不认错，反而"恶人先告状"，诉诸调解，企图以此掩盖自己的错误。

有时候，这五类会同时出现，如被打伤的当事人不仅要物质赔偿，同时也希望对方认错、公开向自己道歉。

很显然，对于五类诉诸调解的动机，具体的调解方法也不一样，但只要明确了相关的动机，调解员在接下来的调解中，行动便会更有目的性。

9. 奥卡姆剃刀定律：再复杂的纠纷也有一个中心诉求

奥卡姆剃刀定律其实可以总结为一句话，即"如无必要，勿增实体"。意思是说，删繁就简，将问题中无用的杂项剔除，才能找出最简单的解决问题的办法。具体来说，就是在处理事情时，不要把事情人为地复杂化，这样才能把事情处理好。

· 奥卡姆剃刀定律的根本：把事情简单化处理

该定律的另一种诠释是这样的：你有两个处于竞争状态的理论，它们可以得出同样的结果，那么，简单的那个更好。

有关这一点，我们可以用一个有趣的故事来说明。

某化妆品公司客服部收到客户投诉：买来的香皂盒子是空的。为了预防生产线再次发生这样的事情，工程师按生产线的需求与规格，发明了一台 X 光监视机，以透视每一个出货的香皂盒子。

同样的问题也发生在一家小公司里，不过，他们的解决办法很简单，即买一台强力工业用电风扇，去吹装箱线上的香皂盒，被吹走的就是没有放香皂的空盒子。

同样的事情，采用的是两种截然不同的方法，但很显然，后一种更省时省力。

这也揭示了奥卡姆剃刀定律的本质：在处理事情时，尽量抓住事物的根本，解决实质性问题，这样才能更快、更有效率地将事情处理好。

· 简化调解的关键：找准实质性矛盾，满足当事人的中心诉求

奥卡姆剃刀定律在纠纷处理过程中同样存在：在纠纷发生后，一名合格的调解员不仅要就案论案，更要在调解过程中注意观察，了解当事人真正的诉求，这样才能切中纠纷核心，抓住根本矛盾，从而有的放矢地解决问题。

某工厂会计白某在下班途中遭遇了交通事故，被认定为工伤后，用工单位不服，向法院提起了诉讼，认为白某工伤认定依据不足。

用工单位认为，没有故事现场的照片与监控录像，仅仅依据当事人单方陈述，无法认定事故双方责任。

白某指出，事发时自己想要报警，但工厂一直让其协商，可又没有拿出协商的诚意，她这才在事发半年后向交警队报案。

交警队、人力资源和社会保障局认为，自己依照法定程序履行义务，不存在违法问题。

各方分歧极大，且在协商阶段无法化解分歧。调解员针对纠纷主体多样化的问题，召集三方面对面，就重点实质争议——工伤认定后的民事赔偿事宜，展开了多轮调解，成功帮助白某拿到了赔偿，避免了后续有可能的诉累，同时，也为用工企业融资排除了不

利因素。

这也是调解中的奥卡姆剃刀定律，人民调解想解决争议问题，就必须要找到纠纷内含的实质性矛盾，并围绕当事人的合理、正常诉求进行调解。唯有如此，才能真正做到息诉止争。

· **分清合理诉求，关键在于"理"的界定**

在找到当事人的中心诉求后，调解员需要对其诉求进行初步判断：调解作为一种人民内部纠纷的方式，如果没有界限、没有标准，或是仅仅依据调解员的不同认知来理解问题，那么，不仅无法达成促进社会和谐的目的，反而会破坏社会和谐。因此，判断当事人的中心诉求是否合理，就必须要对"合理"进行相关的界定。

这些对合理的界定包括了下述内容。

（1）符合社会公认价值观

当事人的"理"需要符合社会公认的价值观，是中国人广泛接受、认为理所当然的理。与之相背离的，则非"合理诉求"范畴。

例如，某女在其情夫出车祸去世后，以自己与其生活多年为由，申请与妻子一同分割夫妻共同财产，便不符合社会公理，人民调解也不会支持这样的"理"。

（2）符合市场经济的规则

在中心诉求涉及经济利益时，从市场交易角度来说，它们应该是可以进行价值衡量的。比如，A 到调解室，说邻居盖的房子挡住了他们家的风水，要求邻居赔偿 5 万元——这种内容便无法通过市场经济条件进行衡量。

（3）不违背法律、政策禁止性规定

所有的调解都需要在符合国家法律与政策这一大框架下展开，明显与法律相背离、政策明文禁止的诉求，人民调解便应对其诉求不正确之处进行驳回。

在当事人的中心诉求合情、合理时，调解员便应在查明真相的基础上，循序渐进地引导双方进行协商。

10. 相关定律：找到纠纷与矛盾的焦点

"相关定律"也叫"普遍联系定律"，它指的是，这个世界上每件事情之间都有一定的联系，没有一件是完全独立的。想要解决某个难题，最好从与之相关的某一地方入手，而不是只关注在某一个当下无法解决的困难点上。

·相关定律：世界上所有的事情都有联系

世界上没有孤立存在的事物，所有的事物都处于联系中：积云成雨，是云与雨的联系；水涨船高，是水与船的联系。很多科学理论，都是因为研究者发现了事物间的相关定律而得出的：

伽利略通过观察吊灯，发现了摆的等时性；

阿基米德在洗澡时领悟了浮力的作用；

瓦特由水壶盖被顶起而发明蒸汽机；

因为苹果落地，牛顿推断出了万有引力。

相关定律还可以运用到棘手问题的解决上，当我们学会运用相关定律去观察与棘手事件相关的事情，然后，再顺着它们之间千丝万缕的联系，顺藤摸瓜，最终便有可能解决我们所面临的大难题。

·找到相关之处，纠纷自然得以解决

相关定律揭示的是事物间的普遍联系，而纠纷原本就是当事人之间因为某些事情不和，因此，相关性思维在纠纷调解过程中占据了相当重要的地位。调解员必须大力培养洞察事物间相关性的能力，善于把握事物与问题间的联系，寻找从小处着眼来解决纠纷。

比如，在某起赡养纠纷中，老太太认为，其次子、次子配偶未履行赡养责任，并由此产生争执。

调解员得知，老太太与儿媳素来感情不和。在仔细倾听双方长达十年的积怨后调解员发现，矛盾焦点在于儿媳曾为公婆偿还外债，公婆允诺一年后归还。但十年时间过去了也未给付。自此，婆媳间积怨渐深，什么事情都会扯到这笔债务上。

调解员掌握了这一关键点，从中华传统美德谈起，引申到替人偿还债务的相关法律规定，未直接从处理赡养问题入手，而是从公婆是否应偿还儿媳此笔款项作为调解点切入，动之以情、晓之以理。

最终，公婆意识到自己的错误，并向儿媳道歉。儿媳也表示自己并非执着于此笔款项，只是生气。此后，双方约定，儿子儿媳每月付给老人 1000 元赡养费，双方就此和解。

通过此纠纷可以看出，有些纠纷表面的法律关系与纠纷本质上的法律关系是不一致的。就像此案，不解决公婆"欠款"，赡养费的纠纷便不可能得到解决。只有找准了矛盾焦点，纠纷才能迎刃而解。

· 把握矛盾焦点，有的放矢

对调解工作而言，其主要目的就是调解纠纷、达成调解协议，但很多纠纷往往并非单一成分，特别是亲密关系中的纠纷，往往牵扯其他的矛盾纠纷。

特别是在纠纷处于胶着状态时，这种"相关定律"更加重要。最好的办法是从相关细枝末节入手，而不是专注于一个迟迟解决不了的难点上。

因此，在调解过程中，调解员既要将重点放在本质纠纷上，又要以其他矛盾的解决为切入点。而在寻找切入点时，我们不妨从下述相关方面入手。

①导致当事人间关系交恶的事件是什么？能否解释或者有其他的处理方式解决它？

②导致当事人间关系交恶的原因是什么？是因为当事人的性格还是处事风格？找到问题，解决它。

③双方最在意什么？找到双方在意的，并尝试调解它。

④双方最期望对方做到什么？找到问题所在，尝试引导对方当事人做出相关改变或承诺。

从上述四个相关方面去调解问题，循序渐进，再配合其他相关调解技巧，往往可以极大缓解当事人间的冲突。

第五章

情绪疏导：先处理情绪，再处理纠纷

在调解过程中，当事人会产生各类情绪，由于其本身的主导性，当事人的情绪往往会对调解进程产生明显的阻碍或推进作用。因此，调解员对当事人情绪的管理与疏导能力，是调解成功不可或缺的重要一环。

1. 情绪原理："期望"与"现实"间的落差催生情绪

心理学认为，情绪产生的基本过程是"刺激、情景→评估→情绪"。同一刺激或情景下，因为大脑对它的评估不同，就会产生不同的情绪反应。心理学家将这种复杂的情绪的产生与发展总结为一句话：我们所期望的与眼前的事实不匹配，促使人产生了各种各样的情绪。"期望"与"现实"之间的差距越大，情绪就越激动。

· 情绪产生于"期望"与"现实"之间的落差

情绪可以分为四种基本的形式：快乐、愤怒、恐惧、悲哀。这四种情绪都可以由"期望——现实"之间的差距来解释。

仅拿夫妻之间的结婚纪念日来说，妻子下班后，早早做好饭等待丈夫：

①丈夫按时回家，还带了玫瑰和礼物，妻子很开心。

②丈夫打电话回家，今天要加班，请妻子原谅，妻子愤怒不已。

③到了丈夫该回家的时间，丈夫没有回来，打电话给公司，公司的人说他今天按点下班了，但妻子久等不归，且电话打不通，妻子心生恐惧。

④丈夫按时回到家，但到家以后他才想起来今天是什么日子。妻子看到丈夫的忽视，立即联想到丈夫变了，是不是不爱自己了，为自己感觉悲哀。

妻子认为结婚纪念日两人应该庆祝一下，但丈夫的不同举动造成了她内心的波动，进而产生了不同的情绪。

①快乐，是因为理想状态与现实达成了一致。

②愤怒，是因为"庆祝纪念日"的理想状态被丈夫打破，因此对丈夫的举动产生了愤怒。

③恐惧，是因为本该按时回来的丈夫未曾归家，担心丈夫会出事，这种情绪是面向未来的。

④悲哀，是臆想状态与当下现实对比的落差，丈夫婚前对自己体贴入微，但婚后变化如此大，在木已成舟、无法改变的现实下，妻子为自己伤心。

情绪产生后，会驱动产生不同的行为，在这些行为中，对纠纷影响最大的，往往是主观臆断。

· 激化纠纷的往往是对落差产生的原因进行主观臆断

哪怕处于愤怒、悲哀等明显的失望情绪下，只要当事人拥有足够的情绪自控力，那么，纠纷便不会产生，但这恰恰是情绪控制中最难的一步：我们通过自己的五官接收信息，通过收集的信息对周遭所发生的一切做出主观判断，这些判断又会决定情绪是爆发还是被压制下来。

普通人会失控，就是因为在没有客观事实作支撑的情况下，盲目地对信息加以处理。

养子与养父因为一些小事吵了起来。

养子愤愤地说："以后我再也不会要你的钱了！"

养父："现在说不要了，你还不如说把花我的钱都还给我！"

听到这句话，养子愤怒地喊道："都给你，我一分钱不欠你们的！"

之后，两人闹到不可开交。

事实上，只是因为正在上高中的养子想要一台游戏机，养父认为家里电子产品已经太多，影响到了他的学习，因此拒绝了孩子。但涉及"钱"的事情比较敏感，再加上孩子处于叛逆期，以及孩子的"收养"身份，孩子便产生了臆断，认为养父是在嫌弃自己，并因此要离开家庭。

直到调解员介入，孩子愤怒情绪平息以后，双方共同引导孩子注意到一家人都在关爱他的事实，同时养子与养父约定了更好的沟通方法，这起家庭纠纷才正式告终。所以说，用事实去除当事人的主观臆断，是调解过程中极其重要的步骤，只有做好了这一步，接下来的调解才有可能顺利开展。

· 及时利用多种手段，把握好当事人的心理变化

在现实调解中，大部分纠纷并不像我们刚刚提及的纠纷那样简单、易处理，因此，当事人的心理状态与情绪往往是复杂多变的。从心理学角度来说，调解步骤可以具化为下述三个步骤。

（1）识别

识别更多的是调解员自身的单向活动，是凭借其自身的调解经验，对当事人之间的沟通内容、具体情绪的分析、判断得出的结论。

（2）理解

识别了当事人的情绪后，调解员就必须要清楚，为什么当事人会出现这些情绪，以及为何会出现这样的偏差，只有从当事人那里听到了"期望——现实"之间的偏差，得知了纠纷的具体细节，才能分辨出当事人是否存在主观臆断，才能知道如何处理纠纷。

比如，我们刚才所说的愤怒的诱因往往是因为当事人受到了挫折，而且将挫折归因为他人未满足自己的期望。这种归因是因为当事人之间的观察焦点不同，就像养子与养父：养子关注的是自己未买到游戏机，并将之归因为"养父不爱自己"，而非自己因为过度迷恋游戏机而导致学习成绩下降——这就是两者间产生纠纷的关键。

（3）处理

处理更多的是调解员与当事人之间的双向互动，通过调解员与当事人的对话、交流与沟通，进一步验证调解员对当事人情绪识别、情绪理解的准确度，并帮助当事人自我觉察，找到其情绪背后的意义。

在这一过程中，调解员需要及时把握当事人的情绪变化，并根据当事人的情绪变化来安排调解的节奏。

在双方分歧极大、情绪激动、负面情绪明显时，不宜展开双方都在场的面对面调解，否则，有可能导致矛盾激化。

也就是说，在负面情绪主控当事人的情况下，最好采用背对背的方式，先倾听当事人的各自陈述，不让双方同时在场协商，以避免双方矛盾激化。

待双方情绪平衡以后，再召集双方展开面对面的协商，运用激励法、宣泄法等手段（下文会谈及），引导双方和平解决纠纷。

调解员也只有依据"识别、理解、处理"这三个步骤，才能真正实现对当事人情绪的准确引导，纠纷才有可能得到正确的引导，进而达成和解。

2. 情绪判断优先原则：先处理情绪，才能调解成功

所谓"情绪判断优先原则"是指，情绪会优先于理性，影响人们的判断，不管是好情绪还是坏情绪，都会影响到个人行为，这也是为什么心理学家常常强调，在处理事情时，一定要先处理情绪，后处理事情。

· 情绪不稳往往会导致纠纷扩大化

正常人都会有情绪，生活中的点点滴滴让我们产生了喜、怒、哀、乐，而这些情绪又会驱动着我们做出各种各样的行为决策，继而导致不同的行为结果。好的情绪产生的好结果人人都喜欢，但坏情绪催生的坏结果对个人却是破坏性的。

在上班早高峰拥挤的地铁车厢中，两位年轻人因为太挤发生了口角。

原本一句"抱歉"就可以解决的问题，偏偏两人谁也不愿开口服软，一副将对方当敌人、势必在这场"战役"中获胜的姿态，吵了一路，不仅各类不堪语言不断，而且，险些由口角之争升级为肢体大战。有热心群众上去劝和，结果差点引火烧身。因为只顾着吵架，两人都坐过了站，可想而知，自然都被公司扣了钱。

不仅如此，因为两人争吵的过程被人录下并上传到网上，两人成了当天的城市负面热点。

很显然，两个吵架的年轻人都没有想到，口角小事竟会闹出这么大的动静，对这样的结果自然后悔莫及。但为什么身为理智的职场人士，他们会做出如此不当的举动？

心理学家发现，在个人处于不愉快状态中时，大脑会将所有外界信息拒之门外，此时，不管别人说什么，他都会难以接受，或者无心去听。所以，心理学家们才会提出观点：先"解决心情"，才能"解决事情"。

· 斗气型纠纷中，调解当事人情绪最要紧

在社会转型的当下，从基层涌现出越来越多芝麻纠纷、斗气矛盾越来越多，调解员很容易发现，在调解此类纠纷时，采取单纯的"说理讲法"式说服方法并不能取得理想的效果。相反，先从安抚当事人的情绪入手，反而会获得"柳暗花明又一村"的效果。

高某在村民小组会议上与同村女性赵某发生了肢体冲突，两位皆是六十多岁的老人，双方家属都认为，自己家的老人受了气。事发后半年多时间里，两家人一见面就开口辱骂对方，背后更是不断诋毁对方，这种情况下，矛盾自然越来越深。

村委会多次调解未果，两家争执不断，且有引发更大冲突甚至转化成刑事案件的可能性，不得已之下，村委会请来了区司法所专业调解员来调解。

在调解过程中，调解员首先从当事人的情绪入手，热情招呼、体贴入微地关心，与两方老人聊家常，肯定他们的为人，并从中恰当穿插对方的改变。虽然这样的调解方式花费了不少时间，但在这种细水长流式的交流中，双方当事人情绪慢慢舒缓，态度也得以转变，预期也一次次降低。

最终，两位老人感动于调解员表现出来的态度，都说："不看僧面看佛面，看在你的面子上，我也不能再计较下去。"最终，此纠纷以双方老人相互赔礼道歉、两家家属握手言和而告终。

调解员让当事人的情绪得到了缓解，不满得到了宣泄，自然也愿意做出一定的让步。虽然花费了不少时间与精力，但很显然，这位调解员的工作方式不仅解决了纠纷、消除了隐患，也增加了群众对人民调解员的信任。

· 运用技巧处理好情绪，才能主导调解走向

当事人往往性格各异，情绪表现也多有不同，若事情的确属于

棘手、急火类型，那么，表现出愤怒、悲伤等强烈情绪便显得再自然不过。此类情况下，调解员必须先处理好当事人的情绪。

（1）在初次接触时，讲究方法

初次与当事人面对面交流纠纷发生时的情境时，大多数当事人都会有明显的情绪波动。在这种情况下，调解员语气应坚定但语调一定要温柔，可以心平气和地微笑着说："你说得很有道理，坐下来慢慢说吧。"或者，为当事人倒上一杯热水，请当事人坐下来，这些小动作可以有效地缓和当事人的情绪。

（2）梳理关系，倾听陈述

先请当事人倾诉他对冲突的认知，在其表达不满、发泄情绪时，调解员应给予一定的同感。比如：

"站在你的立场上，我感觉你说得有道理。"

"我可以理解你现在因为这件事情很生气。"

"看得出来，这件事情没有按你预期的方向发展，让你很不舒服。"

这样的话语，可以帮助当事人获得认同感，有助于其情绪稳定。

（3）未获得认可时，控制好自己的情绪

有些当事人足够理智，在调解员参与后会迅速稳定下来情绪；但有些当事人在面对调解员时，反而会将调解员当成发泄筒，甚至有不理智的言语、过激的行为、过分的要求。在这种情况下，调解员自身的情绪也会受到影响。可是，一旦调解员也表现出不耐烦时，很可能会出现不良情绪的传染，甚至有可能导致前功尽弃。

此时，调解员的自我心理调适与克制便显得尤为重要了。当事人的不满并非因调解员而生，往往只是将调解员当成了宣泄情绪的出口。这种时候，耐下心来，倾听其不满，使其明白自己是"麻烦解决者"，而非他的对手，当事人往往会慢慢平复心情，愿意坐下来"好好谈"。

3. 踢猫效应：在当事人之间传染的情绪细菌

心理学研究发现，不管是正面情绪还是负面情绪，都会通过不同的媒介传播。而且，这种传染在负面情绪传染过程中表现得尤其明显：只需要 20 分钟，一个人就能受到他人低落情绪的传染，由此诞生了人与人之间发泄愤怒、引发情绪连锁反应的"踢猫效应"。"踢猫效应"反映的是这样一种现实：情绪是会按照人际关系接触传染的。

· 每一个人都有可能成为踢猫效应中的一环

生活中，每一个人都是"踢猫效应"长链条上的一个环节，遇到不开心的事情时，我们都有将愤怒转移到他人身上的倾向，久而久之就会形成情绪传播中的恶性循环。

"踢猫效应"是这样发生的：

某公司主管看报看得太入迷，以至于忘记了自己与一位重要客户的约定，为了不迟到，他在公路上超速驾驶，结果被警察开了罚单，最后还误了时间，被客户给了一顿难堪。

这位主管再回到办公室时自然心情不好，于是将手下的文员叫来训斥了一顿。

文员被上司无缘无故训斥，自然一肚子气，便故意找保洁员的茬。

保洁员垂头丧气地去丢垃圾，看到街头有一只正在睡觉的猫，于是上去狠狠地踢了猫一脚。

从踢猫效应中可以看出，坏情绪会随着社会关系链条依次传递，由地位高者传向地位低者，由关系主导者传向关系跟随者，最终无发泄出口的弱小群体便成了链条中的最终牺牲品。

· 警惕调解过程中的踢猫效应

这种踢猫效应在人际关系、调解过程中同样存在，特别是在调解过程中，由于双方当事人本身就有纠纷与不满，一旦感受到对方带有负面情绪，另一方便很容易被感染，进而影响整个调解的进程。

在一起工伤事故中，当事人山某意外受伤，家属报警后情绪非常激动，其妻子更是纠集了一帮人来到事故发生地"讨说法"。区调解委员会派出了调解员主动介入此事。

其实，事故的原因很简单，但当时的场面较为复杂：一方面，工头看到大批人群在工地聚集，根本不敢露面；另一方面，家属方看到工头不露面，情绪越来越激动。山某的妻子抱着幼小的孩子在街头痛哭，让许多过路人开始驻足询问。外界的关注让山某妻子情绪越来越激动，整个家属方情绪也开始难以控制。

幸好，调解员及时出面，在进行了简单的自我介绍后，调解员大声向大家保证："请相信政府，请相信我们，这起事故我们一定会负责到底！现在，请当事人随我们一起到人民调解室来，有想要了解后续情况的群众，请您关注我们的调解公众号！大家放心！我们一定会给当事人一个满意的答复！"

在群体性纠纷或者有可能引发群体关注的纠纷中，人与人之间的负面情绪传染往往会非常明显。再加上当事人家属正处于情感脆弱期，更易受外界影响，因此调解员必须秉持"快"的原则处理。

很显然，对于此类场景，这位调解员做出了极佳的示范：尽早介入，疏散人群，在做出"负责到底"保证的同时，将情绪激动且易受影响的当事人带到相对更容易平复心情的场合中。

· 隔断情绪细菌，以自身行动让当事人安心

就基层群众而言，寻求组织调解时，其实双方当事人的情绪已

经发展到了一个较为激烈的状态。在情绪化的氛围中，很难实现化解纠纷的目的。在这种情况下，调解员应先做好以下举动。

（1）安抚人群，与重点当事人谈话

有些纠纷原本就属于家庭纠纷，有些纠纷在调解员介入时已经有多人在场，此时，调解员应迅速找出双方"苦主"：除特殊的群体纠纷外，每一种纠纷都有其特定的当事人，找出他们，并强调与他们一对一交流的好处，是调解员分散调解风险、降低负面情绪传染的有效方法。

（2）面对情绪激动的当事人时，请其多次诉说

一位在医疗纠纷调解上有多年经验的调解员说，越是面对情绪激动的当事人，自己越会表现出冷静："听他说，多记录，偶尔插话，多追问细节，这是我常用的方法。"有时候，当事人已经讲过一遍事情的经过了，他还会再次询问："嗯，不过，有关这一点，你能不能再说一遍？"或者询问当事人"你再回想一下，当时与对方发生冲突时，他是怎么说的？"

如此不紧不慢自有其道理，这位调解员认为，多次诉说有利于发泄当事人的情绪。再者，情绪激动的当事人很容易语无伦次，很少有人能耐心听完他们想说的东西。而在对方重复、自己仔细倾听的过程中，调解员可以重新捕捉到一些被人忽略的细节，从而找出证据。

一般来说，隔断了情绪传染的环境，请当事人通过倾诉完全地发泄了自己的不满后，调解员再强调迅速解决纠纷的好处，当事人会相对更容易接受一些。

4. 怨恨心理：了解暴力纠纷的情感解释

心理学认为，愤怒是一种高唤醒的情绪，当他人侵害自己的权益时，个体便会产生保护自我权益的强烈愿望，进而导致愤怒情绪

的产生。但愤怒并不等同于怨恨，怨恨比愤怒的唤醒度低，即当他人侵害到个人权益时，个体并不一定会立即保护自我权益，但在内心却会暗自愤怒、不满，且这种情绪持续时间更长。因此，心理学认为，怨恨其实是一种隐匿的愤怒，它多根植于内心，是一种根深蒂固的憎恶感。

· 怨恨往往因不满而来

宋某近日发现，自己对婆婆的怨恨越来越深。

她的婆婆很有掌控欲，常常乐于指点与干涉他们的小家庭生活，并且对宋某的生活方式百般挑剔。久而久之，宋某对其产生了很大的不满，并且开始在暗地里咒骂婆婆。

从表面上来看，宋某看似是个恶毒的女人，但事实上，她为人善良，对婆婆的过分举动一直忍耐。但就是这样一个温和的人，却依然避免不了心怀怨恨——对婆婆的不满在交往中日渐增加，并渐渐积累成了怨恨。

我们需要认识到一个真相：并非所有不满都会演化成怨恨。比如，多数孩子调皮，会经常影响成人的生活，甚至为大人带来麻烦，但作为父母，绝对不可能怨恨孩子。我们会抱怨、会讨厌，但绝不会怨恨。

怨恨的升起，是因为当事人感觉自己被伤害，且没有能力反抗与隔离。当一个人无力反抗、没有能力保护自己、心怀委屈与不满时，怨恨便会产生。

比如，坏人打"我"，"我"无力反抗时，便会怨恨对方。若"我"力量足够大，夺过鞭子反过来打对方，怨恨便不会产生，因为怨恨在"打"的动作中已经被发泄了。所以，怨恨产生于无力反抗却又不得不承受时，宋某对婆婆的怨恨也是因此而生的。

· 不及时处理的怨恨，往往会演变成暴力纠纷

怨恨多发于关系中的人际冲突，即发生在家庭成员、亲戚、邻里等亲密关系、熟人之间，而演变成暴力事件的纠纷，往往与争吵、委屈、不公勾连在一起。

荣某与吴某比邻而居，两家母亲因为荣某家养了鸡而开始起争执。荣某母亲在靠近吴某家的墙壁处养了几只鸡，吴某母亲提了几次意见，说鸡的味道太难闻，现在总是有禽流感，自己的小孙女还小，想让荣某母亲将鸡处理掉。但每次提及此事，荣某母亲都会转移话题，吴某母亲认为，对方这是故意"不把别人的话当话"。

不久，吴某女儿生病，高烧住院，吴某母亲又遇到了荣某母亲，再次提及该话题，并一定要荣某母亲给个说法。两人在街上起了肢体冲突，荣某母亲的假发被打掉，让其深感羞辱。她声称自己被打，并直言："次次不理她，她顺杆往上爬！大不了是个死！这次绝不能善罢甘休！"

在母亲们的不满刺激下，吴某与荣某最终也大打出手，两人同时进了派出所。

在这起纠纷中，怨恨构成了暴力行为背后的重要因素：当事人因为他人的伤害，或者不公正、不合理的对待，致使自己正常的生活遭到破坏，人格或尊严受到侮辱，因此而产生了怨恨情绪，且在无处宣泄的情况下，最终酿成、催发了暴力行为。

· 在情与理间找到平衡点

我们在对暴力性纠纷进行分析的过程中发现，此类由怨恨引发的纠纷中，双方中的一方往往会依据法律强调自己的自由与权利；另一方则会根据民俗习惯，强调对方的义务与责任。

比如，在吴某母亲那里，她认为邻居之间应该尊重别人的要

求，但荣某母亲则认为养鸡是自己的自由。在这种解释体系中，对彼此的怨恨不断增加，而暴力反而成了追求自由权利、获得对方尊重的有效手段。

因此，对于此类纠纷，调解员除了要按照纠纷发生的时间线、双方的关注点进行调解以外，还需要思考如何安慰双方的情感。在这一过程中，倾听与分析无疑是最重要的，同时，我们更要考虑到，此类处于紧密关系中的怨恨心理很难区别出"黑"与"白"，因为在双方交往、角力的过程中，两方当事人都有不当之处。

除了做好心理疏导、调控双方当事人的情绪以外，调解员要注意学会借鉴法律与外力的作用，只有当情与理合理平衡、双方的怨恨心理得到了疏导后，纠纷才有可能化解。

5. 武器效应：暴力事件中的情绪是从何处激化的

1978 年，著名的社会心理学家伯克威茨（Berkowitz）提出了有关"挫折—侵犯"的武器效应理论，即武器可以增加殴打、攻击等侵犯行为发生的概率。他指出，人的挫折并不一定会导致他对别人的侵犯，但如果人在愤怒的时候，正好旁边有把刀、烟灰缸、石头等"硬武器"，就会更容易做出攻击他人的行为。

· 武器使暴力成为可行，同时也刺激暴力行为

为了证明这一理论，伯克威茨先生精心设计了一个实验。

他先是让参与实验者故意被激怒，然后安排了一个机会，让他们可以对激怒自己的那些人实施电击。

在实施电击时，周围有两种不同的细节设计：一种是桌子上放着一支手枪，另一种则是只能看到一只羽毛球拍。

结果，同样是被激怒的人，看到手枪的人，比看到羽毛球的人实施了更多次的电击。

这一实验过程很好地证实了情绪受环境暗示：看到攻击性更强的手枪，增强了人们侵犯对方的欲望，提供了"狠狠还击"的契机。因此，在手枪组的试验中，攻击者的攻击性更强。

这个实验告诉我们，社会暴力事件中，与环境中存在的"武器"密切相关。正如伯克威茨所说的那样："枪支使暴力成为可能，同时也刺激了暴力行为。"那些原本没有攻击行为的冲突，很可能会因为看到了武器，而演变成暴力冲突——武器为那些正处于负面情绪中的人提供了行为暗示，对其攻击行为起到了推波助澜的作用。

· 大多数的纠纷激化，源于刻意的刺激

很多原本普通的纠纷，都是因为武器效应的出现，导致双方在交流过程中互不相让、各自争强、一触即发，此时再有过度刺激性因素出现，便可在瞬间酿成悲剧。

在一起丈夫出轨导致夫妻争执的纠纷中，妻子是远嫁且性格倔强，丈夫父母面对儿子的明显过错，非但未对其进行批评，反而与儿子一起，用各种负面话语刺激儿媳，最终导致儿媳刺伤丈夫。

我们可以发现，在这起普通纠纷激化过程中，并未出现实质性的武器，但也存在明显的刺激源。这也是所有调解员都需要警惕的：虽然现实纠纷中，真正使用暴力伤害对方的行为并不常见，但我们却一直忽略了我们经常使用的、方便且极具杀伤力的"武器"——语言暴力。

就像网络上的段子"你瞅啥"所描述的一样，两人在大街上走着，互不小心碰到了对方，道个歉就了事的简单事件，却因为一句话导致更严重的冲突。

"你瞅啥?" A 略带怒气地说。

"瞅你咋地?" B 不甘示弱地说。

"再瞅一个试试？"A上前一步。

"试试就试试！"B开始撸袖子。

看似笑话的对话，在现实生活中却引发了多起打架、斗殴的血案。据调查发现，大部分普通纠纷最终转为刑事案件，都是因为在矛盾加剧、事态扩大的过程中，双方使用了语言暴力，导致了激情攻击行为的出现。可以说，这种有意或无意使用的"武器"往往是负面情绪暴涨的关键原因。

· 从三点做起，预防武器效应

想要做到不让暴力影响纠纷，调解员需要从介入纠纷那一刻做起。

（1）将当事人拉离冲突场景

如果调解员介入时，双方当事人正处于对峙阶段，那么，迅速将双方拉出冲突场景是最重要的。因为冲突发展到需要调解员介入时，当事人的攻击性已经很高了。此时，调解员最重要的是让双方冷静下来，看到有冲突进一步恶化迹象的，更要将双方当事人拉开，各自了解情况。

（2）注意减少"武器"的出现

此处的武器不仅包括实质性的攻击性物品，同时也包括双方的言语。一位基层调解员在介入纠纷时，往往会强调："现在不是吵架的时候，都先冷静冷静，请大家配合我们的工作，相信我们。"在此阶段，若有刺激性的"恶言恶语"出现，调解员一定要坚决制止。

（3）看到冲突恶化可能时，请当事人到调解室

这样做有两层深意：一来调解室中调解员可占据主场优势，当事人的攻击性会减弱；二来就算冲突继续恶化，但调解员可以借助同事的力量，进一步分散双方的注意力与攻击力。

武器效应会引发冲突双方心理上的微妙变化，而且，这种变化

往往是在当事人的潜意识中发生的，他们本人甚至不会觉察到这一点。也正因为这样，调解员在介入以后才需要从上述细微处着手，避免武器效应的潜在影响。

6. 情绪反刍：帮助当事人用回忆与细节破坏情绪

反刍是指牛、羊等动物的一种特殊消化过程，即进食过一段时间后，再将半消化的食物从胃中返回嘴里，再次咀嚼。情绪反刍指的则是这样一种现象：激烈的争吵常常会将我们留在坏情绪中，若不断回忆争吵的过程、对方伤害性的话语，便会加剧冲突，甚至产生怨恨心理。但通过特定的方式来回忆争议的细节，却可以阻止其将我们带向焦虑与抑郁。

· 不当的情绪反刍会让人在挫折里不断较真

在生活中，大部分人都有类似的经历：

与相恋多年的爱人分手后，不停地回忆曾经的快乐时光，不断地反思，是不是自己做错了什么才导致爱情结束，甚至绝望地认为自己将失去爱的能力，进而孤独终老。

在领导面前总结工作，却磕磕绊绊，回想起那个场景，感觉同事们都在笑话自己，领导的脸色也不好看，然后责怪自己为什么之前没有做好准备，担心这样的出糗会被别人记很久。

疼爱自己的亲人离世后，放不下对他的思念，并不断埋怨自己，为什么在亲人生前没有好好陪陪他呢？

……

可以看到，在这些不幸的事情发生后，个体不断地重复、被动地关注着它们，以及导致这些事情发生的原因、经过与具体后果，而且，整个情绪都趋向于负面——这就是反刍思维。

不当的反刍会让人陷入思维怪圈：为了改变当下的痛苦感受，

花费大量时间去回味过去，并将自己困在负面与消极的信息中。这样的反刍方式，只会令情绪更压抑、问题更严重。

· **反复回忆纠纷激化的当下，便会发生不当情绪反刍**

良好的人际关系需要双方的积极互动才能获得，但是，当其中一方被负面思维所控制时，便会在反刍中只关心自己关心的负面信息，而无法去考虑对方的需求，在这种情况下，自然会出现冲突与误解。

张某与刘某是多年邻居，原本关系融洽，但张某小孙子在刘某家玩时，因为一直故意逗狗（其间刘某多次制止，但张某却说无事）被刘某家小狗咬伤，张某心急，踢伤了小狗。刘某膝下儿女皆在国外，平日里老两口将小狗视为精神安慰，自然与张某大吵了起来。在张某带小孙子诊疗后，刘某坚持不付诊疗费用。二人各执一词，便来到区调解室请调解员为其评理。

在此过程中，张某与刘某都表现出了负面的情绪反刍，她们沉浸在冲突发生时对方伤害性的话语之中。张某直言："我的小孙子被咬伤了，我能不急吗？她倒好，心疼起她的狗来了，狗再珍贵，能有人重要吗？她真是不通情理！"刘某则说："她真是太伤我的心了，明明知道妞妞（小狗名称）是我女儿临出国前送给我们老两口的，平时，我们两个怎么对狗的，她也知道，我正在看她孙子的伤口，她竟趁我不注意，一脚把狗踢了几米远！"

一切都如同再次上映在面前一样，两人越想越难过："我坚决不道歉！"其实，像张某与刘某这种，因为纠纷在一种情绪、思维中不断较真的情况，就是我们所说的"不当的情绪反刍"。

在调解过程中，调解员先是为双方进行了耐心的说服教育，并告诉张某，这起纠纷她需要承担主要责任，因为刘某的爱犬是合法饲养，并尽到了管理义务，且是其孙子挑逗不当导致被咬。但刘某疏忽了狗可能咬人的危险情形，因此要承担次要责任。同时，调解员从引导双方思维入手，使两人回忆起退休后相伴谈心、共同出行的快乐时光，最终，双方在调解员有理有据的说服教育下，握手言和、重归于好，且因刘某的狗同样因受伤需要治疗，双方互不追究经济损失。

· 引导当事人走出负面反刍、走入正面反刍

鉴于负面反刍可能会导致纠纷激化，调解员除了依法、依情调解以外，还需要避免当事人滑入负面情绪反刍的深渊之中。

（1）有情感基础者，引导其进行积极反刍

像张某与刘某，本身就有深厚的友谊基础，只是冲突中受伤的都是自己的最爱，因此难免为情绪所控。冲突发生时，双方难免有过激之言，若一直反刍这些过激的话语，自然难以走出来。

在这种情况下，调解员便可以恰当地引导当事人向之前的良好关系反刍，使双方的注意力从"冲突"转向之前的"和睦"，事情便有了转机。

（2）无情感基础者，引导其聚焦事实细节

偶发性纠纷中，当事人很可能是受无名之火、莫名之躁甚至是"假想性攻击"影响，才会陷入冲突之中，有基层调解员便遇到过"他一直看我不顺眼""她总是冲我翻白眼"等一类听起来毫无根据的冲突理由。

在此类情绪反刍中，当事人往往会以联想为纽带，任由负面情绪左右自己的想法，强化彼此的敌意。对于此类冲突，调解员便应引导其关注冲突发生的事实细节。比如：

①当时发生了什么？

②他的语气怎么样？与平时有什么不一样？

③你的语气怎么样？

④你们具体说了什么？

⑤你从什么时候感觉到敌意的？

这些问题之所以适用，是因为它们减少了"上下文"联系背景，使人们专注于思考具体的事件，进而使当事人更快地从不愉快的情绪中走出来，转而关注纠纷本身的调解。

7. 牢骚效应：抱怨越多，对调解越有利

牢骚效应指的是这样一种现象：内部有对工作发牢骚的员工的公司，远比那些内部没有发牢骚现象的公司更成功，员工满意度也更高。由此，心理学家得出结论：面对不满，一味搪塞、掩盖是无用的，疏导才是治理情绪拥堵的关键。

· 牢骚是一种消极的沟通方式

牢骚效应告诉我们，人有各种不同的愿望，但真正可以达成的并不多。对于那些未能实现的意愿与未能满足的情绪，单一的压制没有任何好处，但让它们发泄出来，对人的身心发展与工作效率提升都非常有帮助。

比如，国内一家幼儿保育中心的经理，每隔两周就会请自己手下的 20 位员工出去吃饭。

吃饭时，大家可以对工作中的交流问题、相关的制度设置问题、某些难以解决的顾客问题随意发牢骚。这些牢骚多种多样，它可能是团队沟通细节，如"上次我找你商量宣传的事，结果你一点儿也不在意"；也可能是对顾客的抱怨，如"有些妈妈明明自己根本不懂得孩子的心理，却总是对我们的工作指指点点"；还有可能是"考勤制度太死板了"一类对制度的单纯不满。随后，大家会边吃饭，边发表积极的意见，并就最近出现的新问题提出改进的建议。

这种非正式的"抱怨大会"费用并不高，但效果却很好：该经理领导的团队，连续五年拿下了集团销量冠军。

抱怨与牢骚虽然是一种消极的发泄，但其背后隐含的却是潜在的问题，而其本质更是表达内在需求的隐性沟通。因此，只要方法得当，就能取得好的沟通效果。

· 当事人愿意抱怨，调解便有门路

在调解过程中，很多优秀的调解员都认为，自己最爱听的就是当事人的牢骚，最害怕的就是当事人一言不发。

"当事人一言不发，你就搞不清楚纠纷到底是怎么发生的，问题到底出在了哪儿，更不知道他到底是怎么想的。当事人不明确表达意愿，就无从下手调解，所以，我最害怕遇到这类死不开口的当事人。"一位优秀的基层调解员这样说道。

她直言，自己曾经遇到过一起纠纷，夫妻吵架后，妻子决然提出离婚，丈夫不同意，请社区居委会来调解。她找到妻子后，多次聊天，对方只是说"过不下去了"，但到底是怎么个"过不下去"法？她却一字不提，只是坚持离婚，这件纠纷最终以离婚告终。

"有些当事人则不一样，刚开始不愿意说，但你与她熟悉了，她便打开了话匣子。比如，一位坚持与公公婆婆分开住的女性，便在沟通中抱怨了很多，而她的抱怨总结起来也就是三条：老人太固执，遇事不肯与自己商量，不仅总是挑拨自己与丈夫的关系，甚至还挑拨年幼的孩子与自己作对。有了这三点，接下来我才找到了调解的重点：不是劝妻子听丈夫的话，而是劝丈夫听妻子的话，与父母分开住，但常回去看看。"

其实，发牢骚是人获得心理平衡的一种特殊方式，同时也是人的需求未能得到满足而产生的抱怨，它是一种常见的社会心理现象，也是个人表达情感的一种特别方式。对当事人的牢骚之语，调解员应持以乐观态度：抱怨越多，对调解越有利。

· 留出时间，让当事人"把牢骚发完"

在沟通过程中，因为当事人的文化程度、道德修养、语言组织表达能力、性格差异以及矛盾纠纷的特殊性、当事人所受侵害程度不同等原因，表达的方式与言语的文明程度往往大不相同。

有些当事人就算再不满，也会平心静气；有些当事人却牢骚不断、处处不满。对待后者，调解员不可操之过急，而是应心平气和地开导、劝慰，让其把话说完。在保证不发生意外的前提下，让当事人把怨气倒完。

或许是因为误解了某一行为，或许是误听了某些闲言碎语，或许是因为纠纷发生后，情绪受到压抑，无处释放不安与焦虑，当事人在发牢骚的过程中，往往会有言辞过激、无法自控的表现。在这种情况下，调解员应以理解、关怀的耐心倾听他们的诉说。

调解员必须明白一点：在当事人的抱怨中，我们才有机会"诊断"出此次纠纷的"病"因，因势利导，确定解决方式。因此，在当事人发牢骚的时候，"听"是最重要的事情，劝解是在当事人"抱怨完成"以后才应展开的事情。也只有留给当事人抱怨的时间，人民调解才能成为纠纷的缓冲带、隔离区。

8. 阻抗情绪：用去命令、去行政化调解减少阻抗

阻抗情绪原本来源于心理咨询与治疗，它指的是来访者有意或无意地抵抗，从而干扰治疗进程的现象。从本质上来说，阻抗情绪是精神防御的一种，其意义在于保护个体不再受负面情绪体验的伤害。在沟通过程中，阻抗情绪往往以抗拒对话、避免某个话题、不接话等方式出现。

· 阻抗情绪源于对痛苦体验和禁忌内容的无意识抑制

每一个人都可能在痛苦的体验中出现或遭遇阻抗情绪，较为典型的，是青春期孩子对父母管束的阻抗。

很多孩子在进入青春期后，会开始围绕着"谁有决定权""这些事谁来管理"等问题与父母争斗。

比如，妈妈说："不能把衣服放在椅子上！" 9 岁的孩子可能会接受妈妈的意见。但当孩子长大以后，他会理解为，衣服要放在哪里，是我个人的选择，是我自己可以决定与管理的事情。因此，当妈妈再说同样的话时，17 岁的孩子可能会说："这是我自己的房间，你能不能别管？"

有意思的是，越是强制性地压制，阻抗心理便会越强。如果上文中的妈妈说："我是你妈，你就得听我的！"那么，孩子很可能会联想到其他被母亲强制控制的场景，进而引发争吵。

但是，如果妈妈退让一步，以更亲和的语气讲明："我只是在提醒你，你如果愿意这样放，当然可以。"那么，不仅不会发生争吵，孩子多半还会放好衣物。

在纠纷发生后，很多当事人不愿意接受和解，也往往源于阻抗心理。

· 去命令、去行政化调解，更容易去除阻抗

纠纷发生以后，阻抗情绪不仅仅出现在当事人之间，同时也有可能出现在当事人与调解员之间，前者是因为冲突导致，后者则是因为调解员调解动作不当导致。

虽然人民调解必须当事人自愿参与，但毕竟带有公权力特征，因此，很多当事人可能对调解员带有命令、行政化特点的调解行为不满，但他们多半不会直说，只会用"不接受调解"来反抗。

在一起调解中，调解员老黄走入派出所调解室时，民警小李正在义正词严地要求老赵不要去断前妻的水电，否则因此而造成严重后果的话，就要把老赵拘留起来。老赵坐在那里，带着一脸不服一言不发。

老黄坐下来道："赵大哥，我帮你分析一下这个事情的后果，你听听我说得对不对。虽然你和前妻离婚的时候闹得很不好，两个人都存着气，可你断她店里的水电，不仅影响她，还影响了其他的商户。如果你因为这个事儿被拘留、被罚款，是不是总归对你不好？再者，你儿子也大了，看着父母两个人慢慢变成仇人，你感觉他心里是什么滋味？你一旦被拘留，住到了拘留所里，留下什么不好的记录的话，是不是对孩子不好？你看，这个事儿对你百害无一利，你以后还能做、还敢做吗？"

老赵听完依然没有说话，但明显脸色松动了不少——老黄向小李打着眼色，这个纠纷算是调解成功一半了。

这种去行政化、去命令式的调解方式，蕴含着人民调解的精髓：哪怕当事人存在阻抗心理，调解员通过对话协商的方式与之交流，也可以消除当事人的对抗心理，实现和谐沟通，进而从法理与情理上，使当事人自觉、自愿地平息纠纷、化解矛盾，充分体现出了人民调解的自愿原则。

· 立足于情感与语言艺术，化解阻抗情绪

为了使当事人在整个调解过程中感觉亲切、不拘束，最大限度地降低当事人的阻抗心理，为调解的顺利进行打下良好基础，调解员可以立足以下两点，与当事人展开交流。

（1）运用平民化的语言

一些带有行政命令意味的话语，往往会让当事人产生不适感。调解过程中，我们应多使用平民化语言、拉家常式的谈话方式，使当事人慢慢消除戒备心理，打开心门，主动与调解员诉说与沟通。

（2）重视调解中的情感交流

值得注意的是，在基层，有些调解员是本身有公职（如警察、街道办事处成员等身份）在身的，他们在与当事人对话时，便很容易在对话中带入行政化、命令式的语气，但这种语气也是最容易引发当事人阻抗情绪的。

因此，为了拉近与当事人的心理距离，增加当事人对调解的认同感与信任感，在调解过程中，调解员应以热心、耐心与细心的工作态度，与当事人展开平等的交流，并在"法"的基础上，合情合理地分析纠纷，分清责任与是非。唯有在情理法的合理糅和中，当事人才会更理性地接受调解建议。

9. 野马结局：别让高冲突人群带动你的情绪

野马结局指的是，因为一些小事情绪激动，以至于因为他人的过失而暴跳如雷、大动肝火，甚至伤害自己的现象。一旦陷入野马结局之中，不仅自身健康会受损，纠纷与冲突也多半无法善了，甚至会呈现扩大化趋势。

· 高冲突人群最容易遭遇野马结局

非洲草原上有一种吸血蝙蝠，常常会趴在野马腿上吸血。不管野马如何暴怒狂奔，都无法将之甩掉，很多野马因此而被折磨致死。但动物学家研究发现，蝙蝠所吸血量极少，远不足以致死，野马的死因是因为狂奔与暴怒。由此，心理学家们延伸出了"野马结局"效应。

现实生活中的"野马结局"往往出现在高冲突人群中。

一位家长带着发烧三天的孩子到某医院门诊就医，后来，虽然经过医生诊断，证实为病毒感染，但留院治疗三天后，孩子的体温依然居高不下。医生再次会诊，认为是水痘。由于是传染性疾病，医生便要求当事人带孩子去传染病专科医院就诊。

其间，因为言语沟通问题产生了争执，这位家长相当愤怒，并最终闹到了院长那里，放出狠话："你们医院如果不开除这么不负责任的人，我就和你们医院没完！"

虽然医生因为沟通技巧存在问题，未能尽职告诉家长治疗传染性疾病分科的重要性，但像这位家长一样，遇到事情便愤怒指责，甚至以威胁口吻试图去操纵他人行为的人，就是高冲突人群的代表。

· **警惕五类高冲突人群**

在调解过程中，以下五类人群最容易出现高冲突。

（1）自恋型

"明明就是他错了，就是因为他错了，我才会和他吵起来的！"

"有什么了不起的，他做的那点儿事，我要想做，早做好了！"

拒绝接受批评、习惯向外寻求赞美的自恋者，往往容易在话题焦点偏离自己时，变得不耐烦、爱生气。

（2）边缘型

这类人情绪不稳定，可能上一秒在调解中还表现得平和可亲，但下一秒，一件小事就刺激得他们怒发冲冠。一旦调解员做出与他们期望相背离的事情，他们就会有"被背叛"之感，并表现出不快。

（3）偏执型

"宁可我负天下人，不让天下人负我"，说出这句话的曹操便是典型的偏执型人格。他们总是疑神疑鬼，过度解读他人行为，总担心遭到他人伤害，于是时常先下手为强，以言语或肢体攻击他人。

（4）冷漠型

"不关我事！""他受伤了，是他自己作的！""她生病了，凭什么让我掏钱？"这类人只关心自己的利益，且对公平交易非常抗拒，并藐视情感交流在人际交往中的重要性。

（5）戏剧型

最典型的例子，就是明明在冲突中受到的利益损失非常有限，却夸大到如同损失了一大笔金钱一样。这类人往往喜欢幻想自己是受害者，夸大事实与情绪。

我们可以发现，此类高冲突人格与普通人的情绪表现最不一样的地方在于，他们表现出来的愤怒往往与冲突本身不相符。因此，在调解此类纠纷时，最关键的一点就是，要小心不要被他们的情绪影响，让自己陷入野马结局中。

· **四步法实现稳定回应**

受情绪传染的影响，调解员在面对高冲突人格时，极有可能受其表现出来的不当愤怒影响。想要在隔绝这种不当愤怒的同时展开调解工作，具体可分为四步。

（1）识破套路

陷入野马结局后的高冲突人群往往目的明确，就是让你也陷入负面情绪中。因此，不论是调解员还是另一方当事人，发觉情绪有明显波动（如从话语平静变得话语中有攻击性）时，调解员就要拉响警报：那是高冲突者设下的陷阱。

（2）稳定情绪

稳定情绪是最难也是最重要的一步，一旦发现自己或当事人的情绪有明显波动，调解员就要及时喊停——隔离双方当事人，或是暂时叫停调解，让自己的心情平静下来再介入。

（3）尝试沟通

调解员需要用尊重与同理心，理解高冲突人格的这种"失控"，我们可以选择单方面暂停对话，或是尝试换一种沟通方式。

比如，尝试确认对方的感受："你感觉我不赞同你的说法，是这样吗？"

然后，聆听对方的想法："我想知道你是怎么想的。"

这样的引导可以使对方感受到尊重，进而缓和他们的不满与愤怒。

（4）细节说明

高冲突人群有时候也会暂停发火，给对方解释的机会，一旦有这种机会，调解员便应从自己了解的情况入手，用大量细节去说明。这些细节可以让人感受到调解员的用心，同时也可以起到转移焦点的作用。

我们需要注意的是，在当事人情绪冲动时，往往是以倾听、了解事情为主的，在此阶段，调解员一定要避免说教、质疑与劝导，否则，很容易导致愤怒的当事人将注意力从冲突转移到自己身上。

10. 情感补偿：为当事人的情绪找一个出口

情感补偿是一种情感付出方式，它指的是，当某人因为生活经历或突发冲突导致积极情绪体验缺失。需要情感补偿的人往往深陷情绪黑洞、受困于负面感受，以至于无法正常交流。他们渴望得到安慰或满足，相比之下，最佳结果与长远利益往往会退而居其次。在这种情况下，针对其需求，进行倾听、语言安慰等情感补偿便会事半功倍。

· 处于不良情绪中的人需要情感补偿

生活中有一种很有趣的现象，如朋友向你借 10 万元，但你知道对方有过不良信用，怕他不还，可碍于面子，你认为完全拒绝会伤害到对方。于是，便先抑后扬，说自己手头没有那么多，只能先借给他 1 万元。

在这个例子中，为什么你会在明知对方有不良信用的情况下，还要借给他 1 万元钱呢？因为你要给他情感补偿。

这种情感补偿在生活中很常见：说话水平高的领导批评你时，会先表扬你某方面做得不错，但在这些方面要改进，让你更容易听得进去建议；小时候，父母批评你以后，还会给你一颗糖果。这些都是情感补偿的表现。

有意思的是，当你与朋友、合作伙伴或者配偶展开激烈讨论的时候，你越是要求他们冷静，他们就越会暴躁易怒。这是因为，单纯让他们冷静下来的要求，忽视了他们需要正常的情绪发泄。

· 得不到情感补偿的当事人往往会进入纠纷激化阶段

在亲密关系类纠纷中，多半纠纷激化都是因为当事人得不到情感补偿引起的。

张某到法院起诉离婚，进入协调阶段后，调解员发现，全家人——不仅是张某丈夫李某的家人、就连张某的父母与姐姐，都反对张某离婚，但张某离婚的意愿却非常强。

调解员在调解中发现，张某与李某的婚姻中，并不常出现大矛盾，但只要两人出现争吵，张某的父母与姐姐便会先向李某道歉："你别和她一般见识，她就是爱耍脾气，回头我们都批评她！"

一次两次这样，时间长了，连带着李某与其家人，也是一争吵就向张某家人告状。

张某打定主意离婚："谁感觉他好谁和他过吧！娘家婆家都不是我的家，我自己单过也比这强！"

很显然，张某在婚姻中受到了严重挫折，但大家都未重视这一点。她与丈夫的感情就是在一家人过度干涉、没有正常的情绪发泄出口的情况下，一步步走到离婚的。而最遗憾的就是，大家都以为自己在为张某好，却丝毫未考虑到张某的情感受伤：嫁了人，婆家融入不进去，娘家也回不去。

· 学会对当事人进行情感补偿

一旦人们感觉自己的情绪不受重视，他们就会更加情绪化。因此，在他人处于情绪化状态下时，越是简单地要求对方理性、冷静，当事人就越容易暴躁易怒。因此，所有当事人处于情感冲动状态下的调解，第一步都是要接纳、重视当事人的情感。

（1）接纳、重视对方的情绪

在张某的离婚案调解中，调解员用心对其开导，终于让其愿意开口倾诉对婚姻、对原生家庭的不满。

这也是很多当事人希望从调解员那里得到的：倾听他们说话，就是身为"局外人"的调解员对他们的情感补偿。它可以是一句"嗯，我知道你现在很难过"，也可以是为对方端过一杯水，更可以是在倾听对方哭诉时，递过去一张纸巾。

具体采用什么方法去补偿对方可以因人因事而异，最重要的是，调解员要让对方感受到，有人重视他的感受。这是建立调解前信任的第一步，也是对纠纷建立正确认知的关键步骤。

（2）让对方谈谈或是自己主动询问

此时，有个巧妙的方法，即让当事人谈谈自己的情况，这样他们的情绪就能得到更快地发泄或表达。

如果得不到回应，调解员也可以按以往的调解经验，试着猜一猜哪些事情正在困扰着对方，向对方提出一些问题。比如，"你是不是因为家人也不理解你，所以更生气了？""你是不是感觉，连自己的父母都向着他，所以才会感觉没有人关心、重视自己？"

只要一思考问题，对方闹情绪的精力就会转移。体会对方的感受，并对他们表示理解，这样会让当事人冷静下来，与你交流，而你听对方倾诉得越多，你就越能搞清楚对方需要什么样的情感补偿。

在此过程中，调解员一定要关注，对方有可能将什么视为最重要的情感补偿。要想找出答案，就必须要密切关注对方脑海中的想法：他的价值观是什么？他的需求与看法是什么？什么样的表达方式会让他们愿意沟通？他需要做出怎样的让步？不管对人还是对形势，情感补偿一定要具体而明确。

在我们刚刚提及的张某离婚案中，张某要求的情感补偿就非常明确：丈夫认错，且家人必须要听到这种认错，日后也不能干涉自己的家庭生活。她之所以这样坚持，就是因为所有人都未曾意识到她在婚姻与家庭中皆失去了安全感。因此，这起离婚诉讼虽然以暂时调和结局，但日后是何走向，还要看张某能否在这段婚姻中得到足够的情感补偿。

第六章

识别信号：在互动交流中，透视当事人的核心需求

基层调解员与当事人互动交流的过程中，常常会出现争论、争辩的情况，追根溯源，就在于我们不了解自己与当事人。而要想减少无利于纠纷化解的争执，我们就必须在沟通过程中，从言语、行动乃至生活方式方面，接收到当事人发出的信号，并依据这些信号，对当事人表面诉求背后的核心需求进行透视。

1. 主导动机原理：先找诱因，明确调解入手

主导动机原理指的是，在一件事情中，起最关键、最重要意义的那个动机。我们之前已经说过，动机是驱使人从事各类活动的内部原因，而在所有事情的发展过程中，总有一个最强烈、最稳定的动机，该动机便是"主导动机"。此时，其他动机对个体来说便只是辅助动机，它们都要服从与配合主导动机。

· 主导动机决定行为是否出现

形成主导动机的条件往往分为以下两个方面：

①一定的激励因素，即诱因是否足够强，言语刺激、所在环境压力等，都是诱因。

②个体自身因素，如个性品质、法律意识。一般情况下，个人心理相容阈限越低，形成主导动机的可能性越大。

两者之中，任何一个因素有变化，都会影响主导动机形成。一旦某一方面的因素强到一定程度，便会导致纠纷出现。

比如，某个孩子一向成绩很差，但某次考试破天荒地考了 98 分，本来妈妈还很开心，后来却被班主任私下告知孩子在考试时有作弊行为，并质疑了妈妈的教育方式。妈妈立即火冒三丈，把孩子批评了一通。

事后，这位一向对孩子温和的妈妈有些后悔，因为孩子看上去受到了打击。

在这一常见的亲子场景中，纠纷之所以发生，就是因为妈妈受到了极大的刺激：孩子作弊了，这种事情显然并不光彩，再加上班主任又认为，孩子作弊是家庭教育出了问题——刺激源足够大，一向温和的妈妈也发了火。很显然，在这起纠纷中，老师的批评是重要的诱因，正是这一诱因，让妈妈的"开心"这一主导动机，变成了"批评"。

· 明确影响主导动机的诱因

一旦某一动机在诱因的刺激下，变成了主导动机，便意味着纠纷一触即发，因此，在调解过程中，我们应留意下述四类因素：纠纷的诱因、具体刺激源、当事人的法律意识、当事人个性。在此处，我们首先要搞清楚诱因的重要性。

诱因是指能够强化或促使个体选择动机的外部条件，与个体的心理结构有关，影响人的价值取向。如图 6-1 所示：

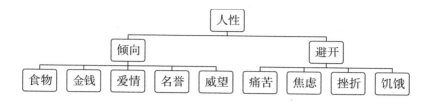

图6-1 人性中的"倾向"与"力图避开"

心理学研究发现，诱因的强度不仅与诱因自身相关（如诱因的好与坏、量的多少），而且与个体情绪密切相关。

在人际交往中，一旦有了纠纷的动机，便会对诱因非常敏感，而且人会在出现诱因时，迅速做出判断，选择是否避开或者接近，并令之强化。

曾有过这样一起纠纷：由于父亲去世、母亲改嫁，小军从小与爷爷奶奶一起长大，时不时受姑姑一家人的接济。小军初中毕业后，爷爷由于身体原因无法再下地干活，决定让小军辍学。可小军学习非常好，且一心向学，对于爷爷不让他上学这件事，他哭闹了好几天，爷爷依然不答应。

在这起纠纷中，使爷爷形成不让孩子上学决定的主导诱因，就是没有钱。虽然村里调解委员会后来介入，并强调上学的重要性，但爷爷始终不改口。

而调解员解决该起纠纷的办法，就是帮助这家人改善经济状况：找到小军的生母与姑姑，请其资助小军生活费，为爷爷奶奶申请到贫困补助。几经周折，此事得到圆满解决。

由此可见，针对诱因进行分析，我们才能找到有效的调解信息。

· 诱因多样化，要注意分辨

应当说明的是，影响纠纷的诱因是错综复杂的。最常见的可以分为下述几种。

（1）言语刺激

在一般纠纷中，如果他人的言语带有挑衅性或攻击性，或者在对话中表现出了不屑一顾的表情，都有可能导致纠纷的出现。

（2）环境压力

最常见的，在工作环境中，新人入职时是最能感受到环境压力的：没有熟人不知如何融入新环境、不知如何与同事交流。

此外，流行性的看法等因素也是一种常见的压力。我们处理过一起很让人意外的家庭纠纷，丈夫认为妻子出轨，并坚决离婚，理由竟然是："她那么漂亮，半夜去看电影，一定是有外遇了！"

（3）氛围感染

原本急躁的人如果进入了寺院等安静场合中，也会不自觉地感觉到平和——这就是一种氛围感染。如果纠纷发生时，当事人身处嘈杂、紧张的环境中，那么双方就很容易受环境影响诱发纠纷。

因此，在分析纠纷时，一定要特别留意各类诱因。同时，我们也要格外注意主要诱因与次要诱因。比如：两家邻居打了起来，次要诱因可能是一方总是在楼上发出各种扰民的声音，影响楼下作息；主要诱因可能是楼下多次为此事主动沟通，但楼上住户却多次无视的无理态度。

2. 换位法则：转换立场，在理解的基础上有效互动

换位思考是指，站在对方的立场上，用对方的角色与心境去想问题、去感受，进而理解对方的行为、看到对方的需求。恰当的换位思考可以给沟通带来极大的帮助：对方会感觉到自己被看见、被尊重，从而愿意展开交流与沟通。

· 换位法则：有共情才有深入沟通

举个例子来说，A 想换工作，她抱怨道："本来以为自己跳槽能

够得到更好的待遇、升职到更高的职位，没想到，去了新单位，各种承诺都没能兑现，想回原公司也不可能了！真是悔不当初啊……"

丈夫指责她："这都是你自己不慎重考虑导致的！之前的工作叫苦又叫累，现在没了工作，你要好好反省一下自己！"

朋友："你本来想追求职业上更大的发展，却没想到遭遇现在的失败。现在，失去工作，对你这种有追求、有想法的人来说，肯定是非常不甘心的，现在又一时没有好的出路，当然会有沮丧的情绪了。"

对换位法则的运用，使朋友表明了自己对 A 的处境、职业理想的觉察，以及对她当下心情的理解。这使她从认知上采纳了 A 的观点，进入了 A 的角色，成功实现了共情。

很显然，在沟通过程中，A 会更愿意向朋友倾诉，而更可能与丈夫发生争执。

在调解过程中，换位法则同样可以起到积极作用。能够娴熟地利用换位法则的调解人员，才能让当事人有被尊重的感觉，才会充分地理解当事人的心理需求，并进行二次组织，从而知晓对方内心深处的需求，给调解挽回契机。

· "换位法则"的运用：如何让母亲让步"抚养权"？

在一起争夺抚养权的纠纷中，由于夫妻二人性格不合，再加上离婚时双方都说了极其伤人的话语，因此，一直负责抚养女儿的母亲态度坚决，坚持要一人独占抚养权，不愿意给孩子生父"任何机会"。

此时，调解陷入了僵局。

调解员是这样抚慰这位深陷过往负面情绪中的当事人小丽的："我和你一样，也是一位母亲，完全能够理解你对女儿的那份爱。孩子都是父母的心头肉，谁会愿意割舍、放弃？我相信李某（孩子的生父）和你的心情是一样的，你们都很爱自己的孩子，都希望她健康成长、幸福快乐，所以你们任何一方都不应该自私地剥夺孩子应该享有的父爱或者母爱。"

小丽打断了调解员的话语："他怎么会像我一样爱孩子？我天天把时间放在陪孩子上，一点私人时间都没有，他呢？下了班就知道打游戏！现在知道疼孩子了？以前人去哪了？"她边哭边说，将自己对前夫的不满一一道尽。

调解员并没有打断她，而是不时地为她递上纸巾。待她情绪平和一些后，又说道："的确，他之前这样做太不对了。这样的男人是该受到批评的，如果是我，我也会和你一样气愤。"

看到小丽的情绪平和了一些，她又劝解道："我不是为他开脱，而是在说，不让孩子见父亲，你感觉这样对孩子好吗？"

小丽眼里含着泪、低头不语。调解员看她心思有所触动，继续劝解道："你受教育程度高，接触的信息多，你肯定知道，父亲的完全缺席，对于你女儿的成长意味着什么。再说了，女孩子成长过程中本身就有小心思，别人都有父母，她只有妈妈，别人开家长会，爸爸妈妈轮着来，你感觉孩子会好过吗？我也不是让你立即答应让他来探望，明天我再来看你。你好好想想，孩子要想健全地成长，光有妈妈能行吗？她也希望有爸爸的陪伴。再者，离婚是因为你们两个人感情出了问题，我们做父母的，该把她的父爱也夺走吗？"

第二天，调解员再来调解时，小丽的态度已经缓和了很多。继续深谈几次后，她终于同意了，爸爸可以每周六周日接走孩子。

· 换位法则运用的关键：让弱势方先发言

从根本上来说，"换位法则"凸显的是个人的"同理心"，而"同理心"用我们老祖宗的话来说，就是"将心比心""感同身受"。在调解过程中运用"换位法则"，即考虑到当事人的内心感受，且将自己的理解传达给当事人，并由此找到调解的契机。

但换位法则在现实案例中运用时，我们必须要谨记一点：它必须让弱势的一方先有表达观点的机会。

这是由换位法则的特性所决定的。在不同群体间，强势群体对弱势群体的"观点采择"，能够提升他们对弱势群体的关注，比如，思考一个无家可归者的处境，可以让普通人拥有更大动力去帮助他。

但是，若让弱势群体去强行体会强者的不容易，反而更容易适得其反。比如，员工越站在老板的角度去思考，想到老板克扣工资的理由，越会对老板产生不满，作为普通人更是如此。

因此，在调解过程中，我们必须要意识到这一点。

（1）强调弱者的优先表达权

在发生冲突的双方中，调解员要让相对弱势的一方首先表达自己的观点，即让弱势群体进行"观点给予"。这是其在双方关系中的位置所决定的：弱势群体有强烈的表达欲望，他们渴望自己的声音被听到，而这种"被听到""被理解"，是他们获得心理平衡的重要前提。

例如，在上述"抚养纠纷"中，身为女性的小丽在婚姻存续时，肩负了更多照顾孩子的责任，承担了更大的压力，而离婚这件事情对她的伤害，远比男性更大，因此，调解员首先倾听了她的想法与不满，让她意识到，自己的处境并非没有人理解。相反，调解员是非常认可她在婚姻中的付出的，这将有利于接下来调解工作的展开。

（2）接收到对方的情绪信号

对方在倾诉与描述事实时，调解员必须接收到对方的情绪信号，找出对方最在意的地方是什么，认为对自己不公的地方是什么。在此过程中，我们有必要保持平和的情绪，以不带偏见、不带判断地专注于对方的表达，尽量收集对方更多的信息，包括双方的相处经历、纠纷产生的原因以及发展的过程。

小丽的纠纷处理中，调解员之所以找到"父亲的存在对孩子成长更有利"这个切入点，正是因为发现了小丽在哭诉中描述了自己对孩子的在意，以及在感情破灭后将全部身心都投入孩子身上的现实。

意识到对方付出的可贵，以及用恰当的言语引导对方去发现"父亲"这一角色在孩子成长过程中的重要性，这是调解员打开小丽心扉的关键。

（3）提升心理推测能力

这一步是要提升"设身处地"的"假设力"：如果我处在她的背景下，我会有怎样的反应？这是需要调解员反复去锤炼的技能，我们可以这样假设：若我有对方这样的成长背景、知识储备与思维习惯，我会怎么做？

有了假设，下一步就是在实际中去验证自己的判断是否准确。若准确的话，这些假设就可以当作一种调解经验积累起来。若不准确，则需要去推理哪一个步骤判断有误或者漏掉了，从而全面改变自己的调解能力。

3. 巴纳姆效应：减少盲区，用信息组建纠纷面貌

巴纳姆效应指的是，人很容易相信一个笼统的、一般性的人格描述，认为这种描述特别适合自己并准确地揭示了自己的人格特点，哪怕描述的内容比较空洞。心理学家认为，巴纳姆效应能产生作用是因为主观验证，主观验证可以对我们产生影响，因为我们心中想要相信某件事——因为想去相信一件事，所以总能搜集到各种各样支持自己的证据。

· 万能用语：盖在谁头上都适用

巴纳姆效应反映出这样一种现象：我们每个人都生活在自己的经验里，我们更愿意相信自己相信的，而且会不断验证、去寻找论据支撑自己的偏见。

在日常交际与沟通场景中，巴纳姆效应常常会频繁现身。

"其实你很为他人着想，但现实不允许你这样做。"

"你总是为他人做很多事情，但依然会被人误解。"

"你不甘流于世俗眼光，所以有时不能被人理解，这也是你苦恼的原因。"

"你的爱情不是那么顺利，很多时候，对方都无法了解你的真实想法。"

……

上述句子其实就是套用了"巴纳姆效应"的万能用语，它在我们生活中非常常见。不过，在调解过程中，我们遇到的"巴纳姆效应"往往非常普遍：

"他就不是个好人！"

"他一点都不负责任！"

"他就是想赖账！"

……

在纠纷调解中，我们常常会听到类似的话语，这种模糊的、盖在任何一个当事人头上都适用的"大帽子"也是我们必须要规避的信息盲区。

· 避免巴纳姆效应引发的印象痕迹

巴纳姆效应对调解工作的最大影响，是它有可能引发印象痕迹：印象是感觉后的事物在人的头脑中留下的迹象，属于感性认识阶段。在社会交往中，他人会通过各种事物给我们留下各种不同的心理印象。

比如，在日常生活中，我们提起老师、学者，可能会自动将他们归类为"知书达理"之人；而对于一些低收入人群，则可能抱有"素质较低"的刻板印象。因此，在调解中，一旦遇到上述两类人，往往会根据自己往日的经验来做出判断。

但是，这种常见的巴纳姆效应却会对调解行为造成负面影响：如果受到印象痕迹的影响，前一种人来调解纠纷，调解员很可能会对之客气有加；如果是后一种人来调解纠纷，部分能力不足的调解员便会表现出某些不恰当的举动。

一位基层调解员便在一起邻里纠纷中，受到了此类印象痕迹的影响：他偏听偏信一方当事人评价另一方当事人"说话不着调，做事两面三刀"的说法，并因对方长期无业且低收入，而对对方产生了误解，且在沟通中没有用心倾听，导致小纠纷后期变成了人身伤害的大案件。

所以，在沟通中，我们需要以客观公正的中立态度，通过倾听，减少自己对纠纷的调查盲区，尽量还原与纠纷相关的场景与信息。

· 保持理智与客观的态度，去分析所倾听到的内容

在调解过程中，我们必须要注意：只要我们没有了解到当事人要说的是什么，那么，调解成功的概率便会大大降低。如果想要去除巴纳姆效应带来的负面影响，我们就要做到以下几点。

（1）调整自己成为"优质接收器"

一个优秀的调解员必然是一个优质的接收器，能最大限度地激发倾诉者的表达欲，并最大限度地接收所有信息。

所以，好的调解者并非只点头就可以，而是在信息收集阶段，

剥离自己的主观看法，摒弃对方"工人""家庭主妇""学者"等一切身份信号，让自己保持独立的思考。同时，在与当事人沟通时，引导或者证明当事人的诉说是合理的、有逻辑的。如果在沟通过程中发现当事人的逻辑存在问题，调解员就需要适时引导，让他的逻辑更加严谨。

（2）引导更具体的陈述

纠纷中，当事人谈论冲突时的用语往往是概括性的：

"他态度真的有问题，他总以为自己最好。"

"她就是个骗子！嘴里没有一句实话！"

"他们一点也不负责任！光想着收钱！"

这种说法中，肯定有一部分是真实的，但很显然这种笼统的表达只会让事情变得更糟糕，而且，听到这种概述，我们根本不知道当事人到底要说什么。因此，沟通时，调解员有必要谨慎地使用开放式问题与陈述，来获得更多信息。比如：

A：他总是不负责任。

调解员：他是怎么不负责任的呢？能不能详细说说？

B：她就是个骗子！嘴里没有一句实话！

调解员：为什么这么说呢？是不是发生了什么让你感觉不好的事？

C：他们态度有问题！

调解员：是他们中的谁做了什么事，让你感觉不好了吗？

了解了细节，尽量拼凑出纠纷过程中当事人的表现、纠纷发生的缘由以及可疑走向，下一步我们才能有的放矢地展开调解。

4. 性格基调：性格决定冲突走向，观察从哪方开始调解

性格基调指的是，个人的性格决定着事情的走向。之所以这样说，是因为心理学家发现，性格是个人对现实的稳定态度，一经形

成就会比较稳定，这种态度会以相应的、习惯化了的行为方式表现出来。在处理事情、面对问题时，性格往往决定着个人会采取什么样的方式去应对。

· 性格决定冲突走向

由于性格是一种惯性的行为模式，很多心理学家在研究性格时，会将之分为若干类型。常见的分类包括外向型、内向型；或是理智型、情绪型、意志型；或是独立型、顺从型与反抗型等。每类性格的行为倾向从字面便可理解，而在处理事情的过程中，性格无疑起着至关重要的作用。

比如，早上上班时，员工因电梯坏掉而迟到，并被公司罚款100 元。面对这件事，不同的性格反应可能会不一样。

情绪型性格可能会在狂怒中找大厦经理理论，痛骂他们电梯维护工作的不力，甚至还可能要求责任人，给自己一个交代。

顺从型性格可能会息事宁人，老老实实交罚款。

理智型性格可能会思考如何用证据和法律为自己找回公道。

可以看到，不同的性格，面对冲突处理方式完全不同。

· 接手纠纷时，便要了解当事人性格

在接手纠纷之初，调解员就需要根据纠纷发生时的情况，了解当事人的性格。

比如，在一起劳工纠纷中，几位农民工拿着铁锹大吼道："今天不结账，我们就和你拼了！"包工头则一脸无奈地坐在一边："兄弟，这样吧，我坐在这，你打死我吧，打死我，我这几天也没钱给你。"

原来，因为施工方拖欠了工资，导致包工头也无钱结账，这才引发了纠纷。调解员在分析后发现，几位农民工是典型的冲动、直白型外向人格，他们有话直说，但也表现出了易怒、好挑衅的一

面。相比之下，包工头性格要内向、平和一些：他数次好好讲述了
自己所面临的困境，无奈工资拖了太久，才导致了这起纠纷。

也正因为了解了双方性格，调解员在碰面不久后，便请双方到
调解办公室冷静，以预防事态恶化。

不过，我们需要注意的是，每个人的个性特质并非都是典型
的，有些表面看上去很乐观的人可能其实非常悲观，再加上各自的
是非观念、责任感不同，我们很难总结出一套通用的性格模式来解
决矛盾，而是需要在沟通过程中，依据各类性格的特点，使用排除
法来确定当事人性格：对方是冲动型性格吗？有什么证据？对方是
内向敏感型性格吗？有什么证据？

· 看不出性格时，先"背靠背"调解

调解员运用背靠背的调解方式更容易了解当事人的调解底线，
可以更好地安抚有关当事人，寻找当事人争议的本质原因和真实的
态度，减少调解员对当事人说明调解失败风险时当事人的对抗情
绪，从而增加当事人对调解员的信任和依赖。

调解员和谁先进行单方交谈一般不具有实质性的意义，如果有
一方当事人提出单方交谈请求，调解员可以该方作为首先会谈的对
象。不过，如果对方的性格有下述特点的话，调解往往需要掌握
主动权，先与该方展开沟通。

①一方过于强势、一方处于弱势又明显心怀愤慨时。此时，后
者很可能是内向隐忍型人格，而另一方的过度强势，很容易让隐忍
方到达情绪极限，这种情况下，最好先与隐忍方沟通。

②一方沉默不语时。在这种情况下，仅凭一方信息是无法展开
调解的，调解员必须先了解该方想法，尤其是某些与纠纷密切相关
的重要信息。

此外，下述几种情况，也需要先与对方沟通：

①在先前的调解中，不是很积极配合调解，甚至表现出要退出调解的一方当事人；

②法律上很难支持其要求的一方当事人；

③情绪激动的一方当事人。

调解员在与一方当事人进行单方交谈的时候，应安排另一方在听不到对话的其他房间由同事陪同等待，一方面安抚该方情绪，另一方面避免泄密等情况。

只有在调解过程中建立起对当事人性格的了解，接下来的调解才会更有针对性。不过，由于性格分类方法的多样化，调解员并不需要掌握所有的性格分类，只需要详细深入了解某一种分类即可。

5. 言语风格：从对方的话里，认识最真实的他

瑞士语言学家弗迪南·德·索绪尔（Ferdinand de Saussure）认为，言语是具体的，因人而异、千变万化的。言语心理学家则从现实研究中发现了"言语风格"，它指的是，言语是一种个体行为，不同的人有着不同的言语风格，这些言语风格的形成又与语境、年龄、性别等因素密切相关。倾听对方的话语，将会帮助我们更准确地理解对方。

· 言语里藏着最真实的自我

不同的人在不同的语境中说话会有不同的言语风格，它们主要受到不同社会因素的影响，如阅历、知识、地区、社会阶层、宗教信仰、行为习惯、感情思想和兴趣爱好等，而当下所处的语境则是补充信息的最主要来源。

比如，同一句"你说什么"，如果说者是一位羸弱的老人，我们会推断他可能没有听清楚；但是，如果说的人是一位手持铁棍的年轻人，他的话就充满了挑衅意味——可见，同样的话在不同的语

境由不同的人来说，体现的往往是不同的言语风格。

一位调解员在接手一起物业费用纠纷的过程中发现，虽然自己是欠费的一方，但业主刘某说话时总是将"我怎么样"挂在嘴边，还愤怒地拍着桌子："物业成主管了，业主说话没有一点儿用了！"在其话语中，处处透露着强势的性格特点。刘某还提出，自己必须与物业经理面谈，否则绝不和解。

因此，调解员推测出，这是一位爱面子的当事人，再加上他在单位本身是一位科长，所以为人也强势了一些。在找到了这些性格特点后，结合双方的矛盾焦点"缴纳了物业费，却未享受到应当的服务"，调解员展开了调解。

调解员："那，刘科长，您说说吧。"

刘某："让物业经理说吧，我该补交多少钱。"

物业："这样吧，我咬咬牙，给您减免一个月的物业费。"

刘某："你这服务质量，给我减免两个月我也不乐意交！"

调解员："我跟您说，刘科长，您看，虽然一个月物业费才200块钱，不过，我刚才也跟您说了，他们物业从来没有给业主免过物业费，您看，这个事儿已经半个多月了，刘哥，这点问题说小不小，说大不大，我和他叮嘱了，以后保证物业服务质量。"

调解员左一个"刘科长"，右一个"刘哥"，其实都是站在尊重对方社会地位与年龄出发，给足了对方面子，并暗示不要因为这点小事儿，把自己的"身份"丢了，同时又暗示当事人必须交钱的事实，给免了一部分已经非常不错了，再争下去，实在"有失身份"。

通过利用对方话语中的信息，调解员终于在接手半个月后，将这起纠纷顺利化解。

· 听声测风头，找准调解方向

一个人到底是怎么说话的，很多时候都是由此人的性格决定的。在调解过程中，我们应从个人的言语风格入手，立足于其性格特点，结合纠纷关键，找准调解方向。

有些当事人说话非常客气委婉，让人感觉彬彬有礼、礼貌周到。这种人往往性格和善，不会轻易为难他人，面对调解员时，也会表现得通情达理。但值得注意的是，若对方过分谦虚客气，一口一个"谈不上""麻烦你了"，则可能是一种拒绝与冷淡的表现：对方还未完全信任你。此时，调解员就要再次回顾纠纷，调整对话方法，以获取对方的信任。

有些人说话习惯套用长辈或是他人的话，或是喜欢直言自己认识某种"人脉"，或是着重表明自己的身份，如"我们经理说了，这件事全权委托我来办""平时我在单位就是这么管事儿的""你们街道办的那个××，上次我还和他坐了坐"等，这类人通常爱面子，在沟通中，应在必要的时候给足他们尊重，否则对方便有可能因为自尊受损而不愿意再谈下去。

说话拖泥带水、废话连篇的人，一般性格比较软弱，遇事无主见，心胸也不够开阔。如果他们倾诉的都是一些鸡毛蒜皮类的小事，那么，调解员便应从中甄别信息，找出他们最在意的纠纷信息：是要在纠纷中获得经济利益，还是要捍卫自身的尊严？然后再深入调解。

如果调解过程中，当事人把纠纷产生的原因都归结于外界，对他人提出严格的要求，却在同样的事情中放宽对自己的标准，那么，此类人多半有些自私，他们在生活中也很少设身处地地为他人着想，希望以小博大，在纠纷中获得更多的利己条件。此时，调解员就必须要公正客观，以温和的对话让其意识到自身的错误，或是让其把自己也放置在同样的标准之中，否则纠纷便极有可能因为另一方的不满而激化。

最值得注意的是，那些常常使用绝对字眼的当事人：如果一位当事人在对话中频繁地出现"总是、完全、必须"等词汇，并且大量运用消极悲观的词汇，并更多地表述"我"的看法，那么，我们就需要警惕了——这类当事人往往有较为严重的消极倾向，一位调解员在形容一位后来使用"刺伤对方"的极端方法解决纠纷的当事人时，便提出，对方常常会将事情"非黑即白"化，且不接受任何妥协性意见。对于这类当事人，我们在调解过程中要格外注意。

心理学早已证实，人们可以将语言当作帮助自己重新组织想法的工具，很多时候，无意间说出来的话语其实是其暗藏于心底的东西。语言反映的是说话者的心理状态，同时也会影响对话双方的情绪，因此，我们有必要在调解过程中留意对方的用词、语气等信息。

6. 因果定律：捋顺因果是推进调解的关键步骤

"因果定律"指的是，不管是好事还是坏事发生，都绝非偶然，而是有一定因果关系的，即每件事情的发生都有其特定的理由，每个结果也都有其特定的原因。心理学家认为，所有事情都存在因果定律，且它是影响事物发展的"铁律"。

· 一切都是因果定律在发挥作用

人类每天都生活在因果定律之中：有些人一生获得无数成就，有些人连一次成功的滋味都没有品尝过，为什么会出现这种截然不同的人生？

其实，细看这两类人的人生我们便能发现，失败的人总是在抱怨自己的运气差，甚至将其推脱给客观条件或外在因素；而成功人士在总结经验时，虽然会提到自己的聪明才智与好运气，但同时也会强调重要的一点：吃得苦中苦，方为人上人。

这恰恰就是因果定律的最好证明：付出才会有回报。任何一种结果的出现都绝非偶然，若你平日里做了大量卓有成效的工作，那么，你必然会获得成功，这没什么好奇怪的，也绝非"好运"光顾了你，一切不过是因为因果定律在发挥作用。

· 纠纷的发生也遵循了因果定律

基层纠纷最大的特点就是，它往往可以从过往双方当事人的交往过程中捋顺因果关系。

比如，在某起纠纷中，宋某、兰某与刘某同是某村村民，也是邻居，三家一直走宋某家门前的道路。可是，宋某不顾他人方便而在路上建起了一堵墙和一扇门，自己不通行的时候就把门锁上，将刘某和兰某家人出行的道路完全堵死。

该事在经过村主任、当地区规划局、土地局多次调解后无效，无计可施的兰某、刘某将宋某告上了法庭。

在受理此案后，法官多次到现场进行勘查、细心询问后才发现，宋某的确做出了"堵路"的极端行为，但平日里兰某与刘某也多有不当之处。据宋某说，由于自己的家在路边，对方两家在里面，他们总是把垃圾堆在路边，冬天还好，夏天一到自己家门口就"臭得站不住人"。宋某曾多次提醒，但因为自己脾气好、好说话，对方依然我行我素。

了解此事后，法官展开对应调解，让兰某与刘某商议出具体方案，纠纷最终顺利解决：宋某把门打开不再落锁，兰某与刘某也妥善丢弃垃圾。

一个人是否会陷入纠纷中，往往受其过往经验、心理素质、认知水平的综合影响：如果在平日里，宋某个性强硬，或是兰某、刘某通情达理，这起纠纷便不会激化到上法院的地步。对于调解员来说，找出纠纷中的因果，对于我们着手调解有着莫大的帮助。

·从四角度入手捋顺因果

在纠纷中，我们需要意识到，纠纷爆发的原因往往与四个方面内容相关：个人认知、具体情境、情感与行为。因此，在纠纷爆发后，我们要先分析这四个方面的原因。

（1）当事人个人认知

高学历人群与低学历人群、高收入人群对低收入人群、管理者与员工，他们的认知都是不同的。在交通纠纷中，1000元的赔偿，对农民工与城市白领而言完全是不同的概念。

（2）当事人所处具体情境

大量研究表明，所处情境会对当事人造成影响。炎热的夏天，纠纷发生率较高，便与天气热导致人心情烦躁密切相关。所以，我们在寻找纠纷因果关系时，要学会从情境入手：当时冲突双方处在什么环境中？是否存在刺激性因素？例如，某起农村家庭纠纷，就是因为公公外出参加朋友的孙子百日宴归来后，不停地在儿媳儿子面前叹气导致的。

（3）情感

纠纷双方之前是否认识？如果认识的话，他们之间的感情如何？若不认识，他们之间是否可能有情感上的沟通或背离？一位刚入学的家长坚持认为老师在借故过分惩罚自己的孩子，因为他曾在家长会上对老师提出反对意见，而这位老师当时非常不悦。

（4）行为

纠纷未发生时，双方是否有刺激性行为以致诱导了纠纷爆发？在我们前面提及的宋某私堵道路的案例中，刺激"老好人"宋某做出极端事件的原因，就是当他最后一次强调不能把垃圾丢在门口时，兰某与刘某不耐烦的表情与嫌弃的语气。

当我们从上述四个方面详细分析时，便极有可能抽丝剥茧、捋顺因果，找出与纠纷相关的重要信息，进而展开有效调解。

7. 倾听效应：有用心的倾听，才有后续的和解

倾听效应指的是通过全身心倾听来促进积极沟通效应的行为：在与人沟通时，以全身心的注意力来倾听对方的话语，脑子不停思考对方的话语，在总结信息的同时，做出准确的判断，给予对方恰当的回应。日常生活中，能够恰当运用倾听效应的人，往往能够获得事半功倍的沟通效果。

· 学会倾听更有利于获取信息

虽然我们每个人都有耳朵，但很显然，倾听并非所有人与生俱来的本能或性格，而是需要花心思去学习的技巧。

比如，在常见的场景中，丈夫去浇花，不小心浇得餐桌上到处都是水。于是，妻子便说道："你做事怎么这么不小心，说你很多次了，你怎么一点也不改？快去拿抹布！"

丈夫拿抹布擦了半天，桌子还是没擦干，妻子抢过抹布，嘴中依然滔滔不绝："让你做点事，你总会搞得不像样！上次让你拖地也是，最后还是我干！你说你，这么大的人了……"

丈夫先是沉默，后来听得不耐烦了："你怎么那么多话呢？就滴了点儿水，你要不让我浇花，我也不会搞湿桌子！"

二人自然大吵一架。

从心理学角度来看，沟通可以分为图6-2中的三步：

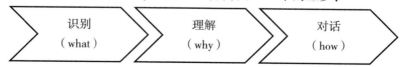

图6-2　沟通三步骤

具体来说，即先从对方的表情、语言识别出对方展开沟通的目的，再具体决定如何回应。在这三个步骤中，"识别"便是通过倾听与观察，了解对方到底想要从沟通中获得什么。

在上述案例中，妻子抱怨的目的其实很简单，即让丈夫承认"我需要你"——但丈夫未接收到这类信号，甚至将之误解成抱怨与啰嗦，自然沟通演变成了争执。

· 倾听是调解员至关重要的工具

日常生活中，我们常常强调沟通的效率，强调"说"的一方要清晰准确地表达自己的意思，但在调解员的日常工作中，有效的倾听并非仅指正常的"你来我回"的言语表达，而是专注地从当事人的话语中获取有效信息。

从心理学角度，调解同样分为三步，如图 6-3 所示：

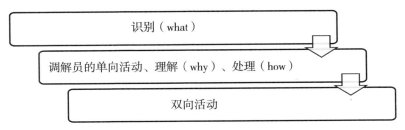

图 6-3 调解沟通三步骤

而我们的识别，就是要从观察当事人的表情、倾听对方的话语中识别出当事人的情绪，然后深入分析纠纷，最后再选择恰当的方法去解决。

图 6-3 中展示的"识别"步骤，更多的是在展示调解员自身的活动，即利用自己已有的调解知识，对当事人的面部表情进行分析、判断，得出相应的结论。

理解与处理，则是通过与当事人对话、交流与沟通，进一步验证调解员在"识别"步骤中得到的结论，进而通过倾听，帮助当事人自我觉察，找到纠纷背后的原因，并通过引导，使当事人愿意接受调解。

如果没有运用好倾听的话，调解很可能会彻底失败。比如，在一起家庭纠纷的调解中，当事人反复强调，自己曾经多次告诉丈夫，婚前财产是母亲购置，自己无权处理，但丈夫依然坚持，不卖掉婚前财产、购买新房，便是对婚姻不忠诚的表现。

此时，调解大姐却未意识到"婚前财产"对于夫妻二人的特殊意义，以及该问题的敏感性，继续强调："夫妻吵架，床头吵床尾合，有什么话不能好好说？什么能比你们的感情重要？"

这种强势且未立足于双方实际调解的空话，导致最终调解失败。

心理学研究表明，越是善于倾听的人，与他人的关系就越融洽。而在调解中，越懂得倾听的调解员，就越容易获取当事人的信任。因为倾听本身就是对对方的一种褒奖，你可以耐心地倾听对方的谈话，等于告诉对方："我尊重你，愿意理解你陷入纠纷的困难处境。"这种情况下，对方当然愿意积极回应，表现出对你的好感。

· 有效倾听，建立于五个步骤

倾听的过程包含五个元素：听到、专注、理解、回应和记忆。

调解时，有效的倾听包括三个元素：听到、专注与审视。

（1）听到

这一点属于倾听的生理纬度，听这件事情，我们需要因人而异，如耳背的老人，我们可以坐得离他们近一些；说话太快的人，我们可以给他倒一杯水："坐下来，慢慢说，慢慢说，我们谈谈细节。"说话含糊不清的人，我们可以反过来询问一下："你是说……我理解得对吗？"

"听到"，才不会忽略掉对调解有帮助的重要信息。

（2）专注

专注属于倾听的心理维度，它意味着我们在倾听当事人诉说时，要清理内心杂念，排除干扰，不能边听边看手机，而是要专注于当下的对话，捕捉积极信息。

（3）审视

正确的倾听要求调解员以机警和共情的态度深入当事人的话语中，细心地注意对方的言行，注意对方如何表达问题，如何谈论自己及他人的关系，以及如何对所遇问题做出反应，还要注意求助者在叙述时的犹豫停顿、语调变化以及伴随的各种表情、姿势、动作等，从而对当事人的叙述做出更完整的判断。

比如，平静地说"那让他等等吧"以及咬牙切齿地说"那让他等着吧"，对比这两句话，很显然前者更有解决纠纷的诚意。因此，我们一定要明白这一点：倾听不仅仅是为了收集资料，同时更是为了明确当事人面对纠纷的态度、解决问题的诚意。

所以，我们应尽量规避表 6-1 中提及的常见的倾听错误。

表 6-1　警惕倾听错误

错误	常见行为
打断当事人，做道德或正确性判断	那儿女这样真是太差劲了！
急于下结论	这么看，就是他错了。
轻视当事人的问题	男子汉，这点事儿算什么？
干扰转移当事人的话题	哦，原来是这样……对了，他当时是怎么说的？
不恰当地运用沟通技巧	询问过多 概述过多 不恰当的情绪反应

与当事人沟通时，调解员应把握的倾听原则是，当事人只要讲了，就要仔细倾听——在调解场景中，并非说得越多越好，当你的任务是"调解矛盾"时，点头表示自己听到了、正在听，远比说话更有效。

8. 关键词效应：找准，听准，让沟通更有成效

心理学上有"关键词效应"一说，即所有的对话都有一个主题，这个主题可以归纳为一个"关键词"，若在沟通中能够归纳出对方的关键词，听到对方真正想要表达的是什么，便能在沟通中更懂对方的心理。

· 听不准关键词，沟通就可能会失败

在日常沟通中，我们需要注意找准、听准对方的关键词。

比如，下班了，你约朋友一起吃饭，对方来了以后，冷不丁地告诉你："我喜欢一个人。"你很可能会误以为，对方是在暗示你：其实和聚会相比，我更喜欢下班了一个人在家静静。可正当你要不高兴时，对方又说道："她挺漂亮，工作也不错。"

此时，你才恍然大悟，他说的"喜欢一个人"不是"喜欢一个人的生活"，而是"喜欢上了某个人"。

与别人聊天时的你，是否遇到过答非所问的尴尬时刻？或者，听完了以后，以为自己懂了，再和对方一聊，才发现对方话语中有很多意思你没有听到？出现这类错误的关键原因，就是因为我们在沟通中太急于做出判断，导致没有真正抓住主要关键词，或者自以为足够了解那句话的关键词。

因此，在调解中，找准关键词、听明白对方在说什么，便显得尤为重要了。

· 找到关键信息，听出其意向所指

所谓的关键词，指的是描绘具体事实的字眼，这些字眼透露的是对调解至关重要的讯息，同时也会指向对方最在意的地方，以及被隐藏起来的情绪。

比如，一位调解员正在针对一起遗产分配纠纷进行调解：妹妹想要住在母亲的老房子里，但姐夫坚决不同意，由于姐姐是关键人，所以调解员与姐姐展开了沟通。

调解员：大姐，你母亲生前的房子，在谁名下？你妹妹想要，你愿意给她吗？

大姐：在我名下，因为是我盖的，我尊重我妹妹的想法。

调解员：那你愿意把房子的所有权转给她吗？

大姐：我妹妹直接提出这个要求，我不好和我丈夫交代，他和我妹妹吵得那么凶……毕竟我只是一个家庭主妇，根本没那么多钱盖房子。

调解员：那你的意思，是不是想让她拿钱来补偿你们一家，换取房子的所有权？

大姐：这话说得……（沉默）

其实，聊到这里，我们便可以发现，"产权"与"亲情"是两个关键词：大姐谈起这两个词时，都会顾左右而言他。

大姐的话语已经暗示得很明白了：房子是在她名下，由她盖成，所以妹妹想要的话，需要给钱。之所以没有直说，可能是因为平日里姐妹情深，直接说钱不好意思，但不要钱又不可能。因此，接下来，调解的重点就应该放在"钱"这一重点上。

找到关键词，分析出关键信息，下一步的调解便会更有针对性。

· 运用策略，让关键词暴露

调解中我们往往会遇到当事人"有话不直说""声东击西"

"在意却声称不在意"等情况，这种现象与中国传统文化特点相关：我们中国人早已习惯了讲话含蓄、内敛。特别是对于没有闹到撕破脸、又需要日后留一线式纠纷时，当事人往往会变得非常隐晦，他们甚至"拖着不调解"期望他人接收到自己的某类暗示。对于此类情况，调解员便需要注意运用策略、使用提示，让纠纷关键词渐渐暴露。

（1）发问

发问要从表 6-2 中提及的三个方面入手。

表 6-2　发问的三方面要点

步骤	着眼关键	具体问法
一	事实细节	后来发生了什么呢？
二	对方的想法与感受	你对此非常生气对吗？
三	对方的期望与需求	你希望他道歉对吗？

当对方给出回答以后，尝试用客观的措辞重述对方的观点，包括他所说的事实与感受，这可以帮助我们进一步明确信息。

（2）在提问中加入关键词

与顺着关键词找调解方向相比，在调解中找出对方话语中的关键词，也可以帮助我们决定如何响应对方的说法：我们只需要在自己提出的问题中，加入对方所说过的关键内容，对方就会迅速接收到，你已经听懂了对方的暗示。

比如，在上面的姐妹房产纠纷中，调解员便在接下来说道："大姐，你看这样行不行，我们先了解一下，现在这类房子的市场价如何，然后再决定房子怎么办。"大姐迅速同意了调解员的意见。

（3）判断关键词，要结合情绪

"什么意思？""是吗？"

普通沟通中说出这样的话，和在纠纷中说出这句话，其意义绝对是不一样的。如果调解一方在沟通中出现了类似的反问与追问，调解员就需要警惕了：此类关键词往往意味着当事人已经对沟通产生不满、疑惑等情绪，接下来就要更慎重地引导对话走向。

值得一提的是，普通纠纷往往与两个要素相关：钱与面子。一般纠纷只要留意与这两个信息相关的内容，便很容易找到调解方向。

9. 身体语言定律：抢先一步，识别积极与危险信号

身体语言定律指的是，当我们与他人交谈时，只有 10% 的信息来自对方的语言，而 40% 的信息是根据对方的语调、语速得到的，50% 来自对方的肢体语言。因此，哪怕有些时候我们没有听到对方在说什么，我们也可以凭借直觉，明白他人的心理。

·倾听潜在语言，留意当事人的动作变化

保持语言的沉默很容易，但身体语言是无法沉默的，身体语言可以表现出一个人的诚实度。这也是为什么警察在审讯犯人时，会将犯人放在空荡荡的房间里，只给犯人留一把椅子：这样做，犯人的身体动作就会完全暴露给警察，从他们的身体动作中，审讯人员可以判断出他回答问题的真实度。

一位调解员在被问起如何判断当事人是否诚实时，说道："我主要观察他的眼神和手脚动作。大部分普通人并不习惯说谎，当他们说谎时，他们的目光会不自觉地避开我，或者双手不自觉地摸耳朵、脖子、脸部、鼻子等，以转移自己因为说谎而带来的心理紧张。"由此来看，大部分人可以控制自己的面部表情与言辞，却很难控制手、脚与身体的无意识移动。

在表 6-3 中，我们可以看到一些常见的负面身体语言，以及其背后的真实含义。

表6-3　常见的负面身体语言及其含义

负面身体动作	含义
眯着眼	不同意或不欣赏；厌恶；准备发怒
咬嘴唇	紧张；害怕；焦虑；心中正在思考
正视对方	有自信；有安全感；外向、笃定
避免目光接触	冷漠不关心；逃避，没有安全感；恐惧或紧张等消极情绪
向前倾	注意；感兴趣
坐在椅子边上	不安；处于警觉状态中；厌恶
坐不安稳	紧张不安；厌恶；处于警觉状态
双手扭绞或不自觉地动起来	紧张；不安；害怕
环抱双臂 双手放在背后	愤怒；不欣赏、不同意，且处于防御或攻击状态
抖动腿脚	紧张；对话题不感兴趣，想赶快结束

积极的身体语言则包括表6-4中的内容。

表6-4　常见的积极身体语言及其含义

积极身体动作	含义
笑时动作较大	真心笑时，整个面部肌肉都会动作，年龄大者，有眼纹出现
歪头	提出建议、讲出事实时，对方歪头倾听，表示感兴趣
把手放在脸颊	如果你提出建议时，当事人将手放在脸颊，表示他有在思考
手掌向上和向外	当事人处于积极和开放的心理状态
直视你的眼睛	自信且乐观（或有乐观倾向），信任

续表

积极身体动作	含义
面向你，双手臂呈现开放状态	信任与开放，表示对方处于舒适且愿意沟通的状态中

留意这些动作，可以帮助我们更好地了解当事人的情绪、对调解的接受度等信息。

· 使用身体语言，加快调解进展

调解过程中，你的姿势与你呈现给对方的感受密切相关：如果你弯着腰坐着，你就是在告诉世人，你缺乏自信，对对方不感兴趣，当你站得很直或者坐得很直时，你传达出来的便是对对方感兴趣且自信的强烈信息——而这一点恰恰是当事人能否信任你的关键。所以，在与当事人见面的那一刻，我们便应该注意下述内容：

（1）进行目光接触

在与当事人对话时，一定要增加目光接触，以温和的眼神交流加快建立信任的速度。

倾听对方时，我们也需要间歇性地注视对方的眼睛：通常情况下，他人判断我们是否在认真倾听的依据就是"他是否在看我"。如果当事人发现，他说话时调解员在看着其他地方，对方就可能认为我们对他的谈话不感兴趣，其倾诉的积极性必然受到打击。

有时候，我们需要记录当事人说的事情，但如果当事人带有激烈情绪陈述，我们就必须要停下手中的记录，专注于倾听，以便及时捕捉信息、引导当事人情绪。

（2）注意你的坐姿

当需要坐下对话时，调解员应坐到椅子一半多一点的位置，身体微微向当事人倾斜——这一动作可以让当事人感觉到，你关注他。不要跷二郎腿，更不可抖腿。抖腿可能会让自己放松，但却很容易让别人感觉到焦虑、紧张与不耐烦。事实上，当我们坐姿正确、心态平和放松时，就更不容易做小动作。

（3）控制手与手臂动作

有些人在生活中习惯频繁摸脸或托住腮帮子，但在上面我们也提到了，这种动作只会传达给发言者一个感受，即你不认同、怀疑或者不支持他的观点。所以，此类动作应尽量避免。

在坐姿状态下，最恰当的动作是双手手指自然交叉，保持手掌朝下，轻松放在身前；在站姿状态下，则要保持双臂不抱在一起，以开放的姿态与当事人沟通。

当然，你也可以有意地模仿对方不含敌意的姿势与动作：当对方双腿交叉时，你也这样做，对方会更快信任你。这也是积极心理学家芭芭拉·弗雷德里克森（Barbara Fredrickson）提出的一个理论：当相处愉快，或者想要建立起良好的沟通氛围时，我们便会不自觉地模仿对方。

（4）讲话时要站在居中位置上

调解员站起来讲话时，一定要保证站在一个所有人都能看到你的位置上。同时，最好站在居中的位置上——身体上的靠近往往会让当事人误解你在偏向另一方。讲话时，也要平均分配目光，最好是谁讲话，便间歇性地注视讲话者，同时，余光注意另一方的反应。在有座椅的地方，也要格外注意这一点。

无意识的身体语言可能会带来意想不到的后果，呆若木鸡、抓耳挠腮、僵硬的手势和指手画脚的动作，都会毁坏你的形象。一个成功的调解员，会懂得运用身体语言去分析与了解当事人，同时更会以恰当的身体语言拉近与当事人的距离。

10. 利己偏见：调解的关键，就在于看清双方的利益

所谓利己偏见，是指个体在对自己的行为进行解释，或者采取

某项行动时，都会先从"有利于自己"的角度出发。

· 人性是自私的

我们都有过等车的经历。如果我们因故晚到了车站，却被告知火车因故晚点到达，此时，哪怕让我们再等一个小时，我们的心情也是愉快的。

可是，若我们提前到了候车室后，却被告知火车要晚到一个小时——此时我们就很难保持淡定：因为自己无法让火车准点到达而产生的愤怒、焦虑等情绪会充斥我们的全身，同时还会希望火车准点甚至是快点到站。

在我们判断"火车晚点"是好还是坏的标准中，很大一部分源于我们的处境：自己晚到车站时，火车晚点就是好事；反之则是坏事。

人都是自私的，这是心理学早已证实的一点：我们每一个人心中都有基于自我利益的倾向，都有获得成就感与期待回报的意识。而我们要做的，就是顺"性"而为，而非逆"性"而为。

· 找准双方的主利益与从利益

对于调解员来说，顺"性"而为的关键就在于先找准当事人的主利益。

主利益是指对当事人最重要、必须高度重视的利益，从利益则是低于主利益的存在。一般调解中，从利益永远会服从于主利益。比如，在某些夫妻感情纠纷中，如果只看表象，就会认为他们"非离不可"，但深入了解以后却会发现，双方的主利益往往是让对方在某件事情上妥协，而不是真的要离婚。

把什么当成主利益或从利益，取决于个人信念（价值观、道德观等）、兴趣爱好等。在某起离婚纠纷中，双方当事人都爱书如命，由于没有房子，他们的主利益都是将婚姻存续期间购买的珍贵书籍据为己有，而其他物品反而成了从利益。

所以，在判断双方的主利益与从利益时，调解员要从与纠纷相关的事实入手，倾听双方的意见，找出双方的主利益与从利益。

· 询问利益时，也要注意使用不同的方法

调解员需要意识到的是，在与各方当事人进行单方会谈寻找利益点时，需要运用不同的方法以及回应方式。

比如，在交通事故赔偿一类纠纷中，有明显的"受害方"与"肇事者"两方，在调解初期，他们的利益着重点、情绪表现都是不一样的。

被告一方可能对当事人的伤痛及其他情绪性感受的反应较漠然，或停留在象征性的问候层面，而更注重责任对错和赔偿项目的分析，所以调解员在和该方当事人进行单方交谈时，应更侧重于从法律事实角度进行分析，指明他们在事故中需要负起的责任。

而原告一方，作为受害人往往比较情绪化，他们可能对对方在事发后没有慰问并表现漠然的态度感到不满，认为对方对自己缺乏尊重。有些受害人家属甚至会说类似"不要赔偿，要他命偿"的极端话语。同时他们有自己的赔偿计算方式，虽然这些计算可能是建立在情绪化基础上的，在法律上不一定站得住脚。对该方当事人，调解员在解释法律规定的同时，必须首先表示对当事人的同情及理解，并对伤情及后遗症等情况进行充分询问，然后，在后期再引导他们去合理合法维护自己的利益。

在了解完双方的利益以后，调解员便可以大致明确，双方分歧的真实原因以及明确的解决方向，下一步，就是寻找双方利益一致方面的所有线索，使纠纷向着积极和解的方向发展。

第七章

有效引导：缓解对抗，让纠纷有缓和的机会

调解自愿是调解工作展开的前提，很多案件往往是一方有调解意愿，而另一方却没有。对方不愿意调解，多是因为在纠纷的产生与发展的过程中，双方已经形成了对抗情绪，需要第三方出面引导与说服。此时，调解员的引导技巧便成了避免纠纷发展成"争讼"的关键。

1. 镜像自我：他人就是我们的镜子

"镜像自我"是社会心理学家查尔斯·库利（Charles Cooley）提出的概念，它指的是，我们常常通过观察他人对我们的反应、观点，来形成自己的评价。每个人对别人来说，就像一面镜子，这面镜子不仅可以反映出经过它面前的人的样子与容貌，还可以在一定程度上反映出此人的态度与性格。

·社会交往中，他人即镜像

"镜像自我"对个人行为有着极其重要的影响，如小 A 在工作中交到一个朋友，对方总是指出他的错误，并直言他有更大的进步空间。由于对方是一位行业内的高手，小 A 在对方的指导下，也的

确有了更高的工作效率。

小宁是一位朴素的农村女孩，后经过努力，考到了一所大城市里的艺术院校。放暑假回家时，家人和朋友几乎认不出她来了：她肉眼可见地变得时尚了起来，朋友们说她："看起来就是个城市女孩了。"

在周围人的影响下，小 A 受到了更好的职业指导，小宁则在同学的影响下变得时尚。小 A 与小宁的经历，反映的便是个体行为受"镜像自我"影响的现象：我们会根据他人对我们的评价、观点，来调整自我行为。

在其他沟通场景中，我们在与人交往时，也是"以他人为镜"的。如果他人板着脸，没有笑容，那么，我们从他人这面"镜子"里看到的"我"，必然也是板着脸、没有笑容的。这个"镜中我"，你对他微笑，他便对你微笑；你对他皱眉，他便对你皱眉。明白了这一道理，我们在日常生活中，便知道该如何"照一照"他人这面"镜子"了。

· 调解员的幽默往往有意想不到的镜像作用

参与调解时，很多老调解员都会告诫新调解员，一定要恰当展示幽默与热忱。其实，这便是镜像自我在调解中的运用：中国素有古话"伸手不打笑脸人"，再加上调解员本就是以"中立第三方"的身份参与纠纷调解的，就算纠纷双方处于对抗状态中，调解员的幽默与笑容，也可以缓解剑拔弩张的紧张氛围。

在一起农村纠纷中，村民胡某情绪激动地到镇政府反映邻居高某不让他修猪圈，称高某家人气势汹汹，"修了就要打死我"。镇调解办调解员听取事实后，召集双方到村调委办公室进行调解。

调解员是个能说会道的开朗人，刚开始时，当事人情绪不稳，更存在逆反心理，调解员直言："你们把心放在肚子里，只要两边都愿意调解，肯定能想出好办法。"接着，调解员又使用生动、诙谐的风趣话语调和氛围、讲明道理，使当事人易于接受建议与方案："牙齿还有咬到舌头的时候，左邻右舍，有个啥事不能说开？"

随后，为避免矛盾冲突，调解员迅速打开僵局："听说你俩平时都是弥勒佛性子，能容天下事，怎么两个弥勒佛碰到一起，还同行成冤家了？"

在找准调解切口，明确双方对"如何建猪圈"这个矛盾焦点的争议后，调解员引导双方找到了更好的修建方法。在调解接近尾声时，调解员又用热情诚挚的希望，在当事人之间搭建起了一座感情桥梁："远亲不如近邻，咱这么亲近的关系就要互相多照应着点。"

可以看到，在该起纠纷的调解中，调解员通过幽默的语言、乐观的态度，给双方在情感与面子上撒上了黏合剂，打消了对抗心理。而在这一过程中，当事人很显然受到了调解员积极态度的影响，所以才能迅速达成和解。

· 利用镜像自我，营造和睦友好氛围

在使用镜像自我时，调解员需要注意以下两点。

（1）用微笑与幽默沟通

人们发笑的原因只有少部分来源于好笑的故事，更多的原因则是与人建立友好的关系。日常幽默也是我们与他人进行社会交往的一种方式。我们用笑容与乐观的态度来管理我们的形象及与他人交流，这一点在调解中也同样重要。

比如，在上面的邻里纠纷中，如果调解员在开场白或是做段落总结时进行冗长的解释或说明，其实对调解并无太大帮助，但当调解员用一种非正式甚至幽默的言语来沟通后，和睦友好的氛围便迅速被建立了起来。

（2）向当事人展示尊重并进一步强调互相尊重的重要性

富有成效的调解员会通过积极的倾听来展示自己对当事人的尊重，并会提供言辞与非言辞上的尊重（如眼神交流、面部表情与形体姿态），以使双方当事人明白调解员理解并关心他们的感受、尊重他们所说的内容。

同时，当某方当事人展示出对另一方当事人的不尊重时，高效的调解员也会及时制止，通过这种制止，双方当事人都会意识到，自己在调解中应秉持"尊重对方"的态度去倾诉事实。

特别是在当事人情绪高涨的纠纷中，一位表现出同情心的调解员可能是第一个认真听取当事人不得不说的内容的人。在当事人觉得某人在倾听他们的意见时，他们更易表现出开诚布公且愿意听取故事的另一面——而这种"开诚布公"也自然会反映在"镜像自我"中。

此时的镜像自我是非常必要的：在调解员的有意引导下，当事人在倾听时，对自身的设想、立场之正当性的怀疑就有在其脑海中蔓延的倾向。在经过多方思考后，当事人就有可能愿意接受有助于和解的各类替代性方法。

2. 选择性注意：人们总在自己关注的地方找原因

选择性注意指的是，在外界发生诸多刺激时，我们的大脑只会注意到某些刺激，或者刺激的某些方面，而忽视了其他刺激。反映在现实生活中，就是每个人只会留意自己想留意，或者潜意识在意的部分。

· 归因错误，是因为关注点不同

心理学的大量研究发现，人们之所以出现归因上的错误，是因为人们的关注点不同：当我们自己成为行为的执行者时，除了自己以外的所有环境便成了关注点；而当观察他人的行为时，我们的关注点则变成了做出此行为的人。

比如，胖子会注意他人的体形，个头较矮的人更会留意他人的鞋跟，而一位刚怀孕的少妇则会注意到，街上的孕妇多了起来。再如，作为一场大型商业活动的策划者，你会更多地考虑各种环境方面的影响，力求各方面在自己的控制之下；但是，如果你只是来参加这场活动，那么这个环境下的人，如同样参加活动的来宾等则成了你的关注点。

我们在观察别人与自己的亲身经历时，角度是有所差别的，最终造成了认知上的差异。

· 换位思考、权衡利弊，完善当事人视角

在调解过程中，我们很容易发现，当事人在情绪激动、不理智的情况下，其生理认知范围自然受限，思路也会狭窄。这种情况下，权益受损一方常会提出不合理的请求，侵权一方则千方百计减少或推卸自己的责任，这其实就是"当局者迷"在纠纷中的表现：多数有此类表现的当事人并非不明事理，而是事情的主角变成自己后，受纠纷与矛盾的影响，归因出现了错误。

比如，在一起外来民工追索劳动报酬案中，由于该民工有酗酒的恶习，所以其工作屡屡出现失误，用人单位经多次批评教育未果，决定扣除该民工一个月工资并作出了口头开除的决定。

该民工到镇政府、区民政局、区市监局等部门上访闹事，后到社保局申请仲裁均未能解决问题。由于失去生活保障，又感觉"告状无门"，导致该民工情绪失控，采取了给用人单位拉闸停电的极端做法，导致该用人单位生产秩序一度陷入混乱。

派出所出警解决争端时，该用人单位负责人态度非常高傲，不仅认为"调解毫无必要"，而且声称"绝不和解"。后来，调解员在与当事民工深入沟通时发现，该用人单位非但未与工人签订劳动合同，亦未给工人缴纳社会保险。

于是，调解员与该单位负责人进行了深谈，并宣讲了《劳动合同法》的有关规定，更告知对方，该民工已从调解过程中得知，若调解不成，自己可上法院起诉维权。通过谈话，负责人感到此案如果不尽快了结，就很容易引发工人对该单位的集体起诉，该单位将会引火烧身，不仅要为工人们补交社会保险，而且要支付双倍的工人工资。在权衡利弊之后，用人单位主动与工人言和，并规范了自身的用工流程。

在此纠纷中，用工方一开始坚持不和解，就是因为选择性注意：只看到了民工酗酒、拉闸停电给自身造成的损失，却未意识到，自己在用人过程中同样存在不合法、不合规的举动。

· 三步引导，让当事人不再选择性注意

在引导双方当事人规避选择性注意的过程中，我们可以先使用换位法，再利用利弊引导。

①调解员要先站在当事人角度看问题："假如我是当事人（受害人、加害人、第三人），我会怎么想？"

②调解员要引导当事人站在对方的角度看问题："假如你是他（对方），你会怎么想？"从而使当事人的思维跳出只看到自己利益的小圈子。

③最后，调解员要引导当事人站在调解员或第三方的角度去看问题，"假如你是旁观者（或者'你是法官'），你会怎么处理？"

以上这些换位思考程序过后，可以迅速拉近各方的距离，调解员也可借机进行调解，面对那种遇到有过错一方责备他人："他就不应当……既然他这样做了，就没有和解的必要了……"的案件，效果更加明显。

同时，像刚才我们谈及的民工索薪纠纷中，调解员根据调解的具体情况，必须熟知"通常正常的结果"（正常是指在法理之下事情会如何结束）是怎样的，然后，结合双方面临的风险与成本分别做当事人的工作，令其感受到"丢卒保车"的调解结果比坚持原有结果对自己更有利，从而促成双方和解。

值得一提的是，在调解过程中，一味地引导当事人完善视角并不可取，调解员必须积极寻找双方当事人利益的平衡点，特别是那类容易引发群体性纠纷的案件，更需要运用此法，妥善处理。

3. 把关人理论：正确传达，在当事人间有效传递信息

我们之前提到过"信息递减效应"，是指在传播过程中，信息会被若干传播者层层过滤，产生信息扭曲甚至是背离信息原始状态的情况。"把关人理论"便发生在"信息递减"的过程中，指的是在信息流传的过程中，每一位传播者都会对信息进行有意无意的筛选与过滤。可以说，在信息传递的过程中，我们每一个人都是"把关人"。

· "把关人"在现代信息传播中随处可见

"把关人理论"最早由美国社会心理学家库尔特·勒温（Kurt Lewin）提出，此后，心理学家们对该理论持续深化，并将之引入信息传播理论（如图 7-1 所示）。

图 7-1　信息传播过程中的"把关人理论"

在图 7-1 中，我们很容易看到，把关人决定着传播者 A 的信息

能有多少传播到 B 那里。

在儿童教育中，我们常可见到"把关人理论"的实证。

一位 6 岁孩子在清明节随家人外出，看到有人在路边烧纸，便问道："他们在干什么？"

妈妈告诉他："他们在烧纸。"

"为什么那么做？"

"这是中国人的一种表达方式，意思是他们很想念去世的亲人。"

"去世就是死了吗？"

"嗯，是的。"

"死了是不是就是消失了？"

"某种意义上来说是的，就像你的太姥姥一样，她离开我们了，我们不能再看到她，她也不会再走路、说话或吃东西了，但是，我们依然爱着她，她也爱着我们。"

这便是一个"把关人理论"的实证：在孩子还没有独立的信息甄别能力的情况下，父母与老师担任起了"把关人"的角色，将"死亡"这一残酷现实的真相，以适合孩子的方式传递给他们，把不恰当或多余的信息甄选出来，暂时屏蔽在外。

其实，所有的人际关系中都存在"把关人理论"实证，如英国有句谚语："流言会产生两次伤害，你的敌人诋毁你，你的朋友告诉你。"——在这一过程中，"朋友"便充当了不恰当的"把关人"。

· 调解员应在当事人信息传递间有效把关

调解纠纷时，调解员在一定程度上便是纠纷双方的信息"把关人"。

纠纷之所以产生的一个重要原因，就是当事人之间存在信息不对称的情况。这种不对称状态促使当事人不断作出新的判断与选择，调解员只有充分发现并利用好信息不对称对当事人的影响，才能促成调解。

在一起雇员拜访客户时意外死亡的纠纷中，死者雇员的父母要求，调解员如果想调解，必须要把两项内容传递给老板：第一，老板必须按在职标准，一次性赔偿给儿子三十年的工资；第二，老板必须赔偿 50 万元精神损失费。同时，还有让老板为之前不当行为在死者灵前道歉等苛刻要求。

很显然，死者家属某些要求（特别是最后一点）是不可以传递给另一方当事人的，此时，调解员就需要发挥"把关人"作用，一方面不向另一方传递此类信息，另一方面则记录下来应该传递给另一方的重要信息。

· 做好传话筒，让双方当事人理解对方的诉求

调解员担任"把关人"往往发生在"背对背"调解或者单方沟通等单边会谈阶段。在倾听双方意见时，调解员要记得什么意见是出自哪一方，什么是可以传达给另一方的，什么是要保密的。有些调解员喜欢在这个阶段做笔记，对于这些笔记，我们需要妥善保管、随身携带，以避免泄密。

在此基础上，调解员应尽力当好"中间人"的角色。

（1）填平结构洞

由于纠纷，双方当事人产生了嫌隙，社会学家将之称为"结构洞"。就如同国家分界线会妨碍双方贸易一样，纠纷中的结构洞就好像双方之间的衔接点，阻隔了信息的流动。而优秀的调解员最出色的地方就在于，他会立足于双方的需求与自身职责，填平结构洞。

在填平结构洞时，调解员应重点围绕双方当事人的信息差异展开：双方是否存在事实误会？要如何帮助他们澄清？他们各自的利益焦点在哪里？应如何帮助他们在认清现实的基础上，理性实现利

益诉求？

（2）引导当事人正视自己的诉求

在担任中间人角色的过程中，调解员不是简单的传声器，我们既要传递信息，更要在传递的过程中适当地去阐述这些信息。他必须帮助当事人研究由另一方提出的新的解决方案，帮助其评估"谈判筹码"。这个过程中，调解员应有自己的想法，但不能强加给当事人。

在单方会谈中，调解员应站在客观的角度审视当事人提出的要求，并请其说明合理理由；对其不合理的诉求，则应委婉反驳："如果这样，你感觉对方会同意吗？""现在你没有司法鉴定意见，却要求休息半年，你的理由是什么呢？"

（3）只传递事实，不传递情绪

当事人在倾诉时，往往会加入许多的情绪，调解员必须从情绪中甄别出事实与诉求。在单边会谈后期，调解员可以询问当事人："你想要的是什么？""你最希望实现哪点诉求？""你想让对方做什么？""你感觉纠纷要如何解决？"以此引导当事人把焦点放在纠纷解决的具体方案上。

在传递诉求过程中，我们需要提前明确，哪些信息是需要自己保密的，以避免将保密信息泄露给对方。同时我们还要明确，当事人诉求中最强烈、最需要实现的是哪些内容——这是我们在传递过程中必须要注意的一点。

当然，因为纠纷的特殊性，在询问与传递信息时，如何将充满了情绪化语言的内容转化成客观的内容，实现"把关人"的职责，我们就需要概括与重组技能了。

4. 组块理论：对信息进行编码与再结合

组块理论指的是，人类的知识是以一块块信息组合在一起的方式，存储在记忆中的。心理学认为，人的接受能力是有限的，但通过把信息组块化也就是再编码，将彼此之间有意义联系的小组块以更好的方式进行结合，便可以提升信息传播与被接受的速度。

· 现实中的信息组块：口译工作

在现实生活中，将外语翻译成中文的过程，便是一种典型的"信息再组块"。

英国诗人西格夫里·萨松（Siegfried Sassoon）的代表作《于我，过去，现在以及未来》中有这样一句："In me the tiger sniffs the rose。"若只是简单地直译，其意为"在我内里，有老虎正在闻玫瑰。"

但经过诗人余光中的重组后，这句话被翻译成了"心有猛虎，细嗅蔷薇"——顿时便让这句诗有了典雅的大气，而且也更符合中国诗句的记忆格式。

信息传递过程中，受众对所传递的信息都有一个识记、接受的过程，对于"说者"来说，讲述的意图就是要对方更快、更多地记住自己所传播的内容，不管其传播的是新闻、政策还是情感。

· 缺乏有效的信息组块，便无法明确调解的走向

调解员所面对的往往是日常生活中随处可见的琐碎纠纷，此类纠纷没有犯罪情节，够不上诉讼的程度，但细节又颇为繁杂，当事人之间也往往存在千丝万缕的联系。面对这种情况，调解员自己能否从各类纠缠细节中找出对调解有积极帮助的信息，并从中总结关键、提炼要点，便成了决定调解走向的关键。

在一起遗产继承权纠纷中，由于老人在去世前一直在女儿家居住，于是在死前强调，女儿李小某和儿子一样，有权力继承自己的遗产。老人的儿子当时答应了，但办完丧事后却反悔，而妹妹一直在强调亲情的重要性，以及自己对父亲的照顾，并让哥哥尊重父亲

的选择。

在调解员介入后，调解员与女儿聊完后总结道："刚听了你的想法，你对哥哥现在的态度很不满，对吗？"李小某点了点头。"你希望我们通过调解，让哥哥尊重父亲的意见，即让你也参与遗产的继承，对吗？"

此时，李小某再次点头："是的，这是父亲留给我的，我为什么不要？"

在明确了李小某的态度以后，调解员便调整了调解方向：从感情调解转向了财产利益调解。

· 运用概括与重组，实现有效的调解

与当事人的会谈中，调解员实现信息编码的途径是概括与重组。

（1）概括信息

即将当事人表达的意见、情绪等进行分析与综合表述，让当事人回顾自己所讲述的重要信息、表达的态度与立场等。它一般发生在当事人倾诉完成，或是调解员与当事人沟通了一段时间以后，其关键有以下四点：

①和当事人谈话时，要留心各种主题、当事人的立场和利益以及情绪反应；

②要把关键性的信息、情感的基本意思加以综合，用概括的语句表述出来；

③不要增添新的东西，只说客观事实；

④概括时可以强调已经发现的双方的共同利益所在。

将概括看作一个谈话段落的总结，可以让当事人感觉到调解正在取得进展，进而愿意朝着积极的方向前进。

（2）重组信息

重组信息则是为了过滤掉负面的信息，用一种当事人可以理解的方式，向他传达出积极的信息，以探求积极的问题解决方案，具体方法有以下四种：

①将负面的主张转变向正面

比如，在借贷纠纷中，A 说："我根本不信他会履约！"

调解员："你的意思是想要一些他可以履约的保证，对吗？"

②软化有关立场的阐述

这是为了让另一方当事人更容易接受，如在买卖合作中，卖方坚持："除非让我们来鉴定，否则，这些问题都是他的空口白话。"

调解员："你的意思是，作为销售者，你希望有机会检查产品并确定问题所在，对吗？"

③澄清当事人关心的问题，并重组负面表达

带有贬义、轻蔑或侮辱性的用语都应被重组。比如，在婚姻纠纷中，一方当事人强调："他一直好吃懒做，不务正业，一个月挣不了几个钱，有了钱就找狐朋狗友去喝酒，每天半夜才回家，回到家一点家务也不做，这样的男人，谁愿意要谁要！"

调解员："你的主张是，他身为丈夫，应该为家庭承担更多的责任，对吗？"

④把情绪化的偏激表达转换成中立表达

比如，在邻里纠纷中，一方当事人表示对另一方当事人的行为感到非常愤慨，调解员便可以这样说："你不高兴，是因为对方没有考虑到你的感受，对吗？"

如果调解员的信息编码过程做得足够有效，双方当事人便会将重点从"情绪宣泄"转向"纠纷解决"。

5. 暗示效应：用过往经验引导当事人

暗示效应指的是，人或环境用非常自然的方式，向个体发出含蓄、隐蔽而抽象的信息，个体在无意间接受了这种信息后，其心理与行为产生变化，并按照暗示者所期望的方式去改变自我行为、思想或意见。研究表明，在无对抗的状态中，暗示效应发生的概率更大。

· 暗示效应随处皆在

人在生活中无时无刻不在受他人的影响与暗示，如在办公室里，如果周围的同事张大嘴打了个哈欠，你就会发现，他周围也会有几个人忍不住打起了哈欠——这些打哈欠的人便是受到了暗示。

暗示效应也可以被有意识地运用。调解过程中，这种暗示其实也普遍存在：我们的调解室以温馨装饰为主，调解员看上去非常值得信赖，这些都是在暗示纠纷当事人——我们的目的是平息纠纷，我们有能力协助他们解决问题。

· 恰当运用暗示可以有效推进调解进展

如今，各行各业都在讲究"品牌效应"。例如，服务行业会选拔"金牌月嫂"，律师事务所会标榜"金牌律师"，商场会推举"金牌商户"等。在很多地方，也推出了"金牌解调员"。特别是一些比较困难的纠纷，在确定调解员时，总会有人介绍道："这是我们所里最出色的调解员，金牌调解员老李，你们的纠纷接下来就由他帮忙调解。"

为什么强调"金牌"与"出色"？正是为了暗示当事人：面前的调解员是值得信任的。

在调解陷入僵局时，很多调解员也往往会通过事实暗示当事人，继续僵持下去对他并无好处，如一位职员与公司因为离职赔偿产生了分歧，在劝导当事人不要将过多时间耗费在该事上时，调解员便这样说道："现在正是找工作的最佳时机，再过一段时间，新一届大学生一毕业，人才市场竞争又厉害了。"

　　有时候，暗示会以"成本评估"与"风险告知"的方式出现。在一起初中生因为打篮球导致的意外伤害中，一方孩子手臂骨折，而另一方孩子则说对方先挑衅、自己在比赛中无过错，所以不赔偿，他的父母也持此意见。此时，调解员便进行了成本评估暗示："如果这样，对方可能会起诉，到时候闹上法庭可能会影响孩子的学业。"同时，调解员还讲了几例坚持不赔偿却被法庭判决败诉的例子："不只是这样，而且因为诉讼会花费大量时间和精力，一家人的正常生活都会被意外打乱。"通过成本评估与风险告知，最终，当事人决定赔偿。

　　从上述内容中我们可以看出，在调解中，暗示的主要作用是通过向当事人摆明利弊，让当事人从道德或经济角度考虑，作出理性抉择，接受和解。

· **三类暗示方法助力调解**

　　具体来说，调解可以使用以下三类暗示方法。

　　（1）直接暗示

　　直接暗示是指在调解过程中，调解员对当事人直接发出语言或行为方面的暗示，施加积极的心理影响，使其改变错误并接受调解意见。

　　比如，调解员通过讲述类似纠纷的调解处理情况以及法院对同类纠纷的判决情况，以此向当事人发出暗示：调解是公平且合理的，如果不接受调解，告到法院也将同样处理。

　　（2）间接暗示

　　间接暗示是指在调解工作中，调解员向当事人发出比较含蓄、不显露动机的资讯刺激，使当事人自己领会调解员的意图，受到某些启发，从而使纠纷得到化解。

　　如某调解员在调解一件夫妻感情纠纷时，了解到夫妻双方感情尚好，主要是岳母对女婿不去看望她有意见而从中作梗，致使妻子住在娘家不归。这种情况下，如果调解员把真相点明，不仅不利于化解纠纷，还会加深女婿与岳母之间的矛盾。于是调解员就采用暗示的方法对男方当事人说："你对岳母关心吗？常去看望她老人家吗？"男方当事人很快领悟到调解员的意思，改变了过去对待岳母的不周之处，夫妻关系便很快和好。

（3）反暗示

反暗示常指通过"正话反说"对当事人施加积极的心理影响，该方法一般不可轻易使用。面对一位爱讲歪理、胡搅蛮缠、拒不接受调解意见的当事人，一位老调解员在百般引导后无奈地说道："这样吧，你水准高，懂的道理比我多，我调解不了，你还是到法院请法官解决吧。"在当事人明显不占理的情况下，第二天他便接受了调解。

值得一提的是，暗示法能否发挥作用，与调解员自身威望高低、当事人对调解员的信任、当事人的心理状态和个性密切相关：威望高的调解员很容易得到当事人的信任，进而接受暗示。此外，如果当事人心理状态老于世故、独立性极强，不易接受他人暗示，便不宜采用暗示的方法。

6. 信息效应：利用不同会谈方式，引导双方交流信息

信息效应特指，受信者会根据自己所获得的信息，来相应地调整自己的行为。"信息效应"反映在现实中，即在发生一件事情后，我们往往会根据自己得到的信息，来决定自己出现什么样的反应。

· 信息传递不通畅，往往会导致当事人陷入纠纷中

很多纠纷之所以发生，就是因为双方得到的信息不同。比如，在宣泄情绪为主要特点的"暴力沟通"下，双方当事人往往会以情

绪宣泄为主，事实交换反而成了次要。

比如，一对夫妻，丈夫这段时间常常很晚回家，身上还总带着一身酒气，妻子对此意见很大。

有一天晚上，丈夫又是醉醺醺地回来，妻子终于忍不住了："你每天那么晚回来，怎么不死在外面啊？"

丈夫说："你以为我愿意这么晚回来吗？你怎么不问问我在外面有多辛苦？"

妻子："你喝酒辛苦，我天天一个人带孩子、照顾家不辛苦？"

二人因此大吵一架，丈夫放话："既然你想让我死在外面，那我明天就不回来了。"

每个人都有自己的想法，但很多人喜欢玩"心有灵犀"的游戏，即自认为了解对方，可以猜中对方的心思。在没有刺激源的情况下，这种自我判断并不会产生纠纷，可一旦发生矛盾，就往往会发生上述情况：不合理地推理对方的心理，并单方面认定这就是对方的真实想法。

很显然，这种沟通方式并没有针对事实沟通，对解开误会、化解纷争也没有任何帮助，反而会火上浇油——纠纷往往由此而产生。

· 利用联席会议，让双方交流意见

在调解中我们发现，大部分的纠纷都是源于双方的信息不对等，信息传递不通畅。由此，便可联想到心理学上的"信息效应"：信息可以消除人们认知中的不确定性，也可以改变人们的认知，而受信者往往会根据所获得的信息来相应地调整自己的行为。

在纠纷发生后，双方往往因为矛盾已经产生而无法好好坐下来沟通，我们的调解制度则利用调解员介入，为双方提供了沟通的机会：联席会议与单边会谈是调解主体程序中的重要部分，也是调解员与双方当事人实现三方意见交换的重要沟通环节。

（1）双方情绪平静时，先开联席会议

值得一提的是，联席会议与单边会谈具体先召开哪一个并没有明确顺序要求，但一般来说，调解员倾向于先展开联席会议，它可以帮助调解员站在旁观者的角度去倾听双方的对话，从而对纠纷的主要事实进行梳理与固定，并进一步明确双方当事人的立场，知道双方当事人如何看待他们之间的争议，以及双方当事人主张以何种形式解决争议等，为有的放矢地做好调解奠定基础。

（2）双方或一方情绪激动时，安排单边会谈

单边会谈具有缓和当事人情绪、引导当事人表达更多信息与深入挖掘当事人背后利益等优势。在单边会谈的演练中，调解员能够通过营造轻松氛围，引导当事人作更多的陈述，特别是在挖掘当事人背后利益时，单边会谈的优势更为突出。

比如，在一起狗咬伤了邻居的意外事故中，通过单边会谈，调解员便明确了受害方主张的利益并非金钱补偿，而是希望邻居可以针对"不牵狗绳"与"咬伤自己"表示歉意。在与另一方当事人的会谈中，调解员则明确了狗主人的利益是想保护自己的狗，并希望建立良好的邻里关系。

· 立足纠纷，引导事实阐述

通过调解，我们很容易得知，一件事情在纠纷双方看来，带来的伤害、影响往往是不同的。因此，在双方参与联席会议时，调解员可以让纠纷双方分别作一段简短的陈述。陈述的内容为纠纷的由来、争议的事实、请求的内容及理由等，在这一过程中，调解员应鼓励当事人说出自己最真实的感受与意见，这可以有效增加双方对事实的认识。

值得一提的是，纠纷当事人可能会在陈述中出现一些言语攻击

等情绪激动的情况。为了缓和调解气氛，调解员可以提出警告，也可以用合适的方法打断其陈述，如端来一杯水。

如果纠纷当事人漫无边际地陈述与案件不相关的情况，调解员应进行适当的提醒，在提醒时，方式不可太过强硬，而是要委婉一些："嗯，现在这个情况我们了解了，那么，你可以就刚才你说的……问题再说一下自己的感受吗？"

调解员也可以针对纠纷细节向双方当事人提问，由此引导双方当事人回到主题上来。在听取当事人陈述后，调解员需要梳理清楚案件事实，明确双方当事人的立场，双方当事人如何看待他们之间的争议，以及双方当事人主张以何种方式解决争议等。

更重要的是，如果恰当衔接两类会议，可以更好地展开调解。当双方当事人情绪激动、态度强硬或者调解陷入僵局时，调解员便可以结束联席会议，分别与当事人展开会谈。

比如，在上面狗咬伤邻居的纠纷中，联席会议中被狗咬伤的受害人态度比较强硬，表示要举报邻居无证养狗，并提出了金钱补偿、明确道歉等多项要求，在双方情绪激动时，这些条件自然不可能达成，因此，调解员及时结束了联席会议，并与受害人展开了单边会谈，并从中得知了受害人最需要的是道歉与对方对"遛狗不牵绳"的改正，而非金钱补偿。而在得知这一信息后，接下来的调解自然会更有针对性。

一般情况下，当事人双方对纠纷事实了解得越多，纠纷便越好调解。当然，涉及对方底线以及一些不应该被透露给另一方、对促成和解无益的事实，调解员则需要保密。

7. 绝对主义：告别"黑与白"，有些情况要模糊处理

心理学将"绝对主义"视为偏执的一种，即在观察事物的属性时，不从其特点、环境等多方面综合考虑，而是以"非黑即白"的

绝对化视角去判断。在绝对主义者的眼中，事情只有两种评价标准：好与坏，黑与白。

· 大多数情况下，绝对主义都是错的

"绝对主义"通常存在两种形式："二元式思维"和"绝对命令"。

二元式思维即指"黑与白""全或无"式思想，即生活中的事物不是这个、就是那个，没有中间物。绝对命令则是个体对自己和他人提出的特别严格的要求："必须做到……否则就是……"

一位父亲要求自己的儿子在高考中必须考出好成绩："你必须上 211、985！"同时还告诉儿子，上不了这两类大学便是对不起自己的养育之恩，就是废物。在巨大压力下，孩子在高考中发挥失常，并选择了离家出走来回避父亲的责备。

很显然，绝对主义是一种不健康的思维方式，临床心理学认为，它会破坏情绪的调节并阻碍人们达成目标，绝对主义到达一定程度，就会发展成偏激心理——在纠纷调解中，绝对主义的存在，也会影响调解的进程。

· 不涉及利益的细节，展开模糊处理

在介入纠纷时，我们很容易发现，有些纠纷（特别是亲属间纠纷、情感纠纷）是很难分出绝对的对与错的，如最典型的婆媳关系，有些矛盾甚至可追溯到结婚时的彩礼问题，若在长达数年甚至数十年的时间里区分出绝对的对错，显然不切实际且不符合调解的主旨。

因此，对于当事人一些非原则性（一般不涉及利益）的问题，调解员常采用模糊调解。换言之，即不要将简单问题复杂化，不要将复杂问题绝对化。

比如，在某起村内鲤鱼养殖户纠纷中，因台风导致李某家的鱼被大风刮到了刘某家。原本就有矛盾的两家人因为死鱼数量以及鱼的归属闹得不可开交。由于担心事情不可收拾，村委会请来了调解员。

在调查中发现，李某在台风过后匆忙处理了很多死鱼，且有企图嫁祸给刘某、让其为自己的全部损失买单的嫌疑。但调解员对此并没有深究，而是采取了模糊处理：让双方各让一步，刘某将鱼塘中多出来的1万条鱼分出9000条给李某，由李某归还纠纷期间的饲养费用。

本纠纷中，双方本就有矛盾，若调解员一心查清失踪鱼的去处，不仅会让李某大丢面子，让刘某更生气，同时还会激化矛盾。这样即使清楚地解决了鱼的问题，也会留下诸多隐患，与调解目的相悖。因此，调解员使用模糊处理是正确的：省去对无关紧要的细节的追究，凭其他主要事实进行判断、调解，较好地维护了双方的利益，且保护了邻里关系。

· 进行模糊处理，要遵循三大原则

模糊是介于黑与白、有序和无序之间的状态，也是生活中的常态：我们常知道事情的大致发展方向与大致处理方法，但我们无法也没有必要使用规则对它们进行精确的划分。在调解中更是如此，本身就是因为矛盾起了冲突，若过分对无关细节绝对化、片面化，只会激化矛盾。

具体来说，我们需要按纠纷的不同类型与问题，采取不同的模糊处理方法。

（1）模糊表述

在调解人际矛盾时，难免会遇到一些难以启齿或者一时难以分辨对错的问题，在这种情况下，我们并不需要绝对化表述，只需要运用模糊表达即可。

特别是在刚开始接触当事人时，调解员更不需要随意批评，只需要使用一些模糊评述表达出对当事人的关心以及自己会公正处理的决心即可，如"原来是这样""嗯，这我明白了""发生这种事情，的确让人生气""放心，我们绝对会秉公处理的"，因为在不了解纠纷详情的情况下，还没有作出明确判断的条件与基础。

另外，这种谨慎与严谨的态度，也可以在缓解当事人情绪的同时，改善当事人之间的紧张关系。

（2）模糊传递信息

对于那些当事人双方意见分歧较大、情绪波动大、对抗较严重的民间纠纷，调解员需要将双方陈述的事实、表达的要求适当"过滤"后再传达给对方，这样就可以避免当事人的分歧和对立升级。

（3）模糊调查事实

调查纠纷具体情况时，特别是了解具体事实时，调解员并不需要把每一个细节，当事人每一个行为、每一句话都调查清楚，只需要对纠纷事实进行调查，掌握基本脉络，足以分清是非责任即可。

（4）模糊批评

当事人若存在错误思想或行为，调解员只需要在恰当时机与场合指出，点到为止即可，不应过分指责，更不能抓住不放。

（5）模糊调解

在调解过程中，调解员并不需要分出绝对的对与错，更不需要严格区分责任，只需要在大是大非基础上，使当事人双方的权利与义务得到保障与明确，协议得以达成即可。

需要注意的是，模糊调解并非和稀泥，必须坚持调解的基本原则，谁是谁非也必须分清楚。

人民调解员在调查此类纠纷的具体情况时，特别是在了解纠纷的具体事实时，不要企图把纠纷发生过程中的每一个事实、每一个细节、当事人的每一个行为及所说的每一句话都调查得清清楚楚，这既没有必要也不可能。所以，要采用一种模糊的方式对纠纷事实进行调查，其调查程度只要基本脉络清晰、基本事实清楚，足以分清是非责任就可以了。

8. 零和思维：引导当事人看到第三种选择

"零和思维"是博弈心理学中的一个概念，属于非合作性博弈，它指的是，参与赛局的各方，在严格的竞争下，一方的收益必然意味着另一方的损失，博弈各方的收益与损失相加，其总和永远为"零"，双方不存在合作的可能性。

· 执着于输赢，只会陷入零和博弈

简单来说，零和博弈即将自己的收益与幸福建立在他人的痛苦之上，二者的大小完全相等，所以，双方都想尽一切方法，以实现"损人利己"。所以，在博弈心理学中，专家们往往强调，零和博弈是利益对抗程度最高的博弈，甚至可以说是你死我活的博弈。

而在社会生活中，零和博弈处处存在。

一群年轻人在一家饭店吃饭，其中有个年轻人要求退掉已经做好的羊肉。因为饭店有规定，菜品做好以后是不可以退的，所以店方拒绝了年轻人的要求。双方因此发生冲突打了起来。

最后，饭店以人多势众的优势打败了那几个年轻人，从表面上来看，博弈的结果是饭店赢了，但事实上，这就是"零和博弈"：经此一战，饭店自然会落下"打客人"的恶名，对生意的影响不言自明——不管是客人还是饭店，都选择了最糟糕的解决方案。

事实证明，在冲突场景中，参与者往往都是在不知不觉间做出了最不理智的选择，而这些选择都是因为人们为一己之私而得出的结果，自然会陷入零和博弈的困境之中。

· 调解应以促进合作为前提

我们很容易听到深陷纠纷中的当事人使用这样极端的说法："不管付出多大代价，都要让他受到惩罚！""既然事情都这样了，那谁也别想好过！"这便是零和思维的典型代表。在这种思维方式的指引下，当事人会变得更具竞争性与攻击性，进而不愿意与人沟通、合作。但事实上，合作往往比竞争更有效率，更能让双方获益。

因为在大多数情况下，谈判空间都不是固定的。谈判空间是当事人双方所给定的纠纷解决可能性的范围。通过双方的沟通与合作，谈判空间是可以被扩展进而实现双赢的。比如，下面的案例。

比如，在某起租赁纠纷中，马某先支付给了房东刘某 10 万元，准备加盟某著名西餐店，但后因该品牌突然破产导致加盟计划失败。马某期望可停止租约，但刘某不同意，且要求马某支付以原本 5 年租赁期计算的违约金。

调解员深入了解后发现，马某其实已为开店购买好了设备，且花光了自己的积蓄。而对刘某来说，由于店面位置不佳，马某租赁以前，他的店面已经空置了半年多。所以，马某继续租下去，对刘某好处更多。

在这种思路下，调解员开始引导双方思考继续合作的可能性与困难之处，并讨论了新的解决办法：马某一直想开店经营餐饮业，如今加盟品牌的计划失败，自己的积蓄又为开店花光了，还不如直接开一家自己独立的西餐店。而在调解员的引导下，刘某则主动表示，如果马某继续开店，自己可负担商场的管理费用，并帮助马某宣传。

通过这种调解方式，双方的利益得以最大化保全，真正实现了双赢。

· 想促进合作，要先改变对方的零和思维

想让纠纷双方合作，调解员首先要引导他们摆脱"零和思维"的限制，由竞争转向合作，思考双方的共同目标与实现双赢的可能性。

（1）一对一时，引导当事人摒弃偏执的想法

当调解员发现当事人可能存在思维限制时，首先可以在一对一沟通中直接指出当事人认知模式上的偏差。比如："你是想要获得满意的赔偿，开始自己的新生活，还是想要继续纠缠下去，让他不好过，自己也因此天天生气呢？""天天耗着他究竟对你有什么好处呢？你感觉自己是不是也在被这件事情消耗着？"……通过这些询问，当事人可能会认识到自我思维方式上存在的问题，从而主动改变其行为倾向。

（2）在引导当事人时，要注意先建立信任关系

不过，使用这一方法时，调解员需要谨慎：直接指出当事人想法、做法上的偏差时，要考虑到一些条件，并注意方法。比如，最好是在调解员与当事人建立起了一定信任关系之后再进行，否则容易直接激起当事人对调解员的反抗情绪；最好使用循序渐进的方式进行引导，而不要期望一步到位。也只有循循善诱地引导当事人自己反思，而不是像无情地批判一样让当事人难以接受，当事人才有可能改变。

最需要注意的是，所有的引导都要在"一对一"的私密环境中展开，否则很可能会让当事人感觉难堪，甚至怀疑调解员对自己不公，进而加强其抗拒心理，甚至产生"玉石俱焚"的想法。

9. 不值得定律：让当事人意识到身陷纠纷不值得

直观地表达"不值得定律"，我们可以这样说：不值得做的事

情，就不值得做好。这一定律反映出一种心理：若一个人感觉某件事是不值得的，那么，他便很难在这件事情上全力以赴。这样一来，事情不仅成功率小，而且即便成功，当事人也未必会有多大的成就感。

· 事情本身没有价值，是人们赋予了它价值

同一件事，如花钱去健身房，可能有人会觉得没有价值，不值得去做："公园不能跑步吗？为什么还要花钱去健身房锻炼？"但是，对于那些渴望能够获得专业运动指导的人、想要在更好环境中运动的人们来说，它是值得的。

有这样一个小故事：一位教育局领导来到学校视察，校长发现在教师会议中这位领导总是看着一位老师，于是在会议结束后，校长小心翼翼地问这位领导："那位老师是不是有哪里惹您不高兴了？"领导说："他的课教得不怎么样吧？"校长好像很吃惊："您是怎么知道的？"领导说："我只是从他脸上看到了'不值得'的表情。"

不值得做的事情，就不值得做好。这就是不值得定律。那么，到底什么事值得做呢？那就是：符合我们的价值观，适合我们的个性与气质，并能让我们看到期望的事情。而在纠纷中苦苦煎熬，甚至将纠纷转为诉讼乃至于缠诉，这显然是不符合大部分人的期望的。

· 处理好应激问题，引导当事人意识到"不值得"

身处纠纷中时，当事人产生的应激会导致其愤怒、思维狭隘，如果纠纷持续存在将会导致当事人的抵抗，试图通过与紧张状态或冲突对象的抗争，来恢复原有的正常状态。因此，调解人员面对当事人纠纷中的应激问题需要妥善处理。

比如，某地调解人员便遇到这样一个例子。一位青年手持一封信跑入调解所请求帮助，调解员打开后发现，这是其姐的绝笔信。原来，女方小王谈了个男友叫小李，两个人感情融洽，可小王的父亲是个贪图钱财的人，在小李上门提亲时索要 20 万元彩礼。面对小李表示"商量一下"的态度，他不仅将小李骂出门，随后还劝女儿与小李断绝关系，理由是小李家底薄，嫁过去要受罪。在遭到小王拒绝后，其父扬言："再发现你们在一起，我就打死你！"后来，二人继续进行交往，其父发现后，跑到小李家大闹一场。女儿小王知道此事后，便写下了遗书。

调解员对小王进行耐心开导、细心劝慰，使她从绝望中看到希望："父母不同意，就想办法，再怎么样也不能想去走极端，你死了，你男朋友怎么办？你母亲、你弟弟怎么办？你感觉值不值？"而面对老王，他一方面有理有据地指出："恋爱婚姻自由，她的婚事由她做主，你不能过多干涉。"另一方面又提出了"不值得"理论："你也看出来了，两个孩子铁了心在一块儿了，孩子都要自杀了，你这个做父亲的真愿意让她死？你自己掂量掂量为了这个事儿，值不值？"

这个例子中，调解人员依据《民法典》，明确提出婚姻自由，同时又提出了"不值得"的观点，用劝解开导的话语解决纠纷，很好地处理了当事人面临的压力和应激问题。

· 有效引导，让当事人接受调解

调解过程中，调解员能否有效运用技巧，让当事人意识到不当行为的危害，是让"不值得定律"发挥作用的关键。

（1）运用相关法律，告知行为错误性

调解的最终目的不仅是要实现表面的定分，更要实现事实层面上的止争，而最好的办法就是让法律效果与社会效果实现完美统一。否则虽然当时纠纷停止了，但纷争不平，可能为将来新的纠纷的产生埋下祸端，使社会陷入好诉缠讼的恶性循环。而实现案结事了的最佳方法，就是调解。

因此，调解员应依据相关法律条款，通过先肯定再否定或是直接否定的方法，指出错误方当事人在行为上违法（或是法律所不容）的举动，让其意识到自我行为的错误性。比如，在前述例子中，调解员便直言："你关心女儿的婚后生活，期望她找个好人家是可以理解的，不过，她是个成年人了，恋爱婚姻自由……"只要调解员方法得当，大多数人都可迷途知返。

（2）采用充分说理的方法，调整当事人的需求

调整当事人不合法需求的过程，就是把法律规范同化、内化到其头脑中。从社会心理学角度，就是要将法律规范经过社会学习而转化为稳定的心理因素的过程，同化是内化的前提，且是主动对社会环境的一种自愿调适。

因此，调解人员在向当事人传授法律规范时不能采用强行压服、训斥、说教，而应通过摆事实、讲道理，采用充分说理的方式进行。帮助当事人认识到自己的需求必须规范在法律允许的范围内，超越这个范围的需求就将导致对社会、他人的侵犯行为，会破坏社会正常秩序和人们的共同生活准则，必然会导致社会的否定和制裁，从而提高当事人的法律意识、法律观念和社会道德意识，自觉调整自己不合法的需求。

（3）从时间与精力等方面，让当事人意识到不值得

在调解纠纷的过程中，我们往往会听到很多当事人强硬地宣布"不和解"，甚至非要"说出个公道"来，此时，如果情况允许的话，我们就要通过有效的引导，让当事人意识到在纠纷中过度付出的"不值得"。

解决纠纷的方式有很多，每种方式的对应成本是不同的，与调

解相比，选择诉讼、仲裁的方式是成本较大的。具体来说，解决纠纷的成本包括时间成本和经济成本，如果当事人不接受调解，决意诉讼的话，调解员便可将诉讼的两种成本告知：就时间成本而言，根据普通诉讼案经验，一起案件审判平均要花费 6~10 个月的时间；就经济成本而言，双方因此会产生误工损失以及诉讼费、律师费等成本，同时还需冒着败诉的风险——当然，所有的告知都要以温和劝解的方式展开。

值得一提的是，很多当事人之所以坚持不和解，往往是因为未从调解中感受到公正与公平。在这种情况下，调解员有必要重新梳理纠纷，看是否有重新引导的可能性。若当事人坚持诉讼，我们也需要提供相应的建议，使当事人意识到，调解是尊重其个人选择与意愿的。否则，一味只讲"不值得"，只会让当事人升起逆反心理。

10. 阿斯伯内多效应：眼光放远，适时调整沟通内容

在欣赏油画时，如果靠得太近往往难以看清画面，而适当站远一些，反而能够更好地领略作画者的构图与色彩层次，油画逼真的效果才会凸显出来。这种离画面较远、图像反而更清晰的现象，被称为"阿斯伯内多效应"。

· 当局者迷，身在其中往往被卷入事件

"阿斯伯内多效应"在生活中很常见。当我们作为病人家属去医院时，往往会非常焦急，感觉医生为什么动作那么慢还不开始治疗？病人的脚都露在外面了，护士怎么还不给他盖好？可是，对医生这种看过无数病例的专业人士来看，不着急是因为病人的病不严重，再等一会儿完全没有问题。很显然，家属是因为"关心则乱"。

比如，一位女孩爱上了一个男人，但对方一来家世不好，二来人不努力，再加上平时还有"沾花惹草"的举动，周围的人都反

对。但女孩却认定了自己的爱人是个好男人："你们之所以有这么多负面评价，就是因为嫉妒他对我好！"而她口中的"好"不过是男人因为不上班，需要靠她养活，天天在家里做饭罢了。

中国古话有言："当局者迷，旁观者清。"事实便是如此：当我们身处一件事情且卷入颇深时，往往会因为心情过于紧张或是认知过于狭窄，而看不到问题的全部与本质。

· 纠纷中，要引导当事人"眼光放远"

调解制度的一个最大特点就在于，它既立足于过去，又着眼于未来。所谓着眼于未来，是指调解在解决纠纷时要考虑当事人将来的利益，不能仅满足于对过去产生的问题的解决。比如，当事人因为情感问题产生经济纠纷，就不能简单赔偿了事。因为如果心结没有打开，解决了旧的矛盾，新的矛盾又会出现。

因此，在调解过程中，调解员一定要注意引导双方当事人"眼光放远"。在下面的案例中，调解员就注意到并引导双方当事人考虑将来的关系。

这是一起两个已毕业的大学室友之间转让二手摩托车的纠纷，A 因为决定去北京发展，所以将摩托车转让给了同学 B。但是 A 发现，由于某些事情未处理完，自己还要在接下来的两个月内不时使用摩托车，因此决定单方面毁约，这让 B 愤怒不已。

从上述事实中，我们很容易发现，A 与 B 的矛盾主要是"两个月内的摩托车使用权"。鉴于买卖双方既是室友又是同班同学，之前常常在一起学习和生活，调解员先是温和批评双方：两人是四年的大学同学，未来社会上需要朋友帮忙的地方很多，因为一点小事毁了四年的关系，太不值得。

同时，调解员建议，双方可以将"买或不买"的问题转移到搭车、借车的问题上去——比如，在这两个月内，处于考研阶段的 B

用车较少，使用权主要归 A，最终 A 离开时，车子归 B。

通过将眼光放长远、扩大选择的空间，当事人得以成功解决纠纷。

· **转换思维，引导当事人考虑多重利益**

想引导当事人将眼光放长远，关键要转换思维方式，学会换位思考，不让自己的思维固定化，以新的视角重新审视谈判，放开眼界，利用长远利益及未来利益弥补现在难以获得的利益。

从道理上就能说服对方的情形，应该只存在于理论中。将未来利益纳入谈判范围的前提是双方都关心未来利益，若有谈判一方对未来利益毫不关心，那么沟通就将难以为继。作为调解的总体策略，特别是当调解陷入僵局时，调解员就要积极思考现有的利益是什么，将来的利益又是什么。

我们必须要在未来与当下中，寻找双方利益的交集，并以此为基础，让对方感受到，他能从合作中有所获益（有时不一定是实质利益，也可以是虚拟的感受，如获得认同、敬佩等）。

在上面的案例中，当事人因为情绪主导，导致只能看到眼下"摩托车归属"这一现有利益，而无法看到与大学室友维系长期友谊可为自己带来的长远利益。当调解员引导他们意识到了"维系朋友关系"这一未来实质利益时，纠纷自然便有了突破口。

在一些家庭、亲戚、邻里纠纷中，也可以看到这种阿斯伯内多效应的例证。只有引导大家看到矛盾的暂时性，理解长远利益的好处，才有可能使当事人摆脱短视思维。

第八章

技巧性说服：化干戈为玉帛，必须有情又有理

调解员作为说服方，最终目的是让利益冲突、情绪对立的当事人愿意坐在一起，心平气和地调解、协商，并达成双方均愿意接受的共识。这一说服过程，其实就是结合说理、释法、劝告、说服以及批评教育的过程，也是在当事人之间展开利益协调、心理平衡的过程。可以说，一次成功的调解，其实是调解员说服力的全方位展示。

1. 变化盲视：看见，才能被改变

变化盲视又被称为"无意盲视"，指的是人们通常对容易被注意到的、大的变化反而无法察觉到的现象。变化盲视与人类注意力的选择性密切相关：当我们全神贯注地注意某一点时，就算周围发生了再不合理的事情，我们依然会浑然不觉。也正因为人类注意力的局限性，当事件缺乏强有力的线索时，影响事件走向的重大变化可能会被忽视。

·为什么发生了，你却看不到？

日常生活中，变化盲视随处可见。

某剧情紧凑的古装剧，被观众挑出了不少穿帮到荒谬的细节，如男主角因为惹了大祸，要被"当街问斩"了，但是刑场后面却快速驶过了一辆现代小轿车。但令人诧异的是，若没有事后专人指出，专注于看戏的你，根本没有察觉到剧中竟然还有这样的场景——这便是观影过程中的盲视。

变化盲视也可能会造成严重的后果：边开车边接电话，大脑的注意力便会引至谈话内容中。此时，若前方发生了非预期的事情，可能我们并不会马上注意到，因此，交通事故很容易就会发生。

之所以会发生变化盲视，其根本原因是因为我们的注意力有限：任何复杂的场景都有大量细节，我们很难也无法高效地注意到所有细节——情绪高涨的纠纷场景中，更是如此。

· 视觉化技术，让纠纷中的视角差异呈现

在之前的章节，我们曾指出，"换位思考"是让双方当事人意识到自我视角偏差的办法，但值得注意的是，强行地提出"换位思考"极有可能会适得其反——当事人很可能会认为，一味让自己考虑对方的立场，是因为调解员心存偏颇。

如何破局？使用视觉化技术，让对方意识到自己的"变化盲视"是不错的方法。

在一起离婚纠纷中，双方当事人都已抱定对方"不值得在一起生活"的观念，必须离婚，并提出了各类证据佐证自己的观点。女方称，男方不关心自己，固执己见、自以为是，总是唱反调，与自己价值观差异太大。有趣的是，这也恰恰是男方对女方的评价。

会谈中，双方对孩子的教育问题存在巨大分歧，同时也是夫妻闹离婚的关键导火索。男方坚持自然放养，女方则坚持严格管教。从表面来看，双方离婚意愿强烈，但事实上，他们争吵的动机是积极的：都是为了让家庭与孩子向着好的方向发展，之所以有分歧，其关键在于双方视角不同，且无法包容对方的缺点。

为此，调解员花费了大量时间，并最终决定让双方意识到彼此视角的不同：他给男女双方分别发了纸与笔，要求他们配合描述一下桌面上摆的茶杯。描述完成以后，调解员请对方交换描述内容——两人发现，对方的描述中，有很多自己未观察到的东西。

借由道具呈现出来的问题，调解员与当事人从成长背景、知识结构与男女视角等多方面的不同，分析了家庭与婚姻的本质："承认差异"是处理人际关系特别是夫妻相处之道的关键，而包容对方的不同或缺点，才是通往幸福的最佳选择——最终，二人和解，并决定自我反思。

通过视觉化呈现双方的不同，让彼此看到自己的盲区，一起纠纷得以和解。

· 利用变化盲视，改变当事人认知

多数经手过大量纠纷调解的调解员都会有这样的看法：你道理讲得再多再对，有时候当事人就是不能理解、无法接受，固执己见，最终调解失败。如何改变认知？最好的办法就是让当事人意识到自己存在变化盲视。

（1）呈现冲击性、视觉化内容

大家都知道，视觉冲击对人的认知有极大的影响力，如在交通安全方面，我们强调再多的安全知识，也不如给当事人看一张血淋淋的交通事故现场照片来得有效。

所以，调解员最好设法把当事人的诉求、有关事实理由、道理、思路、案件的发展方向等，尽可能地"视觉化"，把抽象的思维变为可见的、具体的甚至可量化的图表或思维导图，这样就非常有利于帮助当事人对案件形成正确理解并改变原来不当的认知。

（2）让当事人看到他"未看到的事实"

在上面的离婚纠纷中，男方称女方"总是唱反调"，并给出了孩子教育方面的事例证明。但调解员通过女方了解情况后发现，男方对孩子的学习强项弱项、具体安排根本一无所知。"每天早出晚归"，自然无法给出更好的建议，只是怀抱着让孩子快乐的想法，不想让孩子报班。

调解员便给出了女方的时间表：孩子下午四点半放学，保姆接回家后，女方五点半回到家，辅导孩子写作业，七点送孩子上英文口语班，八点回家上网络课程，九点亲子阅读……女方没有一点自我时间，而男方八点回到家时，看到的便是孩子在不停地学习。

通过摆出女方与孩子的时间表，男方意识到，自己对孩子的学习成绩与孩子的学习节奏或许并没有那么了解，在接下来的调解中自然声音小了不少。

让当事人意识到自己的想法、主张并非完全公正公平，甚至是对另一方当事人有明确伤害的，当事人便更有可能看清自己的思维模式，实现自我觉察的调解目标。

2. 说服的中心路径：用事实引导当事人

想依据说服产生影响力，我们可以参考两条路径：中心路径和外周路径。中心路径是指，当我们积极主动，并以全面系统的方式思考问题时，就可能会接受中心路径的说服，即关注论据。当论据有力且令人信服时，便很有可能说服他人。若论据苍白无力，说服便极有可能失败。

· 真理，只对在乎的人有效

如果一个问题关乎着个人利益，那么，人们便会对它使用全面而系统的思维。

在有关身体健康方面的广告中，如关爱牙齿健康、皮肤健康的广告，我们经常可以看到身穿正装、表现沉稳，并且非常专业的医学人士，用严肃、科学的口吻告诉我们存在什么问题、应该怎样预防和治疗等。

比如，在某款以防治色斑为目的的美白产品的广告中，声称自己是"皮肤管理专家"的人明确告诉消费者，皮肤上的色斑是因何而产生的，而该产品中的某物质恰好可以针对问题根源展开预防与治疗。

作为消费者，非常容易被类似的"科学性"的广告所说服，并不自觉地将问题套用在自己身上，一经核实，便会购买该产品。

上述案例便是利用了人们对"科学"的认同，即说服的中心路径。不过，这种理性说服要想成功，就需要说服者拥有强有力的证据，并以符合逻辑的分析去赢得对方的认同。

· **掌握充分的事实依据，赢得当事人信任与配合**

一起纠纷之所以发生，往往会有从小矛盾萌芽、发生、发展直至激化成大问题的全部事实经过，包括过程中双方当事人展现出来的过激言语和行为，隐含其中的双方当事人的企图、动机和目的等，这些事实情况都是影响纠纷走向的要素。只有充分掌握事实情况，才能让当事人信任与配合。

单身母亲林某怀疑女儿娇娇早恋，偷看了孩子的手机，就此与女儿闹僵。在女儿拒绝沟通十几天后，林某找到了调解员。

调解员与母女二人各自深入沟通后发现，女儿只是因为最近成绩下降，心中苦闷又无处宣泄，才与网友聊了起来，但两人只是普通网友，并无网恋倾向。"成绩下降"是娇娇聊天的原因，而非结果。

本案例中，调解员合理掌握事实情况，面对林某查看女儿手机这一侵犯孩子隐私权的行为，并未果断指出是对还是错，而是一步一步地询问娇娇事情发生和发展的整个过程。在逐步获得对方信任后，娇娇如实陈述了事情的来龙去脉和自己的真实想法。

了解事情的真实情况以后，调解员又找到林某，先是对其侵犯孩子隐私的行为进行否定，然后鼓励娇娇主动向母亲说出自己的想法，为母女创造了交流沟通的机会，当母亲得知孩子的想法以后，知道自己错怪了孩子，于是主动道歉，而娇娇作为一个懂事的女儿，也明白母亲的良苦用心，愿意原谅母亲，最后，纠纷得以解决。

调解员就是对事情的经过进行了细致的调查，并掌握了事实依据，同时，给予了当事人充分的信任，这样，作为纠纷关键人物的娇娇才愿意配合调解员的工作，调解才顺利完成。

· 立足于事实，夯实说服的中心路径

使用事实说服对调解有着至关重要的作用，可以说，整个调解能否成功，其关键在于调解是否能掌握充分的事实依据：对于蛮不讲理、死不认账、心存侥幸的当事人，调解员出示真实全面的事实证据，可以起到威慑当事人，促使其低头认错的作用。而对于心存疑虑、有所顾忌的当事人，一个充分掌握纠纷细节的调解员更能赢得他们的信任和配合。

如何用事实说话？

（1）对当事人有重要意义的客观事实

针对当事人的疑问、分歧或者意见，最有力的证据无非是用事实来说话，而事实就是发生过的、不带情感色彩的内容。但这些事实发挥作用的前提在于，它们对当事人有重要意义。如果对当事人毫无意义，那么，自然起不到促进和解的作用。

比如，"你每延迟付款一个月，就会增加5%的滞纳金"这样的表述，就比"你没有及时付款，这会加重你的损失"这样的表述更客观；"你每天晚上都会网络聊天，这会让你白天更没有精力学习"，就比"你好像最近很迷恋聊天"这样的表述更客观。

（2）利用科学依据增强可信度

比如，在描述当事人的伤势时，使用"医院判定轻伤"这一简单说法，便没有"依据法律规定，'轻伤'的标准是……，当事人的伤势符合该要求"来得可信。

（3）不可有明显错误

用事实引导当事人的关键在于，如果调解员强调自己所说的"都是事实"，那么，对方很有可能会执着于论据的正确性。如果你说服的过程中出现了小错误或者争议性的内容，便极有可能降低你的说服力度。

所以，在"搬出事实"以前，调解员需要再三确认，自己说的是纠纷中发生的（或造成的）、双方无法否认的事实。

3. 框架效应：利用参照点，找好"怎么说"

对于"框架效应"，我们可以这样理解：我们说过的话，就如同一个无形的框架一样，扔进了听众的脑海里，这个无形的框架会影响或者限制他们的思维，导致他们的想法就像被框架框住了一样，进而影响他们的判断与决策。

・日常生活中，话语即框架

很多人都听过那个笑话：有个吝啬鬼不小心掉入了河中，他的邻居趴在岸边大喊道："把手给我，我拉你上来！"但吝啬鬼却坚持不伸手。邻居开始很纳闷，后来突然幡然醒悟，冲着快沉下去的吝啬鬼大喊道："我把手给你，快抓住我！"吝啬鬼立即抓住了他的手。

对于这种因为表述不同而导致的结果，心理学上将之称为"框架效应"。

在日常生活中，"框架效应"其实很常见，因为话语即框架。我们很容易发现这样一种现象：同一个问题（事物）可以用两种不同的话来表达：一段话中有积极表述，就是积极框架；一段话中有消极因素，就是消极框架。

一般情况下，人们更喜欢使用积极框架描述的事物。比如，我们眼前有两盘牛肉，一盘标签上写着 75% 瘦肉；另一盘标签上则写着 25% 肥肉。绝大多数人都会选择前者（因为出于健康意识，人们更偏爱"瘦肉"），但事实上，两盘牛肉的组成是完全一样的。

在人际沟通中，"框架效应"告诉我们：关键不在于说什么，而在于如何去说。

· 利用参照点，框架不同，调解也将走向不同结果

中国有句俗话："比上不足，比下有余。"说的就是同一现状，但因为参照点不同，就会获得两种不同的价值评价。美国心理学家丹尼尔·卡尼曼则认为，由于不同的参照物（点）而获得的消极或者积极的判断框架，会影响人们的决策行为，这些影响对纠纷中的当事人会产生重要的影响。

框架效应在调解中产生作用的一个关键点在于"参照点"，即当事人在评估得失时有可能使用到的参照点。比如，在损伤导致的赔偿类纠纷中，当事人很可能以自己的财富水平、自己所知的案例赔偿标准或是个人的期望作为参照点。

在一起路人碰撞导致手机摔坏的纠纷中，被摔坏高档手机的当事人要求对方按原价的 2/3 赔偿，而对方自己用的只是千元手机，自然不愿意。在一起赡养纠纷中，父亲在离婚十年后，要求一直跟随母亲生活的高收入儿子每月给自己 2000 元赡养费用，因为他从亲戚那里得知，儿子每月都会给母亲 3000 元生活费。

调解员后续立足于其在儿子未成年时便离开且长达八九年未支付抚养费这一事实，让其正视自己并不受儿子爱戴的事实。同时，依据《民法典》相关法律条款，引导儿子正视自己对父亲的赡养义务，并最终达成了儿子每月支付父亲 400 元赡养费用的调解结果。

· 两方法排除框架效应不利影响

其实，调解员常会遇到此类情况：当事人以他们"必须"得到的利益为依据进行协商，并在心里建立起了一个较高的参考点——"儿子给了母亲 3000 元"便是一个较高的参考点。这种情况下，3000 元已经是这位父亲的"思维框架"，任何偏离参照点的让步，都将被视为损失。

很显然，这种心理会使当事人以消极的框架去衡量所有需要让步的提案，从而降低和解的可能性。因此，为了达成和解目标，调解员应始终对双方当事人的框架保持清醒认识，并提醒当事人考虑采取其他框架的可能性，说服双方以积极的框架去看待调解。

（1）利用损失厌恶，引导当事人看到纠纷的成本

未得到即失去，按照这一损失厌恶心理，调解员可以将困于纠纷所带来的成本告知当事人。比如，在上面的赡养纠纷中，调解员便通过正反两方面告知当事人：他可以接受和解，慢慢与儿子建立情感联系，也可以继续强硬地要求高额赡养费，但那样只会伤害到儿子，对父子情感不利。

（2）通过参照对比，说服当事人将合理价值作为参照点

一旦当事人把对调解的不合理期望当成参照点，那么在当事人看来，即使合理的调解结果也不符合他们的期望，很显然，这一参照点是不合理的。调解员应通过往日处理过的纠纷结果、现实情况，引导当事人正视本次纠纷的结果。在刚才的赡养案中，调解员便指出了母亲所肩负的责任：过往，离婚的母亲为了儿子十几年独身。如今，母

亲又在负责照顾儿子的小家庭，整个人生都在为儿子付出。相比之下，父亲的未尽责与过分要求，在当下显得尤为不合理。

当我们说服当事人以合理的结果作为参照点，而非"预期价值"作为参照点时，他就会变得倾向于接受调解了。

4. 超级目标：唯有利益可让双方跨越分歧

超级目标是冲突双方面对同一个外部危机时，凝聚起来的力量，它可以使双方团结起来，共同合作。心理学家们通过实验发现，促使双方摒弃不同意见、从冲突走向合作的动因，正因为双方存在一个能够惠及双方的超级目标。

· 现实纠纷中，超级目标即利益

超级目标对现实纠纷的解决一样有重要意义：想化解冲突，最好的办法就是寻找出超级目标，推动纠纷向着和解的方向前进，而超级目标在哪里？如何寻找？这就需要调解员在理解双方各自的诉求与立场基础上，与双方分别进行沟通，努力去发现各方当事人心里究竟想要的是什么，双方分歧的真实原因与解决的方向，并寻找双方利益一致的所有线索。

比如，在某起单亲家庭纠纷中，因为父母早逝，小李一直由叔叔老李抚养。小李参加工作后，交友比较杂，对此老李很有意见，不仅多次劝导，有时甚至还会破口大骂。已成年的小李自然不服，要求分家。在调解中，老李认为自己是为小李好，但侄子非但不感恩，还认为叔叔是想霸占他的财产，非常生气。

此时，调解员便开始了背靠背式调解，先劝慰老李，以"你有功""你是叔叔"等语言消了他的怒气；在小李方面，调解员则了解到，小李并不是真的想分家，只是叔叔过度干涉自己的生活，让其感到毫无自由。于是在调解员的帮助下，老李和小李制作了《老李家的利益协调表》（表8-1）。

表8-1 老李家的利益协调表

对象	不同利益	相同利益
老李	侄子交友太杂，担心他日后走上歪路	不想亲情破裂
	认为侄子没良心，竟然说自己贪图财产	
小李	叔叔管太宽，想分家	
	言语太过分，自己已长大，不给面子	

在此表基础上，调解员立足于亲情，引导双方都做出了改变承诺：小李向叔叔老李道歉，叔叔老李则在日后劝导时注意方法。

值得一提的是，上述表格我们在调解其他类型的纠纷时也可以使用，利用它我们可以较为清晰地看到双方的利益着重点，更能找到超级目标——相同利益的存在。

· 明确利益与立场不同，透过立场找到利益

现实调解中，很多人会将"立场"误当成"利益"，但实际上，两者是不同的，如表8-2所示。

表8-2 搞清楚"立场"与"利益"的不同

	立场	利益
概念	人们认识和处理问题时所处的地位和所抱持的态度	对人或物有良性影响的事物
内涵	依据不同站位而产生的不同态度、想法，多半是对纠纷处理结果的最佳期待	当事人的需要是多方面的，因此有各种各样的利益，主要指物质利益、经济利益
实质	各方的要求，对立且唯一，无法同时满足	各方的实际需要，可同时满足

基于表 8-2，我们可得知：

（1）大部分利益隐藏于立场之后

在某次调解中，广场舞大妈与小区居民起了冲突。双方都称，自己拥有这片空地的使用权。此时，"绝不放弃空地的使用权"便是立场，但事实上，广场舞大妈需要的只是"能正常使用空地跳舞"的权利，而小区居民需要的则是"安静的环境"。

（2）调解是立足于利益展开的

一般来说，纠纷双方或多或少都会存在一定的利益或是有待协调的利益。找出这些一致的利益，是调解成功的基础，而明确有待协调的利益，则是调解工作需要解决的问题。

（3）利益存在多种满足方式

利益可以通过物质满足，也可以通过其他方式实现，而这种实现方式往往是寻找到超级目标的关键。比如，在上面的空地争夺纠纷中，矛盾点在于"广场舞带来了噪声"，调解员便提供了两个可参考方案：广场舞大妈避免在晚间跳舞，或是戴上耳机跳舞。

当然，想寻找到让纠纷双方和平共处的"超级目标"，调解员需要协调双方，挖掘出基于双方利益的纠纷解决方案。

5. 近因效应：用道歉推动调解进展

近因效应，即人们对一系列事物的末尾部分项目的记忆效果优于中间部分项目的现象，即最近的事情会直接决定我们的印象与感受。我们常常因为一句话便伤了朋友间的和气，这便是"近因效应"最简单的例子。这与人的健忘有关：我们鲜少回顾过往温馨的交际过往，但如果最近一次的见面是以吵架结束的，那再见面时双方便依然会不自在。

· *最近发生的事情会影响我们对以往的判断*

一个插入的事件对个体造成了干扰，从而影响了最终的结果。

如果把这一效应放到沟通情境中，很可能最近所发生的一切能影响到我们以往的所有经验。

近因效应在商界表现明显，如某些国民品牌凭借其往日良好的形象经营，在人们心中相当有分量。然而，一旦有任何负面信息，如牛奶中的三聚氰胺事件、猪肉中的瘦肉精事件等，则人们立刻会心惊胆战，怀疑自己经常喝的牛奶会不会也存在问题，努力回想自己最近一次是否购买过该品牌的产品等。这些事件的发生顷刻间改变了人们对该品牌的信任，甚至变成彻底否定。

近因效应在情侣之间也常常出现，如一对情侣本来相处得很好，但是男方由于家中出了一些事（新刺激）开始心情不快，对待女朋友有时也会比较暴躁（最后印象），如果这时男方再卷入一场诈欺案，女方就会认为他过去一直都在欺骗自己（受最后印象的影响）。

很显然，近因效应让我们关注最近、最新的信息，在一定程度上反映了我们能敏锐地感知到眼前、当下的信息。

· 用道歉"植入"新印象

道歉在调解中发挥着重要作用，许多有经验的调解员指出：虽然道歉不能保证调解一定成功，但是在很多纠纷中，道歉是调解成功的重要因素。实践证明很多纠纷不是或者不仅是债权债务等金钱纠纷，很多时候纠纷中夹杂着心理因素，也就是我们常说的"要出一口气"。

比如，在一起衣物损坏造成的纠纷中，洗衣店洗坏了客人的名牌衣服，客人坚决要求对方按原价赔偿，而洗衣店认为，客人的衣服已购买了两年，因此坚持只赔200元。可在调解员调解时发现，这位客人家境良好，本没有必要在一件衣服上浪费这么多的精力。

很多纠纷中的受害人要求金钱赔偿，其中很重要的原因是受害人希望获得"心灵上的慰藉"。从表面上看，受害人是想获得金钱赔偿。实质上，受害人可能是想通过金钱赔偿的方式让加害人认识到错误——在这起衣物纠纷中便是如此。

调解员随后从法律责任、商家义务、诚信等角度逐一分析，店家意识自己的错误后，真诚地向受害人表达了歉意。随后，令人意外的事情发生了：道歉发生的第二天，衣物主人愿意重新商议赔偿金额。

道歉这一动作让调解从僵持进入下一阶段，便是近因效应在发挥作用：我们对一个人产生的印象，在很大程度上，是跟他最近做的事情有关，而受害人之前的对抗，一方面是因为利益受损未得到安抚，另一方面也是因为过往不愉快的纠纷经历一直在发挥作用。"道歉"这个动作，其实就是在安抚受害人的同时，"植入"新的印象。

· **正确使用道歉这一近因**

当我们引导当事人使用道歉"植入"新印象时，应注意这一点：毫无诚意的道歉只会进一步激化矛盾。

真诚的道歉分为三个过程：承认错误、表示歉意和请求原谅。道歉内容也分为两种：一种是表示同情心；另一种是表示同理心。同情心是指对受害人所受的伤害表示同情；同理心是指对受害人所受的伤害表示感同身受。

而具体做起来，我们可以按照上例示范来展开。

（1）承认错误，表示歉意

从道歉的过程来看，首先店主承认店员洗衣出错，然后为此事向受害人表示歉意。

（2）展示同理心

店主："您的衣服被我们店员洗坏，真的很抱歉，再想想这几天发生的事，如果我这样一件贵重的衣服被人洗坏，我可能会更生气。"这一话语便是在展示同理心。

（3）拿出实际措施，请求原谅

"希望您能原谅我们这次错误，您因为这件事造成的损失，我们也愿意赔偿。"

可以看到，店主虽然没有明确说出自己可以原价赔偿，但至少用"愿意赔偿"的承诺实际展示出了真诚的歉意——最后这一步是非常重要的：在对方实际利益受损的情况下，没有实际行动，空口表达歉意虽然也有一定概率会获得谅解，却很容易让受害人事后反悔。

近因效应的原理是，利用最近发生的事给人留下的印象更鲜明，也更能影响一个人的判断和选择。很显然，恰当利用道歉，可以有效达成这一目的。

6. 奥弗斯特里辩证法：想得到肯定的结果，就引导对方不断地说"是"

奥弗斯特里辩证法是由美国心理学家哈利·奥弗斯特（Harry Overstreet）教授发现的，它指的是这样一种现象：一旦说出了"不"字，个人自尊心便会迫使你坚持己见。即使你意识到这个"不"说得太草率，捍卫个人尊严的决心也不会给你食言的机会。话一出口，你便会下意识地捍卫它。因此，为取得共识而展开的交谈，最重要的就是先抛出对方认可的观点。

·从一开始，便努力让对方说"是"

在生活中，奥弗斯特里的辩证法常有使用，如与人意见不同时，请先强调你们观点相似的地方，不要急于挑明分歧。如果可能的话，应让对方了解你们的共同之处——就好比要去 A 地一样，你们的目的地都是 A 地，只是，你坐火车，他坐飞机，差异在于方法，而不在于目的。

小刘是一位人力资源部员工。一天，公司新招来的一位年轻人走入办公室，说来填写资料。小刘听了，马上递给他几份表格让他填写，但年轻人却以不愿意泄露个人信息为由，拒绝填写某些资料。

小刘说："我可以理解您不愿意泄露相关信息的想法，您的警惕性是值得提倡的，可是，假定你遇到了意外，你是否愿意公司联系你指定的亲人？"

年轻人："是的，当然愿意。"

小刘："那么，你是不是应该把这位亲人的名字告诉我们，以便我们到时候可以依照你的意思处理，而不致出错或拖延？"

年轻人："是的。"

此时，对方的态度已经缓和了下来，他明白这些材料并非公司为了掌握他的个人信息而留，而是为了他个人的利益。就这样，他认真地填写了所有资料。

在对方无法认同你观点以前，一味地争辩是没有用的，学会让对方开口说"是"，之后不停地说下去，直到他对你的观点或意见也点头称"是"。

这也是所有为取得共识的沟通成功的关键：如果你能够将事情做得像是对方自己做的决定，而不是他在你的劝说下勉强做的选择，那么，不必你再去说服，他自己便会点头称是、与你合作了。

· 调解中，要用事实与法理引导对方多说"是"

在参与调解时，我们一定要弄清这样一个事实：除了事实与法理以外，没有任何东西可以让人一直说是。很多人喜欢在观点上争执不休，但观点基本上是个人内化的感受、情绪等，其本身是无法争辩的。

比如，在一起职场纠纷中，A说B打了他——我们可以就"到底打没打"这个事实进行明确，但被打者"痛不痛""有多痛"这样的主观感受是无法争辩的。当我们使用事实与当事人沟通时，对方说"是"的可能性自然大大增加。

赵某与松某因鱼饲料买卖欠款发生纠纷，松某购买鱼饲料收货后给赵某出具了一张欠条，但之后将近两年的时间，赵某都未收到货款。赵某起诉后，松某辩称对方的饲料有质量问题，给其造成了巨额经济损失，至今还存有两袋对方提供且尚未使用的鱼饲料，所以不能付给赵某货款，而且反过来还要求赵某赔偿其经济损失。

针对此纠纷，调解员在面对面调解中询问松某："你们签订的合同里，是不是规定了最迟一个月内付款？"

松某回答说："是。"

调解员："当时，赵某没收到货款，还问过你，是不是产品有问题，你说不是，还说货款紧张，所以下个月再给，对不对？"

松某（犹豫）："是……"

调解员："赵某随后又联系了你两次，你都说没问题，然后，你再去他那拉饲料的时候，想再赊账，他不愿意，你们才闹崩了，是不是？"

松某："是……"

询问进行至此阶段，松某已无法否认自己"欠钱不还"的事实，在接下来的调解中，其气势软了很多。

· 明确让对方多说"是"的前提

让当事人对他不认可的事实说"是"，其实就是让他承认自己的过错，这一点并不容易。我们拿典型的民商纠纷来说，极少有当事人能够自己主动承认"过错"，相反，他们大都是"合理"违约，有许多牵强的理由。

这就需要调解员必须先吃透案情，熟读并精通矛盾可能涉及的法律规定，同时还要查阅有关权威性的判例，另外，还要关注并领会相关的民风民俗情况，充分做好调解前的准备工作。只有这样才能从容应对并驾驭当事人的思路，使之不偏离最终达成调解的轨道。

比如，在刚才的饲料纠纷中，调解员便仔细审查了双方合同中关于付款方式和质量问题解决办法等内容的约定条款，然后结合《民法典》《产品质量法》等法律规定明确指出了松某存在的过错之处，最后松某自愿承担了付款责任，并表示心服口服。

此外，要想运用事实与法理让当事人多说"是"，我们需要在调解开始以前，确保三方在沟通同一件事情，且对同一件事的定义一致。不然调解可能在跟加害人讨论关于受害人被打之后的赔偿结果时，而双方当事人却还在"打得严重不严重"这件事上纠缠。如果这样的话，看似大家都在讲道理，但其实完全是鸡同鸭讲，无法进展出任何结果。

因此，为了避免这种无效的对话，调解员需要在一开始就尽力把对方拉到同一个频道上，如明确告诉对方："我们今天要谈的是，上次打人事件的后续问题。"也只有前提明确时，调解员才能在纠纷走偏的时候及时引导双方回归正题。

7. 过度自信：降低期望值，加大你在对方心中的分量

过度自信是认知心理学中的一个概念，它指的是人总是过度自信的现象：我们总是系统性地低估某一类对自己不利的信息，并高估对自己有利的信息，尤其是对自身所占据优势的准确性、恰当性过度自信，即对自己所拥有的信息赋予超过现实的权重。

· 过度自信是一种非理性误区

我们很容易观察到现实生活中的"过度自信"：

大多数人对计划好的行动结果都会过于乐观，如年初制订了丰富的一年计划，并坚信自己可以完成。

大部分正在读大三的本科生都会高估获取工作机会的可能性，并高估自己开始的薪酬水平。

大多数新婚夫妇都认为，他们的婚姻会持续一生，两人会永远甜蜜如初，哪怕他们对离婚统计数字一清二楚。

过度乐观会造成分析上的偏误，这种偏误往往表现在低估了任务难度、预算与可获得的资源上，从而导致重大的行为失误。而导致过度乐观的原因有两个：一是自己对所参与的事件缺乏系统知识与经验；二是存在证实偏见，即为自己的观点找理由，或者只关注那些支持自我观点的证据。

· 过度自信往往会导致无法和解

我们鼓励自信，但在纠纷场景中，一旦过度自信，纠纷便极有可能扩大。

过度自信可能体现在人们对未来事件的预测上，如认为自己一定可以赢得官司等。

曾有一位当事人申请调解一起借款纠纷，对方的确借了他的钱，但双方对具体还款利率产生了争执。由于涉及金额较大，调解所也请了第三方律师来帮助双方确定责任。律师在前期发现，借出方证据不够，要求其提供新证据，并将新证据的形式、要证明的内容都予以说明。

可借出方却不屑一顾地说："这些证据足够了，我不相信这还不明确！"但在调解中对方给出了更有利的证据，导致他在调解中占据了下风。发现自己的要求被驳回时，他暴跳如雷，把各方骂了个遍，唯独不反省自己的过度自信。

另一种过度自信则体现在金额上：某起交通肇事案中，当事人骑电动车逆行闯红灯，被一辆轿车撞伤后要求司机赔偿 10 万元。因其是主要责任方，再加上伤情只是擦伤，这种要求自然不合理。

这便是过度自信的最大坏处：它令当事人期望值过高，增加了调解的成本，甚至会产生更多的问题，导致越扯越乱。

· 分析案情，引导当事人回归理性

在调解中，若双方当事人都将注意力集中在自己的优势（如有力的证据、情理上的分量），而低估或者忽视了自己的弱项与不当之处的话，那么，过分自信对调解的阻碍就会大大增加。

（1）解释心理偏见

如果调解员在听到当事人的过度自信后，可以及时向当事人反馈他的想法不太现实或过度自信，使其意识到自己判断上的错误，那么，当事人便极有可能放弃过度自信。

比如，在上例交通事故中，交警同志便提出当事人"过度自信"的想法，同时指出了逆行的错误，并举出了法律条款，让其意识到并不存在"谁伤谁有理"的情况。

不过，这种解释的效果可能很有限，毕竟，"意识到问题"与"解决问题"是两回事。

（2）提供建议

更好的选择，是调解员单独与当事人讨论、引导他分析自己在该纠纷中的不当之处，即不占理的地方。

当事人对纠纷全貌的认识是一个循序渐进的过程。调解员可以要求当事人提出他们的主要主张、展示他们的证据。对当事人的主张、证据，调解员要及时反馈，并可对当事人的主张前景进行客观、准确的评估：

①他们在调解中占据怎样的位置？特别是从法理上来说，优势在哪？劣势在哪？

②调解不成，哪怕是诉讼，他们又有几成胜诉可能（有些当事人可能会认为调解不合理，要求诉讼）？

③调解员预测的走向是什么？

如果前期调解员赢得了当事人的信任，而调解员给出的预测比当事人更悲观，那当事人的自信心便有可能降低。

（3）召开联席会议

当一方过度自信时，调解员可以召开一个联席会议，要求双方当事人说明他们的观点，并提交相关证据。每一方都将对自己有利的证据呈现出来时，便可以转移对方当事人的注意力，减轻其对有利证据的过度关注，从而促使其对纠纷风险进行重新客观评估。

在此过程中，调解员也可以提供一些有效的参照物，如类似的调解案例、法院裁决等，引导当事人进行对比。同类纠纷或案件的合理对比，会促使当事人调整心态、正确定位。

8. 毛毛虫效应：创新方法，找到调解新契机

一群毛毛虫在出行时往往呈"列队行走"状，它们习惯固守原有本能、习惯、先例与经验，而无法破除尾随习惯转向去觅食。后来，心理学家们便把这种喜欢跟着前面的路线行走的习惯称之为"跟随者"的习惯，把因为跟随而导致的失败现象称为"毛毛虫效应"。

• "毛毛虫效应"多表现为随大流

其实，在自然界很多比毛毛虫更高级的生物身上，这一效应也在发挥着作用，其中较为典型的就是鲦鱼。

因为个体弱小，鲦鱼常聚集成群体生存，并以强健者为自然首领。当科学家将一只强大的鲦鱼脑后控制行为的部分割除后，此鱼便失去了自制力，行动也表现得杂乱无章，甚至冲向了有天敌的危险地带，但其他鲦鱼却依然盲目跟随它。

在人类社会中，我们也有此类表现：人们在社会群体的无形压力下，不知不觉或不由自主地与多数人保持一致，通俗来说，即"随大流"，而毛毛虫与鲦鱼便是受此类心理因素影响，到死也习惯了跟随队形前进。

对于调解员来说，"毛毛虫效应"所带来的影响可分为两方面：在调解中，我们不应因循守旧，而是要学会创新；再者，调解过程中，也要利用"毛毛虫效应"，通过风俗引导进行调解。

· 调解中的"毛毛虫效应"：重视法律，也要运用民俗

法律是具有国家强制力的行为规范，而民俗习惯的正面作用也是不容小觑的，如有关悔婚和离婚能否要求彩礼返还的问题就很典型。

对于彩礼的性质，法学界有一定争议，但"结婚或多或少需要彩礼"大家都很清楚。按照民间风俗，或是图好彩头，或是为了支持新人们开启新人生阶段，男方都会在结婚前给付或多或少的彩礼。但是如果彩礼送出后，有一方想悔婚，处理方法也往往有所不同。

比如，下面的两起纠纷：女方都是收了两万元彩礼，但一起纠纷是因为女方提出解除婚约，另一起则是因为男方提出解除婚约。前者在调解员的解调下，女方退还了全部的彩礼，后者则一分未退。

为何同样是悔婚，男方悔约退回的金额更低？这也是受当地民俗影响：在当地，一旦纳过彩礼，人们就当二人已成婚。在这种情

况下，女方明显有"名誉受损"的情况，因此，后者彩礼一分未退。

当然，这种情况并非绝对：调解员一定要在参考法律法规的同时，酌情考虑当事人家庭的具体情况、双方悔婚的具体情况，否则便有可能引发当事人不满。

· 依据民俗，让创新与传承相结合

依据上述内容，我们可以得知，在调解过程中，毛毛虫效应体现为民俗时，既需要创新，也需要传承。

（1）并非所有民风民俗都可用于调解

能够运用到调解中的民风民俗仅指善良风俗，即好的、对社会和谐与社会发展有促进作用的风俗。调解中运用的善良习俗应该包括两个基本特征：一是反复适用性，即该风俗习惯在人们的社会生活中自发地规范人们的行为，调整一定的社会关系，被反复运用；二是合法性，即该风俗习惯的内容不违反法律和国家的政策，不损害社会公共利益，不侵犯他人合法权益。

（2）参考善良风俗的前提是"不违法"

在调解中，并非所有情况下都可以运用善良风俗。面对当事人之间的纠纷，法律政策有明文规定时，必须先参考法律与政策——这是善良风俗在调解中使用的基本前提，否则，就会与法治的精神相违背。

（3）明确风俗地域属性

所谓"百里不同风、十里不同俗"，民风民俗的最基本特征就在于其强烈的地方属性。所以在调解时，调解员应事先了解当地是否有适用于当下纠纷的风俗习惯。当然，在当事人属于不同辖区时，也可征询非该辖区内当事人的意见——若双方皆同意使用某个善良风俗作为处理案例的依据，那么也可适用。

我们之所以将善良风俗引入调解，最看重的是运用其处理纠纷所取得的良好社会效果，即在保证纠纷在处理合法的前提下更加合情合理。而调解又是案结事了的最佳方式，所以二者殊途同归，我们应当将其结合起来。

9. 稀缺心态：做大蛋糕，鼓励当事人考虑多种内容

东西少了就珍贵了，这便是"稀缺心态"，稀缺心态又被称为"稀缺俘获大脑"，而且，这一过程往往是在无意识间发生的：当我们的大脑与思维被稀缺俘获时，我们便会专注于解决稀缺状况，这样往往会导致两个现象：专注红利与管窥负担。

· 越少越想得到与珍惜

在超市里，你听到自己常用的洗发水正在促销："还有 10 套特价产品，每套便宜了 80 元，卖完想有这个价，再等一年！"于是，头脑一热便掏了钱。

同事向你要几个文件夹，你原本计划给他 5 个，结果，打开抽屉发现自己只剩下 12 个了——你想，离发办公用品的时间还有半个月，自己的用完了还要掏钱买，于是，只肯给他两个。

"稀缺心态"极其常见，鲁迅在《藤野先生》中写道："大概是物以稀为贵罢。北京的白菜运往浙江，便用红头绳系住菜根，倒挂在水果店头，尊为'胶菜'；福建野生着的芦荟，一到北京就请到温室，且美其名曰'龙舌兰'。"原产地常见的东西经过长途跋涉以后来到异地，便成了珍贵的东西。

当我们感觉到某种东西处于稀缺状态时，思维就会集中在眼前的迫切需求上，这种思维上的集中让我们更想"得到"与"珍惜"。不过，这种稀缺心态有时也会产生副作用：它会让我们的视野变得狭隘，变得只专注于眼前利益，却忽视了其他有价值的因素。

·做大蛋糕，让当事人实现双赢

纠纷中，稀缺心态也常常会激化双方当事人之间的矛盾：因为表面明显的冲突已经爆发，在情绪支配下，双方当事人都视对方为"竞争对手"，都希望自己获得更多利益，在总体利益有限的情况下，利益矛盾必然凸显，因为对方获利增加必然会造成己方利益的减少。

在这种情况下，调解员就要意识到这样一个现实：90%的纠纷都是多种利益重合的，如邻里经济纠纷中，除了利益以外，也包括面子、关系纠纷，而这些纠纷便是我们"做大蛋糕"的基础。在下面的案例中，便凸显了"做大蛋糕"所发挥的作用。

赵某与张某比邻而居，赵某不小心挖倒了张某家的院墙，结果自己被砸伤，就院墙垮塌和人身伤害的问题，双方发生了争执。

从表面上来看，双方的利益就是张某主张赵某赔偿其挖垮的院墙，而赵某希望张某赔偿医药费。但是调解员通过多次了解后发现，双方当事人其实矛盾重重：

①张某家新修的房子衬得赵某家房子寒酸，让赵某感觉"很没面子"。

②赵某亲人都在省城居住，他一人较为孤单，因为张某家孙子小胖和自己的孙子年龄相仿，他特别喜欢小胖，但张某认为，赵某有一次拿过期零食给孩子吃，便不再让赵某接触小胖。

③在事发后，赵某儿子打电话回来，声称要收拾张某一家，张某极其生气。

④张某坚持不赔医疗费，也源于"面子"：赔偿就意味着自己"理亏"。

可见，双方的利益不仅包括重建院墙的费用和赵某的医药费，还包括张某的面子、小胖的健康，以及赵某希望拥有和睦的邻里关系、避免自己家显得寒酸的面子问题、期望能够关爱小胖以排解孤单。

在调解员的耐心引导下，双方最终确定了解决方案：张某不赔偿医疗费，但可用家中剩余的材料帮助赵某粉刷墙壁；赵某招待张某吃饭，赵某儿子给张某道歉，而张某则带着小孙子赴宴，以增进双方情感。

通过这样的方式，双方可获得的利益大大增加，真正实现了做大蛋糕，让双方心满意足。

· 引导当事人摒弃稀缺心态，更好地做大蛋糕

在运用"做大蛋糕"解决稀缺心态以前，我们需要明确以下几点。

（1）做大蛋糕更适用于熟人纠纷

并非所有纠纷都可以按照做大蛋糕的思维方式展开。该方法更适用于邻里、劳动、家事纠纷等熟人纠纷中，此类纠纷最大的特点在于，双方当事人存在经济利益以外的关系。因为，这些纠纷不仅包括经济利益，更有面子、情感需求等存在。

不过，在纯粹的经济纠纷（如借款纠纷、一次性纠纷）中，因为双方当事人之间的争执关键点只是钱，且没有其他交集，便很难适用"做大蛋糕"法。

（2）"做大蛋糕"就是在寻找谈判空间

"做大蛋糕"其实是传统谈判的一种：谈判空间是当事人双方所给定的纠纷解决可能性的范围，谈判空间越大，双方可以讨价还价的余地越大，纠纷越容易得到解决；相反，谈判空间越小，双方讨价还价的余地就越小，便越容易陷入僵局。因此，调解员要做的，是帮助双方当事人找到更多的谈判空间：

①在经济利益无法让步时，是否存在关系或情感上的维系

空间？

②如果一方有不让步的底线，是否可以给出替代性方案，如情感上的补偿？

比如，在上述邻里纠纷中，张某不在乎对赵某给予经济上的帮助，但他拒绝支付赵某的医疗费，并认为"给了就是理亏"。而打破这个僵局的办法，就是调解员说服赵某放弃医疗费的主张，以"粉刷墙壁"的方式，帮助赵某得到另一种补偿。

这也是"做大蛋糕"的关键：在不触碰双方底线的前提下，调解员通过多方会谈，找出更多的可分配的利益空间，使双方都能通过调解来获益，从而解决矛盾。

10. 说服的外周路径：请来当事人信任的第三方

在之前我们提及了说服的中心路径，中心路径强调事实与证据相比，外周路径指的是在接受他人说服的过程中，接受者并未使用自己的智力去评价、处理信息，而是更多地为信息的细枝末节所影响。这些枝节可能包括：信息来源的可信度、信息的风格与形式等。

· 外周路径更倾向于情感认同

在外周路径下，说服手段并不取决于该消息是否周密与严谨，而是依据信息的可信度、共识与当事人对它的喜爱程度来作出判断。

在这里，我们要提到说服的"中心路径"与"外周路径"的差别。当人们可以积极主动并且全面系统地思考时，他们往往更关注具体的论据；而外周路径却恰恰相反：当一个人缺乏动机、能力去分辨信息是好是坏时，他们往往会更容易关注线索，关注自己的感觉。

最典型的外周路径，就是朋友圈里的这种信息："速看，秒删""吃了这几种，活到九十九""好命的女人都这样"或"男人都是这样变有钱的"……此类文章采用的正是这种说服模式。

· 引入权威第三方，承担"外周路径角色"

在纠纷处于胶着状态时引入权威第三者，往往会起到意想不到的效果。比如，在常见的医患纠纷中，患者方往往对医院自身给出的医疗意见不信服，并因此坚持自己的意见。但如果有独立的"第三方"出现，患者接受的概率便会增大。

基于此类情况，国内很多地方都已经推出了中立的"第三方"医患纠纷调解机构，济南市的医疗纠纷调解委员会便是其中代表：该委员会聘用具有较强专业知识和较高调解技能、热心调解事业的离退休医学专家及法律工作者为兼职人民调解员，组建了由 130 余名法学、医学、药学等领域专家组成的法律和医学专家库。作为医患纠纷调解工作的"智囊团"，该机构对很多重大的疑难医患纠纷进行了"把脉问诊"，为纠纷的调查、评估和调解提供了专业技术咨询服务。

除了中立、专业的机构以外，对当事人有影响力的第三方，也可以起到积极的调解作用。

· 动员当事人感情亲密的身边人

俗话说，一个好汉三个帮，调解案件也不例外。调解员应善假于人，借助多方面力量。

（1）当事人信任的亲属、朋友

有些意见，调解员说了当事人可能不信，但因为与当事人有着情感上的联系，当事人更信得过他身边的亲人与朋友，也愿意听他们的话。值得一提的是，我们对长辈情感与平辈或朋友间的情感是不一样的。如果当事人平日里就非常尊重长辈意见，或有很敬重的长辈，调解员可以借助对方的力量；如果当事人对朋友间情感更加重视，那么，我们便可以将其密友纳入可利用力量中来。

（2）当地有声望的村社干部

十里一方，五里一俗，特别是在乡村，村社干部往往与当事人（或当事人身边人）在生活中有频繁的接触。因为了解与熟悉，他们可能更能接受村社干部的话。而且，调解员或许也能从社村干部那里获取重要信息。

（3）当事人的工作单位、所在组织等社会力量

社会力量特别是工作单位对成年人有着极其重要的意义。某当事人欠钱不还的情况下，另一方当事人直言，若他再赖下去，自己就要到他单位"好好闹一场"——对方三天内便还清了欠款。

在调解过程中，我们可利用上述三类力量实现外周说服。不过，不管选择哪一种力量，最好选择当事人情感上认同的那类：只有情感上认同，当事人才有可能听取对方的意见，纠纷才有可能化解，否则便极有可能发生这种情况：当事人表面顺从了自己的上司，但几天后又彻底反悔。

第九章

规避败笔：保持警觉，别忽视危险的迹象

在调解过程中，如果调解不成就需要终止调解，但这些失败的调解有两种发展走向，一是当事人向法院合理合法地提起诉讼，二是当事人通过暴力行为解决不满。很显然，后者会成为巨大的社会安全隐患。如何规避这类失败案例，或者说，在调解终止以前，让双方意识到极端处理方法的不可行性？这就需要调解员在调解过程中及早发现矛盾有可能激化的各类迹象，并提前采取应对措施。

1. 冲突螺旋：别在面峙阶段让矛盾激化

冲突螺旋是指，矛盾与纠纷并非呈直线性发展，而是分为若干个阶段，并呈现为波浪式或螺旋式的上升形式。由于行为与回报之间呈现为因果关系，所以，所有能发展起来的冲突，都是逐渐激化的，在这一过程中，双方的情绪与思维都呈现为螺旋式上升。

· 冲突中也有螺旋模式

在下面的夫妻沟通中，便呈现出了螺旋模式。

丈夫今天起得比平常早，妻子因此多问了一句："今天怎么起

这么早呢？"没想到，丈夫马上回了一句："难道你不知道我今天要跟客户开会吗？"

这样一句呛人的话，让妻子立即萌生"战意"："不知道！你回到家不是刷手机就是玩游戏，说的话不到十句，我怎么知道？"

老公："你什么意思？大早起来找不痛快吗？"

妻子："是你在找不痛快！"

两人随即扯出更多琐事，好好的一个早上就这样被毁掉了。

在这起夫妻冲突中可以看到明显的螺旋反应：丈夫的一句不当回应，唤醒了妻子的"战意"，完成了一个循环，并且开始了下一轮的重复——这是一种双向反应模式，因为双方都在对另一方先前的行为做出回应。而在这种恶性循环中，冲突在不断升级：由早上的普通对话，升级为辩论，进而发展成对峙、争吵（如图 9-1 所示）。

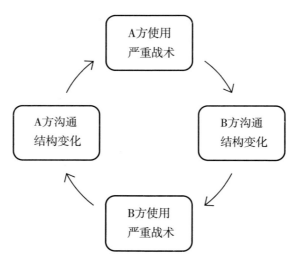

图 9-1　冲突螺旋导致 A 与 B 的沟通行为变化

·警惕面对面沟通阶段的冲突螺旋

调解过程中，我们难免听到双方当事人对纠纷过程表述不一致的现象。这些不一致有时是因为双方角色与立场不同而导致的，有时则是双方对关键细节的认知不一而导致的。不管是哪一种不一致，在面对面阶段，都有可能引发冲突螺旋式上升。此时，如何在双方即将进一步激化冲突时有效引导，便成了调解员在该阶段的重点工作。

在一起因儿童小明在幼儿园受伤导致的纠纷中，双方当事人坐在一起针对细节与赔偿计划展开了讨论。

幼儿园赵老师陈述了事情经过，强调孩子是自己路过风琴时摔倒的。

小明父亲：孩子回去以后就说是你赵老师推倒才摔着了，孩子不会说假话，不管是你推的还是他自己摔的，反正孩子是在学校受的伤，你们得负全部责任！

赵老师：我以我的人格担保，我教学四年了，从来没有打骂过孩子，你可以去调查一下。

小明父亲：我调查什么？孩子摔倒了，你也不带他去医院检查一下，就这样放着不管？现在孩子的腿肿成这样，路都走不了，你还用什么担保？

此时，调解员立即介入："请小明父亲保持情绪冷静，我们坐在一起是为了商量怎么解决的，请你不要使用过激言语，否则对解决问题没有任何帮助。"

正准备反击的赵老师听到调解员的话，情绪稍微平静了下来。

如果双方只是相互辩驳观点、没有人身攻击，调解员的工作便应以倾听、辨识事实为主。但是，当听到双方话语有过激之处时，调解员要立即出言制止，这是防止沟通恶化的关键，否则，"事实对峙"便会演变成情绪主导，进而导致冲突螺旋式上升。

· 强调调解是沟通，而非观点的竞赛

在面对有激化倾向的面对面沟通时，调解员应以尊重为前提，做好下述工作。

（1）强调"沟通"，而非"竞赛"

当事人之间，当事人与调解员之间，都应在面对面过程中明确这一前提：哪怕有了纠纷，调解中的对话也绝不是为竞赛而展开的。如果当事人常在对方话语中寻找漏洞，或是为一些细节争执不休，便很容易导致冲突螺旋式上升。因此，调解员一定要多强调：平等表达、平静表达。

（2）确定好说话的时机

双方当事人进入情绪激动状态时，往往无心听他人说话。此时，调解员若想引导，就一定要创造说话的最佳时机。

我们可以采用吸引当事人注意的说话方法。比如："我有个建议，可以帮你们省下不少钱。"这种说法直接关系到当事人的利益，往往能让他们迅速冷静下来。

调解员也可以在当事人针对某个细节争执，或者抓住某个细节不放时，引导双方陈述、关注事实，因为事实是确定的，但双方的情绪却是变化的。比如，当事人表述："他是在建房子的时候，不小心摔伤的，是他自己不小心，又不是我导致的！"此时，调解员便可以依据法律对峙："作为雇主，对安全生产负主要责任，从法律角度上来说，你需要为员工工作时受伤担负一定责任。"

当然，由于纠纷各不相同，调解员引导冲突走向的方法也应多样化，但最终目的就是以事实为根据、以法律为准绳开展引导。若能让当事人聚焦于纠纷本身，将情绪淡化，冲突的对错、责任的划分便会明朗化。

2. 贴标签效应：警惕，错误的标签会让矛盾激化

贴标签效应指的是，当一个人被贴上一种形象标签后，他就会有意无意间做出自我印象管理，使自己的行为与所贴标签内容相一致。这种行为是在不自觉间展开的，其反映的是个人对大众期望的回应：你定义了我，我便按照那个方向发展。

· 贴标签会让个人对自我展开认知管理

著名心理学家罗伯特·克劳特（Robert Kraut）教授曾做过这样一个试验：他找来一群人，请他们进行慈善捐款。对没有捐款的人，一部分人被告知："你不热心于慈善。"即被贴上了"不慈善"的标签，另一部分人则没有被告知。

然后，这些没有捐款的人又再一次被组织起来进行一次捐款，这一次大家都捐了，但有意思的是，那些被打上"不慈善"标签的人，捐的钱要比未被打上这一标签的人少很多。

事后询问这些人时，他们回答说："反正我就是不慈善的人，为什么我还要捐那么多？"

从社会心理学角度分析，我们以最省力的方式定义他人，即给对方贴上一个标签。但大部分人未意识到的是，在对某人进行"分类处理时"，对方也会因大众的定义而展开自我管理。

· 调解中，错误的标签很可能影响当事人

很多调解员都容易犯这样的错误，调解纠纷过程中，将出现了某一特征的人归纳为一类，如将那些久调无解的当事人找一个共同特征，归为一类，并贴上一个标签。比如，将那些在拆迁行动中迟迟不肯搬迁的人定义为"钉子户"，给那些调解起来格外困难的当事人贴上"认死理""困难户"的标签。

这种归类行为的确在一定程度上表明了当事人的部分显著特

点，但负面的标签一旦被贴上，其实调解员就已戴了一副有色眼镜：
"他是钉子户、困难户，调解起来一定费力。""待会儿他一定会有让
人不满的举动，我一定要警惕！"抱着这种心态去调解，自然难以做
到公正与公平。

当然，除了调解员给当事人贴标签以外，当事人之间甚至是旁
观者也可能会有贴标签这一动作。比如，在某起家庭赡养纠纷中，
双方当事人在小区门口吵了起来。一堆大爷大妈指责年轻的当事
人："你怎么这么不孝顺？你妈再怎么说也是个老人，你这样，真
是寒了老人的心！"

被指责的当事人百口莫辩："你们知道什么，就说我不孝顺？
她什么样你们知道吗？你们这是要逼死我？"

"谁要逼死你了？你这不讲理的，你看你婆婆都哭了，你还在
这和我们吵，我们看不下去你这样对待老人！"

若不是民警及时赶到，情绪激动的年轻媳妇很可能会有过激
动作。

这起纠纷之所以会如此发展，明显是因为错误的标签起了作
用："不孝顺""不讲理"这类标签式用语带有极强刺激性，而这
类充满了正义感的标签在纠纷中往往会"好心办坏事"，因为家庭
纠纷中的当事人往往很难以单纯的对与错来判断责任。

由此看来，调解中的标签效应的确会对当事人甚至是围观群众
产生重要影响。

· 明确标签的作用，多做正面定义

成功调解纠纷的关键在于，调解员要基于公正与公平原则，去
了解这一次的纠纷是怎么发生的、它的起因、过程是怎样的。虽然
不必诸事详细，但调解必须"就事论事"地针对当下情况展开调
解。因此，不管是调解员自己有贴标签的意识，还是当事人或群众

贴上了标签，我们都需要警惕。

（1）不要给当事人贴上负面标签

"这个当事人不好相处""认死理""脑子不清醒"……调解员在面对纠纷时，最好不要使用这类负面标签来定义当事人。因为当事人之所以在调解中表现出不配合的状态，多半是因为调解还未触及他们在意的利益。这类标签除让调解员偏离事实、偏向情绪以外，其实对调解本身毫无益处。

（2）告诫当事人不要有贴负面标签的行为

当事人甚至是群众给当事人贴负面标签的行为，多半是为了影响调解进程，使调解员偏向自己。面对这类行为，我们应有效制止。比如，在上面的婆媳矛盾中，调解员便明确向婆婆表达了对这类行为的不赞赏："年轻人和老人之间有矛盾，这很正常，因为口角了几句，便上升到孝顺不孝顺，有点过激了。咱们是过日子，不是升大堂审案子，孩子哪怕有不对，也不该让外人看笑话，您说对不对？"

在必要时，调解员可以将贴标签效应所产生的"回应期望"行为告知当事人，使其明白，负面标签只会让当事人越来越符合标签。

（3）提升贴标签的水平

贴标签行为是不可避免的，因为它是大脑为省力而展开的思维动作。既然贴标签无法避免，我们便从"有助于调解"的角度来给当事人贴标签。最有效的办法是，找到那些与当事人人格、品性等内在积极特征相符合的标签，来激励当事人。

当事人性格大大咧咧，便贴上"豁达"标签；当事人学历高，便贴上"学富五车""知书达理"的标签；当事人年龄高，便贴上"年龄大了见多识广"的标签……

这也是正确运用贴标签效应的关键：人们一旦被贴上某种标签，就会成为标签所标定的人。远离负面标签，找出符合纠纷情境、有助于促进和解的标签，标签便会产生积极作用。

3. 自我防御机制：越劝越抗拒？当事人多半已产生态度防卫

自我防御机制是由著名心理学家西格蒙德·弗洛伊德（Sigmund Freud）提出的，它是指个人在受到贬抑时，心理启动了自卫机制。这是一种全然潜意识的自我保护，是个人为了避免精神上的痛苦、紧张焦虑、尴尬与罪恶感等心理，有意无意使用的一种心理策略，而态度防卫便是其中的典型。

· 态度防卫的目的是自我保护

沙漠中的鸵鸟，野兽在身后追赶，眼看无处可逃，于是把头埋入沙堆里当作没这回事——这便是自我防御中的一种态度防卫方式：以否认的态度，来避免正视自己将被吃掉的现实。

这种现象在日常生活中也处处可见：孩子打破东西闯了祸以后，往往会用手把眼睛蒙上；中国成语里有"眼不见为净"的说法，这些都是态度防卫的表现。

另一种态度防卫机制则是以愤怒与逃避为主要表现的：老师因为孩子在学校与人打架，通知了父母，父母批评孩子，孩子却愤怒地反击，指出是对方先挑衅。当父母不听其解释，反而反复强调"打架就是不对，你就得认错"的观点时，孩子便有可能由愤怒转向逃避：关上心门，父母再说什么，都不再听，也不再相信父母。

值得一提的是，在冲突中，态度防卫的目的不是把事情搁置，等到情绪冷静下来再处理，而是为了对不愉快的事情加以否定。

· 重视当事人的反应，避免态度防卫

"公说公有理，婆说婆有理"是调解中的普遍性情景，即便"欠债还钱"这类看似天经地义的纠纷中，双方当事人因利益而产生的较量是同样激烈的。在这一过程中，调解员稍有不慎，便可能引发当事人的态度防卫。

在某村，叶老汉与杜婆婆发生了肢体冲突。在长达三个多月时间里，村委、乡派出所调解皆未果。叶老汉不断信访，直到区司法所派出调解员。调解员发现，这么长时间过去后，双方依然偏执对抗，若处理不好，有可能引发两个家族的更大冲突，甚至有可能转化成刑事案件。

仔细阅读之前的调解资料后，调解员发现，之前的调解主要以摆事实、讲道理为主，特别是村委会调解时，对双方当事人都进行了批评。再与当事人沟通时，叶老汉便扯着嗓子叫道："我就是老不讲理，你们想怎样就怎样！"并不时有辱骂之词出现。从其言语中便可知晓，叶老汉的不满与抗拒情绪极重。

在了解到当事人已存在态度防卫的事实后，调解员与同事商议，起初不着急调解，隔三岔五便到两位老人家中坐坐，聊聊家常，肯定他们的为人。在这一过程中，杜婆婆也有后悔之意，在传达给叶老汉这一消息后，其情绪有所舒缓，"告到法院"的想法逐渐缓解。

一段时间后，双方与其家人都感动于调解员所表现出来的态度："看在你的面子上，算了吧！"最终，此事以杜婆婆赔偿叶老汉五百元调解结案。

调解员需要了解的是，在自我防御未启动以前，当事人处于陷入纠纷的应激状态中：一切不当的信息都有可能让他们认为，对方在攻击自己，进而改"防守"为"进攻"状态。所以，调解时，我们应尽可能客观公正地利用换位思考，让自己考虑到当事人的心情、顾虑与不安，以减弱其自我防卫倾向。

· 两大策略，降低当事人态度防卫机制

经实践证实，在转化当事人的防卫机制时，下述策略是较为有效的。

（1）提供能改变当事人立场的信息

有些当事人之所以会有自我防御机制，是因为他们的立场存在明显问题。比如，不信任调解制度，存在不良的想法与倾向。这种情况下，就需要调解员根据具体问题，提供改变当事人立场的相关信息。

比如，在某起残疾人拒绝缴纳供暖费用导致的纠纷中，当事人便声称，"社会不公"，像他这样的人"没有活路"。在调查事实后发现，当事人没有经济来源，生活困难。调解员随后帮助这位残疾人员联系了扶贫办，使他获得了国家针对特困人员的补助，并通过调解所的社会资源帮助对方联系了工作单位。生活顾虑解决后，当事人的心结得以打开，纠纷也顺利解决。

（2）提升信息的影响力

我们可以从信念与态度的关系中看出，信息对于态度有着毋庸置疑的重要影响。因此，调解过程中，调解员也需要格外慎重地选择、运用信息。

比如，在向当事人提出相关建议时，我们需要避免直接地告诉当事人"如何去做"，而是可以选择那些与当事人认知程度相符合、经济水平相一致的调解成功案例，用他人的案例来启示当事人，过往的人们是如何处理此类事件的。如此一来，当事人就会意识到，他并非唯一一个遇到此类纠纷的人，而其他当事人的处理方法，将会给他极大的启发。

另一个提升信息影响力的方法，是找出可信的传达者，如那些能够被当事人信任、具有个人魅力的当事人。可信性通常包括两个方面，专长与可靠性，实现的方法，主要靠在调解过程中引入第三方：专业的律师、医生，或是当事人信服的权威人士。在很多现实调解案例中，调解员都会在情况需要的时候，邀请专业的律师作为第三方参与矛盾调解。一些对大家族文化非常推崇的地区，则会邀请家族中有威望、有德行的老人参与调解。而这些第三方力量的引入，大大提升了调解信息的可信度。

此外，调解员也要格外注意语言、表情的运用，避免命令式的说服与说教，更不要直接给出一个结论，让当事人去选择"是不是接受"，否则，极有可能激发与强化其态度防卫，导致纠纷升级。

4. 超限效应：过度过多强调，便会引发逆反

超限效应又被称为"过度说服理论"，它揭示的是这样一种现象：一旦外来的刺激过多、过强或作用时间太长时，便会令人感觉不耐烦，进而产生逆反心理。沟通中，超限效应一样存在：人对于多次重复信息的接受存在一定限度，过多重复便极有可能引发相反的效果。

· 对话没有分寸，便不如不说

适度地多次重复某一信息，可以有效加深当事人对这一信息的印象，巩固其记忆，从而增强这一信息对当事人的影响。但超限效应的存在，则反映了这样一种情况：一旦说服的力度超过了一定程度，便会起到相反的效果。

在家庭教育中，我们常可见超限效应：父母唠叨过度，导致孩子变本加厉地犯错。所以，在与当事人沟通时，我们一定要注意：注重对话的"质"而非"量"，避免踩了"超限效应"的警戒线。

· 过度劝说，便会引发逆反心理

不管调解的是哪种类型的纠纷，不管当事人的性格如何，调解员都应懂得"适度"原则。劝说、引导与对话，需要建立在让当事人感觉舒适、无反感的前提下。过度地强调某一种观点，或者对话过多，调解员的话语就会变成一种反复、单调的刺激，而这种刺激

无异于"疲劳轰炸"，很容易引发当事人的不耐烦甚至是逆反心理。

下面便是一起调解员因为简单超限重复劝说，导致逆反心理的例子。

皮某与左某是邻居，两人常在楼下一起带孩子。某日，左某抱怨公婆，皮某非但未劝慰，反而火上浇油，导致左某回家后与家人发生矛盾。皮某与左某丈夫因此而发生纠纷。

调解员找皮某做工作，希望其转变态度，意识到自我行为中的不当之处，向左某丈夫道歉。经调解员劝说后，皮某感觉自己的确不应该干涉别人的家庭内务，愿意向左某丈夫道歉。

但是，调解员在听了皮某的想法后，感觉她的认识不够深刻，怕其思想反复，于是反反复复强调她的不对。几十分钟后，皮某越听越烦，于是表态："不就是楼下聊了几句吗？他们家没问题，我说几句能撩起来事儿？我跑他家闹着让他们打架了？爱干嘛干嘛，道歉没门儿！"

调解员惊愕不已，但皮某表示，自己还有事要忙，不奉陪了。

这便是一起典型的因为超限度刺激引发当事人逆反心理而导致的劝说失败。由此来看，调解不仅要注意引导与劝说的作用，同时还要恰当规避超限效应。

· 不论劝说还是批评，都应有度展开

超限效应之所以会引发逆反心理，关键在于其超出了应有的度。因为行为不当陷入纠纷本身就是负面体验，再被人指责更是一种挫折，很多人需要一段时间才能恢复心理平衡。一旦重复受到批评，便很容易因此而不满，进而升起反抗心理。

所以，哪怕当事人有明显过错，我们的引导行为也不可过度。

（1）一个错误、一种观点，只需强调一次

对于当事人的错误，我们只需要在沟通中让其明白，自己是有理亏之处即可。如果在调解中需要再次提起，也不应简单地重复，而是需要根据情况换个角度、换种说法。比如，在一起因为在商场中抽烟而导致的争执中，调解员先是指出"公共场合不应抽烟"的规定，让当事人李某意识到自己的行为的确不符合规定。在调解中，对方当事人又重提此事时，调解员这样说道："这一点我们之前已经沟通过，李某已经很清楚自己抽烟这一行为给旁人造成的不便。李先生，对吗？"

在这种引导下，当事人"被揪住错处不放"的感受大大减弱，厌恶与逆反心理也因此大大降低。

（2）注意批评的方式与次数

日常生活中，我们常可看到，讲道理者可赢得大家的尊重与支持，故而，在与当事人互动的过程中，调解员也要注意，批评不宜有过强的倾向性，而是要基于"纠纷对当事人、对社会带来的危害"展开批评，同时要坚持"对事不对人"原则，对于正确与错误的行为要有必要的反应。

比如，在口角引发的互殴纠纷中，调解员要注意批评双方："再怎么样动手都是不可取的，现在是没打出个好歹来，如果真伤得重，你们自己想想值不值！"在对峙过程中，调解员也应注意对当事人过激、明显无理的举动进行制止与批评："你的不满我们可以理解，但请注意言辞，控制一下情绪，稍后我们会有时间给你陈述，好吗？"

值得一提的是，如果当事人一而再再而三地出现不当举动，如用话语挑衅对方当事人，调解员就应在批评的同时立即叫停面对面调解，转向背对背调解或再另择时间，以避免双方再起新冲突。

5. 淬火效应：矛盾有激化趋向时采取冷处理

淬火效应原意是指，金属工件加热到一定温度后，浸入冷却剂

（如油或水）里，待冷却处理以后，工件的性能会更好、更稳定。在人际沟通中，淬火效应则是指，当冲突不断升级、恶化甚至达到了无法处理的地步时，冷处理或许会获得意外效果。

· 冷一时，换来风平浪静

面对冲突，很多人秉持着速战速决的态度。事实上，沟通双方冲突加剧时，不急于立即处理，而是适当留一些时间去降降温，或许会产生意外的效果。

某公司经理与合作者洽谈一项业务，就在要成功时，对方却提出了一个苛刻的要求，这让他非常为难：接受便超出了预算，放弃又不舍得。于是，他召集部下，加班加点拿出了更好的应对方案。

可当双方再次沟通时，对方又变更了条件，这让他与下属备受打击。面对这样的变化，该经理宣布，暂时搁置该项目，员工放假两天。

谁知，自己不着急了，对方反而着急了起来，频繁打电话来询问进展。最终双方各退一步，顺利签订了协议。

很多时候，趁热打铁的方法并不一定适合，将矛盾与冲突放一放，待冷静观察与思考后，或许能自动化解决。

· 越调解越愤怒时，可以引入冷处理

在调解中，若当事人有"越调解越愤怒"的迹象出现时，调解员就应考虑是否需要使用"冷处理"法了。

由于家庭琐事，金某与吕某决意离婚，来到调解所以后，二人如同在家一样，频频争吵。在第二次调解中，双方竟然差点大打出手。

二人各说自己的辛苦，吕某更是声称，自己一天到晚忙生意，更有诸如"男人不管家是常理""离就离，你以为谁离了你不能活"的极端话语；金某则拍着桌子，一遍遍历数自己为这个家所受的委屈。面对越调解越生气的情景，调解员当机立断，请双方"各自冷静几天"。

其实，这件纠纷调解员看得很清楚：双方经济富足，且有一儿一女正在上小学。调解员建议二人各自冷静几天后，妻子金某便搬着行李回到了娘家，留下吕某一人在家里照顾孩子。

双方被"晾"了几天后，吕某因整日被家中琐事所缠，不仅耽误了生意，而且自己也累得不轻。而金某也在娘家被家中长辈批评性格太强硬，同时更抑制不住对一双儿女的思念。一个星期后，再调解时，二人态度已大大缓和。双方决定各退一步，一对行将分手的夫妻最终握手言和。

由此来看，当矛盾看上去不可调和、双方情绪激动的时候，适当地搁置，对推进纠纷进展有着极大的帮助。

· **冷是策略，而非态度**

在当事人情绪激动的对峙时刻，优秀的调解员一定懂得用"冷下来"换取顺畅的沟通。

（1）冷处理是为了让双方冷静后理智思考

在面对对方当事人时，一旦被愤怒情绪冲昏了头脑，便很难理智地思考问题。而冷处理的目的就在于，通过将双方隔离开来，让其冷静下来、恢复理智以后仔细思考纠纷细节。

当然，冷处理的结果并不一定永远是好的结果：有些当事人在想明白以后，反而更坚定了不和解的想法。比如，在某些婚姻纠纷中，当事人冷静思考一段时间后，进一步确定"彼此不适合"，此时，调解员便可能需要转变调解策略，由原来的"调和"转向"调离"。

（2）警惕，有恶化倾向的纠纷不可搁置处理！

在一些纠纷中，明显有一方受了委屈，另一方却死不认错，甚至有过激行为者，对于此类纠纷，调解员一定要警惕，万万不可搁置处理：此类纠纷一定要迅速分清对错，对明显弱势、心里有委屈的当事人更要多安抚。因为弱势者本身在纠纷中已受委屈，在他们眼中，其实已经将调解机构当成了"寻求公道"的场合。面对这种纠纷，若再以冷处理面对，便会让弱者寒了心，甚至使用极端手段为自己寻求正义。

在运用"冷却法"时，调解员需要注意：冷要有度，不可冷太久，让当事人"冷寒了心"，因为"冷"只是推动调解进程的一种策略，而不是对纠纷或者对当事人的态度。

6. 古德曼定律：千万别忽视了无言的表达

沉默能够有效调节说话与听讲的节奏。在对话中，沉默的作用就相当于"零"在数学里的作用：表面上看代表"无"，却非常关键。没有沉默，一切交流都无法持续。这一理论被总结为"古德曼定律"，也被叫作"沉默定律"。在对话过程中，如果沉默能够用得恰到好处，不仅可以传达更深沉的交流信息，而且能产生奇特的社交力量，可谓真正的"此处无声胜有声"。

· 没有交流的沉默，多意味着问题很严重

沉默定律的核心思想是，没有恰当的沉默，就无法获得良好的效果，而在某些情况下，沉默远比言语作用更大。

比如，一位年轻的妻子在私下里告诉好友："我们家那口子，最大的本事就是吵架的时候不讲话，明明都已经剑拔弩张了，可他就是沉默地看着你，谁也不知道他心里是怎么想的，真吓人啊！"

虽然这只是朋友之间的"悄悄话"，但这位妻子对丈夫的沉默又怕又气的情绪，倒是值得我们品味一番。

对于此类"沉默的表达"，生活中常有现实案例：公司里，有人对一件事情提出了观点，支持者与反对者吵成一片。争执了许久之后，大家才发现，领导抱着肩，一句话也没有说——在发觉这一点后，争吵声慢慢静了下来。

会议室安静了几分钟后，领导一句："散会吧！"站起来便走了。留下的下属们对此忐忑不安。

这便是将沉默运用在沟通中的可怕之处：沉默说明了问题的严重性与深刻性，你不知道对方到底在想什么，没有交流的情况下，沉默远比争吵更可怕。

· 警惕：当事人的沉默绝不是金

在调解过程中，如果当事人本身就是内向寡言性格的话，那么，他的沉默往往是可以接受的。但是，如果当事人本身不是这种性格，却不愿意开口讲话，或者突然沉默，便意味着调解员要在该纠纷上下更多功夫了。

丁某之前在某证券公司工作，与一股民发生争执，直至动手摔了椅子。当晚，该股民称心脏病复发去医院就诊，之后，证券公司赔偿了对方十万元。随后，公司以"和客户发生严重争执"为由，开除了丁某。

丁某不服，长达两年的时间里一直在申诉、信访，并声称，该股民常闹事，那天领导也在，并且指示丁某与其他同事"治治他"，所以自己才会与对方动手，主要责任在其领导，并要求恢复劳动关系。

该地区调解委员会介入后，调解员了解缘由后询问丁某是否愿意和解。丁某问了一句："是不是不和解，这事儿你们就不管了？"调解员表明了"尊重当事人"意愿的态度，并指出了当下情况对丁某的不利。谁知，丁某听完竟然沉默了起来，再不愿意多交流。

丁某回去后，调解员向上级反映了这一情况。调解委员会感觉丁某行为有蹊跷，于是再次登门拜访、细心宽慰，并直言，若有委屈之处一定要讲出来，这样才有利于他讨回公道。此时，丁某才哭着说，自己已经因此而在行业中"臭掉"，走投无路，准备找领导"一了百了"。

可想而知，若不是调解委员会意识到了丁某反常的沉默，或许事情会变成恶性刑事案件。

· 听懂"无言的表达"

非性格导致的沉默，往往有其固定的原因，而这些原因需要调解员结合当下的情境、当事人的表现，去理解其沉默的原因。

（1）当事人不满的沉默

有时候，当事人是因为对另一方当事人或者调解员本身不满意、不信任，这种沉默多是带有不满与愤怒情绪的。此时，当事人的表情与肢体语言多呈现为怀疑、不信任甚至是"说一句哼一声"的样子，如双手交叉在胸前，歪着头、皱着眉毛，不屑地看着调解员。

此时，他们的沉默表达的是这样的潜台词：

"你是来替他说话的？"

"现在出了事想调解了？没那么容易！"

"什么调解？我不想调解！非得出这口恶气不可！"

"调解员为什么跑我这里/总是找我？又不是我的错！"

这时候，调解员需要先反省一下，自己之前的言行是否有误？对调解程序的控制是否恰当？然后，可以给予适当的解释与调解，或者再次表明自己的客观立场，以及重点调解的原因，以建立起当事人对调解程序与调解员的信任感与信心。

（2）无助与茫然的沉默

这种无助式沉默多出于那些因为性格内向而羞于表达的当事人，因为巨大打击而暂时不知所措的当事人也会出现此类沉默。

　　在一起医疗纠纷中，一位可怜的姑娘因为医院突发停电这一意外事故，失去了自己的父亲。她的母亲早逝，从小与父亲相依为命，在重大的打击之下，年轻姑娘早已不知该如何自处，更不知该如何面对接下来的调解。

　　面对这种无助、茫然，不知道该说什么、该做什么的当事人，调解员应给予更多的关心与鼓励，提出一些具体的问题，帮助他们开始思考与表达。比如，在这起医疗纠纷中，调解员便提出了很多具体问题：

　　"你希望院方如何补偿你？"

　　"现在，你需要院方帮助你做什么？"

　　"你愿意不愿意听一下，我们之前类似的情况是如何处理的？"

　　"你是否愿意让家里其他的亲戚来，协助你处理这件事故？"

　　（3）正在思考的沉默

　　有些当事人是因为正在对之前讨论的问题进行思考，此时，他们可能会瞪大眼睛，眼神呈现放空状态，也可能眯着眼睛自言自语，或者凝视着某一点，陷入沉思状态。

　　在这种情况下，调解员可以适当放慢调解的节奏，给当事人一些时间与空间，让他们去完成自己的思考与决定。

　　其实，在很多时候，当事人的沉默反而是一种更强有力的表达：当下的调解不如我所愿。了解了这一点，并针对性改变策略，我们才有机会推动调解进展。

7. 斯本内现象：先精准再表达，避免语言失误

　　心理学家认为，在通过语言表达自我的时候，我们的话语常常会出现失误，如口语并未按照我们心中所想的表现，而是出现了"口误"，甚至说的和所想的完全相反——这便是斯本内现象：因为大脑与潜意识的失误，我们心里想的与嘴上说的不一样。

• 警惕信息传达中的差异现象

　　一位母亲给儿子送饭，到了单位才知道，儿子已经因为犯错被开除了，但儿子并没有告诉母亲这件事。母亲知道，儿子是不想让自己为他担心，但现在，母亲陷入了两难：装不知道，她会因为不清楚儿子现况而担心；问儿子，可能会带给他更大压力。

　　最终，这位母亲选择了不问，不给儿子压力。可是，在和儿子说话时，她说道："儿子啊，你慢慢来，工作遇到问题很正常，不要担心我。"儿子听到后，明白母亲已经知道了自己被开除的事，只好点了点头。

　　可此时母亲却后悔了，因为她想说的并不是这些，而是："儿子，好好工作，妈妈永远支持你。"

　　"工作遇到问题很正常"与"好好工作"表达的意思截然不同。而这种差别，正是信息传达中的一种现象：内心与语言之间产生了矛盾。

• 调解员的语言失误，可能会导致更大的问题

　　生活中的斯本内现象其实并无大碍，有些甚至还带有趣味性，如单位聚餐时一位领导说："祝大家身体愉快……"这是因为在普通的语境中，人们已经接受并习惯了这种"口误"，即使没有解释，人们也可以理解其意思。

　　但是，纠纷是一种激化的场景，在这种沟通中，调解员若是出现了语言失误，便极有可能会导致更大的问题。比如，某女子因为劝阻男友外出喝酒，而遭到男友殴打。报警后，调解员本意是想调和，但是，他的话语让对方感觉受到了冒犯。

　　面对受害人坚持不和解的态度，调解员反问道："有必要这样子吗？"

当受害人指出男友所说的"要弄死她"的话语时，调解员说："喝醉酒时说的话罢了。"

此类语言失误，其实一方面是因为调解员认为只是"男女朋友拌嘴"而轻视问题的严重程度，另一方面则是因为斯本内现象：因为轻视了问题，所以说出来的话语伤害到了当事人。而这种语言失误轻则导致调解员个人声誉受损，重则导致纠纷扩大，埋下社会安全隐患。因此，从信息传达的角度来说，不管在调解初、调解中还是调解结尾阶段，调解员一定要将表达精准放在首位。

· **注意方式，调解语言要明朗而不失策略化**

人民调解面对的对象绝大多数都是普通人，而纠纷的主要内容是在日常生活与社会交往中引发的矛盾。这就要求，我们在调解过程中的用语，不仅要符合相关调解法规的要求，更要适合当事人的心理特点与接受程度。

（1）语言在大众化的同时，更要以明朗为主

就说话方式来说，调解用语一般是口头用语，而且常常以松散句与短句为主。就调解员的身份来说，调解员的话语应以中立为主。在使用平易近人的话语的同时，我们也要注意：必须坚持对错明朗化：在有明显对错的前提下，一定要对纠纷双方当事人的是非、责任表达明确的调解意见。比如，在上面的失败案例中，调解员的用语就明显有失公允。

（2）策略化地说出自己的观点

纠纷的解决关系着当事人的直接利益，当事人在调解过程中的一言一行往往都是从有利于自我利益的角度出发的，在表述纠纷时，他们也会用自己的语言去追求想要得到的预期结果。

因此，调解员在调解过程中，一定要对双方当事人的主张、证

据、观点、理由进行全面分析，在保持清醒头脑的同时，以冷静的思维分析纠纷的来龙去脉，在评价纠纷的是非曲直时，一定要注意，不偏听偏信任何一方，不使用带有倾向性与强迫性的言辞，比如说："你这样是没有道理的!"这种话语，只会让对方当事人抓住道理不放，同时也会让被指责的一方很没有面子，从而破罐子破摔。

所以，在调解过程中，哪怕掌握了充分的证据，调解员也应注意表达方式，依据当事人的性格、对方的立场进行表达。如果掌握不好这一点，不仅会失去当事人的信任，还很容易造成当事人对调解员有意见，甚至跟调解员"打官司"。

8. 基本归因偏差：引导当事人从关注"人品"到关注"情境"

人们常常会将他人的行为归于人格等内在特质上，如他有多努力、他有多少能力、他的智力有多高等，却忽视、低估了他们所处情境的重要性。心理学家们将之称为"基本归因偏差"。

· 对方的错是人品不行，自己的错是环境不行

基本归因偏差在生活中很常见，举个例子来说，约会时，对方迟到了，你下意识地感觉：此人不守时，没有素质等。在这种想法之下，你会感觉他不重视你，更会感觉此人品质有问题。

但是，当你自己迟到时，你会说：今天我也早出门了，没想到会这样，交通太堵了。

一样都是迟到，你给自己找出了合理的理由，却把别人的迟到归因于"这个人有问题"——这就是基本归因错误：把别人的行为归因为品质，把自己归因为外部环境。

基本归因错误的发生，与"以自我为中心"的心理密切相关，但人与人之间需要理解与认同，在普通情境中如此，在纠纷中更是如此。

· 当事人的归因偏差会影响到调解的结果

纠纷情境下，基本归因偏差很容易发生。

在某起交通纠纷中，当调解员询问当事人具体情况时，双方当事人都指责对方的人品存在问题。

一方当事人包某声称，他的权益受到损害后要求另一方当事人段某赔偿，而对方却不予理睬。为此，包某认定段某不诚实，并对段某的表现非常生气，于是就把事故原因都归责于段某，并在调解中主张超额赔偿。

而段某却声称，包某就是一个歇斯底里的人，只是受到很小的损害却要求大额赔偿，对此他非常生气，因而就主张事故是由包某引起的，他不应当承担赔偿责任。

从表面上来看，双方当事人都有道理。其实就是因为双方沟通出现了问题，产生了不必要的愤怒。因为愤怒，包某不想让段某那么轻易地从纠纷中脱身，而段某也不想让包某得到满意的赔偿，所以，包某坚持超额赔偿，而段某却只同意给予较少的赔偿。

在这种情况下，双方在意的已经不是"责任"的判定，而是非要分出个输赢来。在这种状况下，双方当事人早已没有了协商的余地。相比之下，他们更期望通过诉讼来解决纠纷。

这起调解险些失败，因为调解员未引导当事人离开对"人品"的归责。在后期调换了经验丰富的调解员后，调解员引导双方将错误归因于当时复杂的路况，最终"争议"变成了一个需要双方共同去解决的问题。在这种思路下，双方最终达成和解。

· 三大方法，排除基本归因偏差

基因归因偏差体现的是纠纷场景下个人关注点的集中：因为有了矛盾，因此我们更倾向于关注对方的错误，而直接指责对方"人品有问题"，显然是最容易让对方愤怒、也最让自己的指责显得师出有名的。但如果双方当事人都这样做，调解便无法进行，甚至有可能进一步激化。在这种情况下，调解员就要协助引导，排除归因偏差的不利影响。

（1）帮助当事人认知归因偏差及其不利影响

调解员应向当事人解释基本归因偏差对其观念的影响：从本质上来说，归因偏差属于一种主观臆断。若当事人在双方会谈中依然坚持"人品有问题"这种观点的话，调解员就应询问对方：是否有证据？

（2）要求当事人对争议事件及归因偏差进行解释

调解员可以要求当事人对纠纷进行解释，这种重述其实是一种"真相还原"，它可以帮助当事人从局限于"人品"转向审视纠纷发生时的"环境"。在这一还原过程中，当事人很可能会对对方当事人的行为给予更多理解，从而降低自身愤怒的程度。

（3）要求当事人对其将问题归责于对方"人品"的行为与意图进行解释

调解员需要注意，此举并非为了分清法律责任，也不是对当事人的个性归因行为进行指责，而是为了分散当事人对法律责任的关注。比如，在上面的交通事故中，当事人包某便在回顾事件经过时发现，自己若处于当时的情境下，也无法做出更好的选择，于是愿意开始理解段某的行为，而调解的紧张氛围也正是从此刻开始缓解的。

不过，想实现这一效果，必须让有基本归因偏差的当事人意识到对方和解的诚意。这一过程中，调解员可以引导存在明显行为错误的一方当事人先道歉：在刚才的例子中，不管环境如何，毕竟是段某撞了包某的车。经调解员引导后，段某真诚地道歉，这一行为大大减少了包某的愤怒。事实上，也正是因为段某诚恳的态度，包某才愿意"还原事实"，进而摆脱"基本归因偏差"。

9. 面子心理：重视中国人的"权力游戏"

中国人社交有一个逃不开的关键词：面子。社会心理学将面子心理视为中国背景下的"自尊与尊严"，它是个人在实现温饱后的核心诉求，面子文化的从属者不仅关注自我需求满足情况，同时更在意外界评价。在这种心态下，矛盾便会由"利益"这一物质层面上升至"荣誉"这一精神层面。

·面子在中国是个大问题

作家林语堂先生曾把面子、命运和恩典看作统治中国的三大女神，且认为面子比命运、恩典更具有势力。可见，面子在国人的社会生活中拥有重要意义。虽然外国人以"自尊"之名，将"面子问题"纳入了心理学范畴，但是，面子文化依然是中国文化中典型且普遍的社会心理现象。

在"面子心理"下，我们甚至会有一些"面子第一"的行为。比如：

明明工资不够养活自己，还非要与人比阔；

为了有面子，四处吹嘘自己如何有能耐、能办事，无限夸大自己的所谓后台如何如何硬；

有些人为了面子，犯了错也死不承认，即使被揭穿，也要死撑到底，甚至还倒打一耙，推卸责任。

……

死要面子的人，常常把面子看得比什么都重要。更常见的事情是这样的：两人闹矛盾，本来相互道歉就可以解决，但是两人都感觉，谁先道歉就丢了"面子"，于是，导致最后两人矛盾很久无法解决。

· 注意人情与面子在调解中的作用

在纠纷调解中，我们很容易发现面子起的作用：如果有明显错误的侵害方态度良好，往往可以获得受害方的谅解，甚至降低赔偿请求数额，因为他传递出了友好的信息，给足了人情与面子。受害方基于这种高度的尊重，也会给予赔款与人际关系上的回报。

比如，一对贫苦夫妇在驾驶拖拉机时，把隔壁老妇人撞成残疾。调解完后，他变卖了自己的家产，无数次登门道歉，最终获得了老妇人与其家人的谅解。甚至到最后，两家人还因此常常走动了起来。

"人活脸，树活皮"，人一般并不会拒绝他人的好意，而如果不顾他人的好意，很可能会把自己置于尴尬的境地，给他人留下不近人情的印象。

但是，人情与面子产生作用的前提是双方都认可道德底线。若有一方或双方突破了道德底线，不理会对方的人情与脸面，那么，双方的角力便进入另一种状态：你不给我面子，我也撕破脸。

比如，本来是儿女亲家的两家人，因为小夫妻吵了架，女方父亲便在电话里训斥了男方几句。谁知，男方竟然随手挂掉电话，再也不接。女方父亲认为"女儿在家哭，男方不管不顾，面子丢尽"，便坚决要求女儿离婚。但女儿此时已和男方和解，认为父亲不该强迫丈夫道歉——矛盾就此进入了"面子之争"。

在类似的情境中，调解员便需要警惕：此时往往是双方角力的关键阶段，我们应根据双方的处境、本身的道德优势，展开有效引导。

· 在人情、面子与法律之间，找到更好的调解角度

调解过程中，调解员一定要关注这样一个问题：双方是否都认

可道德标准？在双方都认可的情况下，我们可以从人情与面子开始谈起，或者直接谈人情，或者请第三人参与调解与引导，即引入"给××面子"。

在上面的"夫妻吵架导致老人不满"的情况下，调解员便从面子入手，引导男方向岳父解释当时挂电话是因为在接待重要客户，并请当时的介绍人说和，最终岳父原谅了男方的无心之失。

在某些纠纷中，如果双方都认可法律标准，但对人情并不重视的话，我们可以从法律规定开始谈起。

如果双方当事人一方谈道德、一方谈法律，或者一方谈事实、一方谈规范，如果任由双方各说各的，那么，必然会导致共识越来越少、分歧越来越大。此时，我们就要从容易劝说的一方入手，转移话题或者制造共同话题，令双方重回同一个平台，运用同一套标准。

这就要求调解员在调解时注意倾听双方话语，及时寻找合适的切入点，并且要适当地转移策略：

①文化层次较低的当事人往往更重视面子与人情；

②文化层次较高的当事人可以多从法律层面切入。

在纠纷中，如果双方已经撕破了脸面，突破了底线，失去了道德平台，调解便失去了作用的基础。当道德平台无法起作用时，我们就需要使用法律论证引导双方。

这是因为文化层次较低的当事人一般并不熟悉法律规定，调解员站在法律法规基础上进行客观的阐释，会产生震慑效果。

当阐释法律法规无法起作用的时候，我们就需要把注意力转移到因为纠纷而花费的"成本"上来，因为文化层次较高的当事人往往不愿意花费太多时间与精力在这些负面事件上，而这种对比会带给当事人一定的启发。

比如，1000元对于文化层次较低的当事人而言可能比较重要，而利用法律辅助解释可以起到事半功倍的效果；对于文化层次较高的人来说，1000 元则可能是小事，因此要从长远角度来激发他的事业心与自尊心，"想想看，你这几天在这件事情上花费的精力，够你挣多少个 1000 元了？"这样的成本收益比较对于后者能产生明显效果。

需要注意的是，几乎所有纠纷都不会单纯地只涉及道德或法律标准，如在有些赔偿案例中，赔偿只是为了"看××的面子"，而在另一些案例中则是因为法律法规的震慑效果。因此，更多时候，我们需要双管齐下：既要考虑面子，又要利用法律。

10. 反应性贬值：别让无端的质疑摧毁所有努力

反应性贬值指的是这样一种情况：如果一项提议（一种让步）是由对方先提出的，那么，在接收者眼中，其价值或吸引力便会大大降低。因为人们会认为，这些条款如果不能给对方带来更大的利益，便不会被提出来。

· 对方让步的，便是应被贬低的

反应性贬值在现实谈判中常有证实，特别是在谈判陷入僵局，或者双方互有敌意的情况下，一方的让步更容易在另一方眼中出现反应性贬值。

甲从乙那里买了一台苹果电脑，双方因为计算机系统不兼容某软件而陷入了纠纷。因为矛盾闹大，甲要求乙全额退款，或者修复系统以适用于该软件。

此时，甲坚持认为，全额退款后自己再买一台新的、支持软件的电脑是最好的选择。很显然，这对于整个问题来说，也是最直截了当的解决方式。可是，当乙爽快地提出，可以全额退款而非修复时，甲却立即反悔了，他说，自己要再考虑一下。

为什么当乙明确表示了自己可以给甲退全款时，这一选择反而失去了它之前的吸引力了呢？原因就在于反应性贬值。当这一条件是由乙提出来时，甲便会质疑：为什么对方会爽快答应？对他来说，选择帮我修复系统，是更有利的。是不是现在这款机器卖得更好了，他收回去能得到更高的利润？

这便是反应性贬值：由于利益冲突，一方的让步，引发了另一方对让步内容的质疑。

· 抗拒产生的反应性贬值妨碍调解成功

当事人对对方提出的解决方案产生反应性贬值的原因有以下四点。

（1）认定对方提出的方案对自己不利

若解决方案是由对方提出的，便认定该方案对自己不利，如在某离婚案中，丈夫提出了每月给孩子抚养费的建议，妻子便认定，丈夫只是在假意承诺付抚养费，日后很可能会以各种理由推诿不给。

（2）为了阻止对方实现目的

如果当事人对对方怀有敌意，他便会倾向于认定，该方案是对方希望实现的，并产生"为了反对而反对"的想法，而不会站在自己的立场上客观地分析，看看这一方案是否对自己也有利。比如，在另一起离婚案中，原本决意离婚的女方，听到男方提出"赶快离婚"的说法后，立即反悔："你想离，没那么容易！就是要拖死你！"这种就属于恶意性的反应性贬值，即其行为是为了阻止对方的目的实现。

（3）断定对方还会让步更多

若当事人从对方提出的解决方案中发现，对方很可能会进一步让步，那么，他就会出于期望得到更多，对该方案进行反应性贬值。比如，在某故意伤害案中，当加害人家属提出给予10万元的赔偿后，受害人立即提价，要求 20 万元的赔偿。

（4）单纯怀抱期望

有时候，当事人并不会考虑对方提出的解决方案是否有价值，而是单纯地认为，不同意该方案会更好，这种反应性贬值被称为"纯粹反应性贬值"。

很显然，不论哪种反应性贬值，当一方怀有诚意的建议被驳回后，往往会让已经有进展的调解陷入窘境：一方不同意方案，另一方因为方案被驳回而认为失了面子。若此时方案已经接近对方可接受的底线，调解便有可能因此而失败。

· 立足于以下四点，排除反应性贬值的不利影响

在提出方案阶段，调解员多半已经对双方情况较为清楚了，在这种时候，当判断出一方当事人对提出的方案产生了反应性贬值时，我们就需要从下述四点做起，引导当事人正视方案的合理性。

（1）帮助当事人意识到方案的公平性

若一方当事人是因为自身所掌握的信息受限，而不了解对方提出的方案是否公平，或者，因为内心还有更高的期望值才对该方案进行贬值时，如果调解员可以对双方当事人所持有的证据、法律主张进行判断与评价，并公平地给出自己的意见，就可以在一定程度上缓解这类反应性贬值问题。

（2）让当事人相信，对方的解决方案已接近底线

有时候，当事人并不知道对方提出的解决方案已经接近底线了，在这种情况下的加码，很可能会导致对方彻底放弃和解。此时，调解员便应让当事人意识到这一点。在上面的故意伤害案中，调解员便告知了对方的处境：前期已支付医药费十多万元了，家中上有老下有小，对方本就是普通家庭，根本无力再支付更高的赔偿了。意识到对方的底线后，受害人便不再坚持 20 万元的赔偿。

（3）以独立第三方的身份，出具解决方案

作为中立的第三方，调解员也常常会提出解决方案，而且，双方当事人也会更乐于接受。不过，调解员要想做到让自己的方案完全不贬值，就需要在整个调解过程中完全公正、公平，以获得双方当事人的信任。

（4）了解双方底线

调解员在了解纠纷详情、进入方案引导阶段时，最好要求双方当事人对每一种可能的解决方案都进行评价，并在这些所有可能的方案中选出一个自己可以接受的。通过当事人的选择，我们便可以窥见其底线，明确了底线，下一步便可更好地引导双方谈判。

此外，对于这种因为心理偏差而导致的贬值，调解员的前期工作至关重要：只有调解员前期积极参与双方当事人的沟通过程，并将自己融入其中，对争议进行专业的判断与评价，为解决争议提出实质性的建议。唯有如此，方能在双方对方案产生分歧时，有说服力与权威性地去引导并促成和解。

第十章

群体纠纷：群情激愤下，先唤醒个体理智

群体性事件是影响社会稳定的重要因素，如果不及时加以干预，某些在最初只是"纠纷"的群体事件，甚至可能发展成恶性群体事件，严重影响社会稳定。了解此类事件中的群体心理，知晓个体是如何在群体心理影响下变化的，对于避免事件恶化、保障社会稳定、维护社会和谐有着积极的意义。

1. 场理论：群体纠纷受环境影响

心理学家库尔特·勒温（Kurt Lewin）是拓扑心理学的创始人，同时更是传播心理学的重要奠基人。在其理论中，对人类群体研究最重要的概念之一就是"场论"。他指出，人就是一个场，人的活动是在一种心理场或生活空间中发生的，人的行为如何，由场的氛围决定。

· 个人行为会受到场理论影响

场理论主要由个体需要和他所在的物理环境、心理环境相互作用组成，即个人所做出的举动，会受到其利益诉求、所处的具体场所、心理环境的影响。

场理论在生活中多有体现。比如，一些游客在旅游活动中表现出来的各类不文明行为。

能够支付得起旅游活动特别是国外旅游活动的游客，肯定是有一定经济能力的，这一点毋庸置疑。在旅游过程中做出不文明举动的那些游客，在生活中不一定有"私德"方面的不足，为什么在"公德"上却存在乱涂乱画、乱丢垃圾等诸类举动呢？

有心理学家便用"场理论"给出了解释：当游客摆脱了熟悉环境内的"私德"约束后，进入无人知晓自己的陌生地点，恰好景区又比较脏乱，再加上有其他游客做出同样不文明举动后，便会在无意识间"忘我"，出现践踏草坪、乱丢垃圾等公德方面的不足。

一些专家也针对旅游过程中出现的不文明现象提出了解决办法：个人提升公德修养，景区加强对脏乱差地点的管理，以及对不文明现象保持不盲从的警惕心。

勒温的场理论解释了这样一种事实：人与环境是密切相关的，越是身处紧张环境中，个人的心理与行为越会呈现出紧张状态。

· 群体纠纷：场理论的现实反应

所谓群体性纠纷，是指纠纷发生时，参与的一方或者双方在多人以上的特殊纠纷，或者拥有共同的价值利益要求、共同的地位或者生活准则的群体或群体之间，由于权利受到侵犯、权利归属不明确等原因，引发了利益冲突。群体纠纷由于参与者多，引导不恰当的话，很容易对社会和谐与稳定造成负面影响。

在群体纠纷中，我们可以看到场理论的现实反应：个人因为利益诉求未达成产生了不满，若多人聚集在一起共同讨论这种不满，在人群宣泄负面情绪的刺激下，内心的不安、紧张与焦虑会进一步扩大，生怕自己的问题得不到关注。此时，若有人提出"聚集"的建议，便会马上形成"一呼百应"的状态。

比如，某大型油漆厂建成开工一年后，突然在晚上被大量民众围住。警方接到报警后发现，该厂周围一百多名村民围住该油漆生产厂，声称该厂排放了大量污水，对居住环境、村民健康造成了严重影响。

警方在后来追溯这起群体纠纷的起源发现，几个村子接连有几名群众得了癌症，大家在"想不通为什么"的情况下，听到有人说油漆厂污水排到了附近的河里，流言越传越广，最终在某个冬日午后，人们聚堆晒太阳时，以"找油漆厂讨个说法"的形式爆发了。

可以看到，这起纠纷便是场理论的直接表现：村民连接患癌症的现实、谣言"印证"的心理过程，再加上非农忙的物理环境，以及扎堆聊天的群体刺激，直接造成了群众围堵油漆厂的现实。

· 明确特点，才能更好调解群体纠纷

近年来，很多调解专家与调解机构对此类群体纠纷的特点进行了概括：

①群体性诉讼多发于与人们切身利益息息相关的领域，涉及人们的衣食住行等基本生活问题。

②环境群体性诉讼一方当事人人数众多且往往具有共同的利益，容易相互串联形成合力，处理不当容易引起矛盾激化造成集体上访等事件，影响社会稳定。

③时效性强，不及时调解有可能对当事人利益产生重要的影响，如在一些农村耕地纠纷中，农作物必须要按时播种，过了农时无法弥补；在一些城市物业服务纠纷中，垃圾不及时收走，小区就可能一片脏乱。

④普通民众是群体性纠纷的主体，虽然这部分群体有着较高的权利意识，但缺少必要的法律专业知识。

群体纠纷中的参与者，未必都明白什么是场理论，但他们的一举一动都在受自己所处人群的影响。得益于场理论的研究成果，在调解群体纠纷时，我们一定要注意三大要点：群体的利益诉求是什么；如何有效降低群体对个体的影响；如何利用正面舆论引导群体情绪走向。

2. 乌合之众：为何群体事件可能出现极端行为

"乌合之众"由著名社会心理学家、群体心理学家古斯塔夫·勒庞（Gustave Le Bon）提出，它指的是一种与"群体智慧"相反的现象：拥有相同心理诉求聚在一起的人构成了群体，这些群体有相同的心理倾向，他们以个体出现时或许很聪明，可一旦形成集体，便会智力低下，并有冲动、敏感与盲目的特点，且表现得更容易轻信。

·**群体失智：大家都这样做，那它一定是正确的**

群体失智最常见的表现可以用"大家都这么说"这句话来表示，而"大家都这么说"有一个典型的案例，就是国内曾经流传的科学谣言"电子产品辐射会导致胎儿畸形"，但科学证实，日常接触的电子产品所产生的辐射并不会影响人体健康，而且，目前也没有证据表明，胎儿流产、畸形是因为孕妇常接触电子产品而导致的。

但知道真相并不意味着你一定会按真相指引去做——当一位孕妈妈在微信代购群里指出防辐射服并无用处时，大量同处于孕期的女性指责她："我们买的就是心安！""大家都会买，你不想买也不要干扰我们买！"

当某一理论传播到"大家都这么说""大家都这么做"的地步时，如果你提出质疑，反而有可能遭遇群体的反击："大家都这样，你为什么和大家不一样？"而这一现象反映的，恰恰是群体失智：个人身处群体中时，群体中的个体会丧失理性，取而代之的，则是模式：大家都这样，那这样一定是正确的。

这是一种方便自我的做法：人性中都有懒惰与随群的一面，利用群体使自己摆脱思考的苦力，显然更适合人类"好逸恶劳"的本性。同时，由于身在群体中时，个人都会渴求认同，因此，"融入"的欲望也会让我们不得不接受群体观点。

· 处理不当，群体事件很容易演变成恶性冲突

在互联网时代，个体很容易出现失智现象，被群体引导做出极端行为，因此很多普通群众在不明真相的情况下，很容易被传播更快的信息所影响，被群体的意识裹挟，使得矛盾迅速发展、升级，甚至演变成恶性冲突。

了解信息时代的群体传播特点，对调解群体纠纷有至关重要的作用。

· 明确了群体的三大特点，便明确了群体中为何更易出现极端行为

个体与群体，就如同细胞与生物体一般，虽然生物体由细胞组成，且具有很多细胞没有的特性，但是，保持个体的完整存在，对于生物体的存在而言，具有必要性。

调解员有必要知道，当个体成为群体的一部分以后，会发生怎样的变化：

（1）群体会吸纳个体的个性

当个体融入群体，个体的个性会有一定程度上的消失，其情感、思想都会向着群体的公共方向转化，甚至有可能完全转成与自己相反的模样。

（2）群体无智且多情绪

群体往往是冲动、轻信、偏信、专制、极端化的，在很多情况

下，它不允许怀疑与不确定的存在——听起来，它就如同生物的最低等状态一样，但这并非组成群体的个体的素质太低，而是因为在群体之中，起决定作用的是情感与本能，而不是理性，因此，不管该群体是由高知群体组成，还是由凡夫俗子组成，其差别都不大。

（3）群体不善推理，却往往急于行动

因为失去了个体的理性，所以，许多高深的观念需要经过简化，才能够被群体所接受。而群体的道德也会比个体表现得更加极端，好时更好，坏时更坏。

群体可以表现出极其崇高的牺牲与献身精神，特别是当群体号召正义、尊严时，个体最有可能受到影响，而且，个体也经常可以做到放弃个人利益的地步。但是，与此对应的是，群体也有极坏的一面：群体也可以杀人放火，无恶不作。

群体之弱点如此明显，使得我们必须学会在面对群体的情况下，保持更理性的思维：与普通纠纷相比，群体纠纷因为是多人、聚集性的，我们更需要依据纠纷的性质，有策略、有计划地去调解。

3. 聚众心态：人多的时候，非理性行为会频繁出现

聚众心态是群体聚集后产生的一种群体化心态：人是环境之子，在安静的环境中，我们的心情也会相对平静；但当我们处于拥挤的人群中时，我们便会更容易感觉到不安，同时也会变得更容易兴奋、更容易被激怒、更容易做出非理性的行为。

·身处人群，便更容易开启非理性状态

生态学家约翰·卡尔霍恩（John Calhoun）曾利用小白鼠进行了一项高密度环境对社会行为的影响的实验，发现在拥挤的环境下，小白鼠们变得比平日更好斗，并集体出现了以撕咬同伴为代表

的"行为沦丧"。

几年后，美国有项针对监狱的研究发现，与不拥挤的监狱相比，拥挤的监狱里，死亡率、自杀率、杀人率、生病率甚至是惩戒的次数都比不拥挤的监狱更高，更多。

此后，社会心理学家罗伯特·扎荣茨（Robert Zajonc）通过研究再次证实，在有众多人在场与围观的情况下，视觉上的拥挤会令人产生巨大的压力，进而导致个人出现心跳加速、血压升高等生理紧张反应。生理紧张会唤醒人的兴奋感，降低人对自身的有效控制力，让人更容易出现简单粗暴的行为倾向。

· 人多的情况下，群体性纠纷会更容易恶化

在很多群体性纠纷中，人群的集中与围观群众的增多，往往是当事人情绪激动、行为过激的原因之一。因此，面对群体性纠纷，调解员要做的第一件事就是劝导人群离开。

周日早上，某司法所所长孙某接到电话，说辖区村内因为饮水问题发生了一起群体性械斗事件，情况十分紧急。孙所长立即与一名工作人员火速赶往现场。

到达现场后，孙所长发现，有多达 30 个群众携带着铁锹、镰刀等劳动工具，分成两个阵营对峙，争吵声中夹杂着恶语相向，空气中弥漫着浓浓的火药味。

此时，一个人伸手推了对方一把，几个手持镰刀的村民立即大喝道："再推一下！再敢推一下，砍断他的手！"一场流血事件一触即发。就在此时，孙所长立即冲到人群中间，大声喊道："大家不要意气用事，我是咱们区司法所的孙某某，有什么事好商量，武力解决不了问题，出了事对谁都没好处！现在是法治社会，有事咱们走合法途径！"

孙所长的话让群众稍微冷静了下来，因为人群中有认识孙所长的人，所以大家陆续放下手中的工具，纷纷向孙所长诉苦。在倾诉

过程中，双方因为观点不同，眼看又要吵起来，孙所长马上安抚双方："大家不要吵，你们看这样怎么样？我们每一方各派 3 名代表，到我们司法所，咱们坐下来好好说？"

出于对司法所的信任与解决问题的渴望，双方群众各推选了 3 名代表，一起到司法所参与调解。

在这起群体纠纷调解的过程中，我们可以看到，孙所长的到来使群众大大安心：这种信任一方面得益于调解员平日工作的到位；另一方面也源自群众对公务人员的信任。同时，孙所长的话语也强调了"守法"的重要性，这使激动的人群得以有效冷静下来。

不过，若继续群体聚集讨论问题，人多嘴杂的情况下，难免会因为公众心态出问题，因此，孙所长下一步就是将群众分散，请代表到司法所解决问题。

· 变换调解场所，让聚众群众分散开来

在纠纷现场，双方人多嘴杂，一方面难以形成统一意见；另一方面稍有不同声音便会引发群体对抗，产生强烈的敌对心理，矛盾很可能会不断升级，甚至会导致局面失控。因此，在有可能的情况下，调解员一定要有效疏导当事人群，变换调解场所。

（1）到现场以前便应了解基本冲突情况

现场有多少人参与？是否发生流血事件？主要原因是什么？因为群体纠纷本身就有突发性，在到达调解现场以前，调解员就应了解这些事情。同时，也正是因为群体纠纷参与人数较多，调解员应一边与上级汇报相关事件，一边与最少一名同事结伴调解。这也是参与群体调解的重要原则：调解员必须保障自身的人身安全。

（2）及时安抚人群

调解员在到达现场后，应及时明确群众诉求，倾听意见，同时表明遵纪守法的重要性，并安抚人群，告知一定会将事情了解清楚，给出满意解决的方案。这一点对于平息人群不安有着极其重要的作用：在聚集过程中，群众已经非常烦躁，调解员一定要强调"合法途径解决问题"的正当性以及解决问题的决心。

在某起群体纠纷中，群众认为调解员在敷衍自己，因此久久不愿离开，当地派出所所长拍着胸脯承诺："大家放心，这句话我撂这儿了，这件事儿不解决，我这个所长不干了！"听了这句话，群众才愿意接受下一步的调解计划。

（3）如有可能，转变调解场所

因为当事人双方本身已存在冲突，调解中若再受到来自对方或其他方面的不良信息的刺激，便极易升级、恶化矛盾。因此，调解员要想方设法将双方当事人分开，使双方没有接触的机会，让他们冷静下来，进而能理智地分析和面对眼前的问题。

在转变调解场所时，我们应征询群众的意见，如在上例中，孙所长便率先询问，是否可各派 3 名代表到司法所。这一方法我们在平日里也可使用，即提供可供群众参考的参与调解人数、具体的调解场所。

调解场所并不一定非调解室、司法所或派出所不可，我们需要的只是让参与的群众分散开来，降低聚众心态的负面影响，因此，附近的村委会、居委会甚至是物业办公室都可以选择。

当然，若这一调解建议得不到群众的支持，便意味着调解难度大大增加，此时，调解员就需要提高警惕，同时进一步向上级领导汇报具体情况。

4. 意见领袖：拔掉群体纠纷的"核心人员"

意见领袖又被称为"舆论领袖"，是指在人际传播网络中常为他人提供信息，同时对他人施加影响的"活跃分子"。但值得注意的是，多个个体汇集在一起成为群体时，意见领袖便会出现：他担任起圈子对外的发言人，他总是会先大家而言，他主导着整个圈子的意见走向——不同意他意见的人，往往会被摒除在圈子之外。这个意见领袖可能只是一个煽动者，但却对群体的发展起了极其重要的作用：他（他们）的意志力是群体意见的核心，没有了代表，群体将一事无成。

· 每一个群体都有领袖

"推崇领袖"的意识，多是因为个体潜意识的需要而导致的：群体的力量永远大于个体，而群体分工又能够提升效率，所以，个体在抵御外界时，总是会选择加入群体。在大多数人的意识中，都会有这样的想法："我们应该有一个主导者。"因此，身为群体代表的领袖也往往会被选择出来。

心理学家古斯塔夫·勒庞曾就"工会罢工"行动中工会领袖所起到的作用进行过深入的研究。他发现，在普通的民众中，工会领袖的作用远远超过了政府的法规，民众在服从他们时，往往表现出极端的温顺，但是，若因为某种变故，领袖从前台消失的话，群众便会回归到群龙无首的状态中。

在位于佛罗里达州的一次公共汽车罢工事件中，当地政府尝试了各种办法，但骚乱依然持续，这种情况一直持续到当局将两名指挥罢工的领袖抓起来为止——领袖不见，这场罢工立即偃旗息鼓了。

对于这种绝对化的"服从"，古斯塔夫认为，这是群体失智的另一种表现：群体是如此渴望有人能够征服他们，以至于只要有更响亮的声音出现，他们就会本能地表示臣服。

· 群体纠纷中，也往往存在意见领袖

根据群体纠纷中相关人员各自的行为、特点与作用，调解纠纷

时，我们可将他们分为图 10-1 中的三类：核心人员（意见领袖）、
附和人员、围观人员。

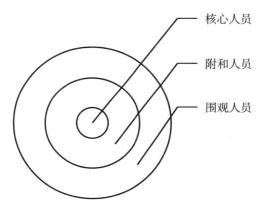

核心人员

附和人员

围观人员

图 10-1　群体纠纷中的人员组成

在群体纠纷中，核心人员所起到的作用是非常关键的。

因体制改变，某经济发展公司拟进行富余人员的分流。在报某
市政府批准后，该公司两次召开全体员工会议，宣布了分流人员名
单与具体的经济补偿办法。会后，被提前解除劳动关系的员工们对
公司的经济补偿标准有异议，向劳动主管部门投诉。

劳动主管部门了解情况后，向该公司发出了口头监察指令，指
明该公司行为并未事前征得劳动主管部门的同意，属非法行为，不
具备法律效果，要求该公司纠正。

该公司接到劳动监察指令后，又分两次召开全体员工会议，宣布
之前解聘的 59 名员工不再提前解除劳动合同，并请他们回单位上班，
停工期间工资照常发放。但以梁某、程某为代表的 33 名员工对公司
决定不服，并聚在公司门口要求额外的经济赔偿金。

在该纠纷中，梁某与程某便是典型的意见领袖。调解人员在接
手后发现，之前被解聘的五十多人起初并没有明确的经济要求，但

梁某与程某指出，被公开宣布裁员，"这口气咽不下去，必须要求补偿"，此后，有十几个人开始认同这种要求，慢慢地，参与者达到了三十几人。

· 针对领袖人物，展开心理攻势

作为纠纷人群的核心层，他们基本上是纠纷的策动者、组织者与指挥者。这一层次人员较少，其行为动机与目的明确，且平日里具有强势心态，从心理上来说，他们对其他层次的人具有一种辐射作用，其行为的社会危害也比附和人员、围观人员更大。

在开展心理攻势过程中，准确地把握意见领袖与其他层次人员的界限，具有重要意义：对这些人展开心理、法律与道德攻势，往往是正确处置乃至平息事件的关键所在。对待这些人员，我们需要注意以下几点。

（1）展开会谈，厘清其问题与需求

群体纠纷往往有明确的诉求，这种诉求多通过意见领袖传递出来。调解人员应率先找出意见领袖，在变换调解场所后，与之沟通，厘清其问题与需求。比如，在与梁某、程某对话时，调解员请了与他们相熟悉的老同事参与谈话，在熟人效应的影响下，梁某表示，被公开辞退是一种羞辱。要钱是次要的，他们更担心，回到公司以后，公司会给下绊子，以后改制私营了，随便找个理由都有可能辞退他们。

在交谈过程中，调解员并未着急指出梁某、程某在事件中不足及错误的地方，而是用心地聆听他们的诉说，并运用同感和鼓励的技巧，对其消极情绪进行情感疏导，一定程度上减少了他们的不安、焦虑情绪。

（2）做出判断，进行危险性评估

意见领袖左右着群体纠纷的发展走向，他们的意见在一定程度上是风向标，所以在对话中，调解员必须要对其危险性做出判断。

对于一些本身没有危险性、只因情绪冲动而发言的意见领袖，观其行为便可知，他们因自身利益受损无法伸张，认为只有"闹大、大闹"才能解决，为的是达成自己的利益诉求。面对此类意见领袖，我们要不断地向他们灌注希望，协助其找到解决问题的办法。比如，对于危险性并不强的梁某、程某，调委会便与公司高层进行沟通，敲定了相关的保障措施，同时由公司对错误的、不合法的辞退举动张贴了致歉函，最终纠纷得以解决。

值得警惕的是，对于那些危险性较高的意见领袖，调解人员应集中力量与其进行沟通、教育，甚至是谈判、商议，争取通过改变核心层人员的心理而缓和、平息事态。

对于一些听不进去劝、表现出极端情绪的意见领袖，调解组必须一边使用"后果警告法""法律震慑法"劝导与警告，一边上报上级单位对其密切关注。若其不听劝导，甚至有进一步煽动人群的举措，导致事态逐渐严重化，调解小组应与相关部门联合应对，商议是否需要使用强力措施将其与人群隔离——此动作一定要伴随着安抚、教育群众，否则便有可能适得其反。

5. 责任扩散心理：消除盲动性，打消群众"法不责众"的想法

责任扩散心理又被称为旁观者效应，它指的是这样一种现象：在某种特殊或紧急情况下，若在场的不止一人，那么，这种帮助他人或者处理问题的责任就会被无形地扩散到更多的人身上。扩散的范围越大，个人便认为，自己对它的责任越小。

· 未指定目标时，人人都是旁观者

一位治安人员在教导遇到危险的人应如何求助时，明确指出："你要抓住一个人，一个确定的人。"他说，只有当你明确了求助对

象时，对方才会感觉到你在向"他"救助——这一行为反映的其实就是责任扩散心理。

现实生活中，责任扩散心理非常普遍。比如，在年假结束时，小组组长说，请大家想一下，办公室有什么用品是需要提前购买的，大家可以短信或邮件的形式发给我。可是，开学的时候，组长发现，邮箱与手机里连一条信息都没有。回到办公室询问时，大家都说："我以为你会发呢！""啊？我以为你发了！"

以为别人会发，结果谁都没发，出现这一结果的原因就在于责任扩散：大家都没感觉到这是自己独一无二的责任，所以也就不认为这件事是自己必须要做的，并认为，自己不做，肯定也有别人来做。

· 责任扩散下，参与闹事者多因"法不责众"

纠纷中，责任扩散效应则体现为另一种形式。

在某地拆迁工作中，拆迁工作小组在征得拆迁户韩某本人的同意后，协同项目部派施工车辆与人员帮助拆迁房屋，并与对方商定了房屋拆除办法与拆除时间。

在拆迁工作展开后，韩某声称，房屋内的电视与冰箱没有搬出来，要求项目部赔偿。项目部认为，拆迁工作是在征得韩某同意后进行的，屋内物品事先应由韩某取出，双方为此发生冲突。

韩某以施工方打人为由，招来亲戚与不明真相的群众，围攻项目部拆迁人员并砸烂了部分拆迁车辆的玻璃。该地镇党委、政府迅速派出人员到现场进行协调，在调解无果的情况下，该村 80 多名村民将韩某一家抬到镇政府门口，严重扰乱了镇政府的工作秩序。

查明事实真相的过程中，民警得知，韩某与他人商量："闹一闹，来钱快。"最终，韩某与带头聚众扰乱单位秩序的李某、胡某等人被给予 10 日、15 日不等的行政拘留处罚。处罚命令下达后，胡某、李某直言后悔："这么多人，想着闹一闹自己不会有事，谁知道还闹得进局子了。"

这种情况，其实就是典型的社会危害型纠纷。此类型的当事人往往抱着"小闹小解决、大闹大解决、不闹不解决"的心理，矛盾纠纷出现以后，不是想着解决问题，而是先纠集大量人员闹事，意图通过群体压力，造成较大影响，施加社会压力。而参与者因为抱持着"法不责众"的想法，也乐得参与。对于此类纠纷，调解员要妥善处理、及时平息，否则，极有可能造成恶劣后果。

· **打消责任扩散心理，消除盲动性**

法不责众心理其实在群体纠纷中很常见，有些群众本身与事件无关，却参与一些群体性事件，并非有闹事心理，更多的是出于人情，"乡里乡亲，帮个小忙"，有些则是秉持着"闹一闹自己也能得好处"的想法。劝导这部分群众，是降低群体纠纷危害的关键。

（1）抓住时机宣传法律和政策，消除盲动性

人生来即在团体中，当小纠纷发展成团体大行动时，生活在团体中的成员便会产生从众心理倾向，盲目跟随集体，盲目行动，如某亲属在外受了气，叫上一群亲戚去出气。

调解员必须了解与掌握这种心理倾向，在调解过程中，把握有利时机，理直气壮地宣传有关法律与政策，在强调会根据事实调解以外，也要明确指出盲目从众行为的危害。通过这种宣传、启发，能唤起人们的法律意识和社会责任感，有效减弱纠纷心理，抑制盲动行为。这样，团体纠纷就不会向恶性发展。

（2）及时消除责任扩散心理

正如前面所分析的，凡是参与了群体纠纷的人员，都具有不同程度的责任扩散或责任转嫁心理。在这种心理驱动下，人们往往失去理智，胆大妄为，令纠纷向恶性发展。这就要求调解员掌握并及时消除这种心理症结。

具体方法是：

①揭露责任扩散心理对自己和对社会的危害性，分析在责任扩散心理驱使下的行为发展趋势以及行为后果；

②揭露责任扩散或责任转嫁的心理实质是侥幸心理在作祟，告诫大家不要有任何侥幸心理；

③同时要严肃正告那些在责任扩散或责任转嫁的心理驱使下正在做出过激行为的人，责任是不可以扩散和转嫁的，公安、司法机关是会查明行为人并依法追究责任的。

通过对话、演讲、劝说等方式，将上述信息输入参与纠纷闹事的群众大脑中，必然会引发内省，抑制纠纷心理和过激行为。

6. 观众效应：开展心理攻势，降低围观者参与机会

观众效应指的是这样一种心理：我们在有人围观和无人围观时，做事的心理与感受往往不同——有观众在场时，某一行为的当事人往往会认为，旁观者会自发地对自己的行为进行评价。心理学家将引发这一效应的机制归为人类的虚荣心：在任何社会情境中，我们都害怕被抛弃，并且希望被别人喜欢与接受。

· 观众效应：人越多越兴奋

当我们切实地与他人在一起时，观众效应往往会表现得更明显。

当别人在你办公室里时，你总会有种感觉：他或他们正在审视你的工作，也许他们在注意着你的表情、行为。虽然这些观众可能与你毫无关系，然而，你可能会料想到，他或他们在某种程度上会对你进行评价。

关心、在意来自他人的评价，这种渴望会唤起个人的行为内驱力，从而起到促进行为的观众效应。除了这层内涵以外，个体间还存在隐蔽的竞争因素，人人都有不同程度的好胜心，而好胜心会驱

动个体展开竞争。

最典型的现象就是，逞能行为总是在他人面前出现的，如举重运动员在观众面前可以举起他单独练习时无法举起的重量，长跑运动员在与他人竞赛时比单独练习时的成绩好。

· **群体纠纷中，警惕围观者出现观众效应**

对于群体纠纷来说，在事件发展过程中，观众效应特别容易发挥作用：一种行为没有人理会倒好，越是有人看热闹，当事人就会越来劲，如果有记者与媒体的关注，更会令其精神振奋。

某司法所接到电话，称居民王某一家 3 口与张某一家 5 口在菜市场因为摊位发生了纠纷，双方情绪激动正在打斗，该所李所长马上带人赶往现场。

到菜市场一看，近百名围观群众将现场团团围住，场面一片混乱，王某与张某正在争吵，不时出现推搡行为，且两人皆不同程度受伤。旁边还有几个人在起哄："看警察来了！张某，之前你一直不在这摆摊，你的摊位是怎么来的？今天得好好说道说道！"王某听到有人支持自己，更显气壮："你们家人多，我们有理！今天这事儿没完，让大家评评，看谁对谁错！"

李所长立即大喝："都住手！我们是司法所的工作人员！有什么事到调委会去解决，谁再动手，出了事谁负责！"闻言，打斗的双方停了手，但起哄的几个人却不罢休："看，拉偏架的来了！"旁边群众明显再次躁动起来，王某也开始骂骂咧咧。

见状，李所长立即指着那几个人："刚才是你们说的我们是拉偏架的？你们有证据吗？能为自己的话负法律责任吗？"旁边有调解员提醒李所长说，其中一人是市场有名的老赖胡某。李所长马上对胡某说："胡某，你自己赖人家的账还了吗？看热闹不嫌事儿大，你要不要跟着到所里去？还有你？"胡某与其他几个人顿时退缩了起来："干我们什么事，我们去做什么！""就是，我们就是看不惯！"

"事情对与错不是你们说了算，我们司法所会秉公处理！大家赶快散了，有意见的咱们一起去，司法所的车就在外面！路都堵住了，正是饭点儿，家里大人孩子都等着吃饭，有事我们解决，其他人赶快回家吧！"

听完李所长的一席话，群众慢慢散开。随后，李所长一行迅速带双方当事人回到了所里，针对该事件展开了调解。

在这起纠纷中，我们可以发现，胡某等几个起哄的人正在受观众效应影响。这类人或许是出于自我表现的欲望，渴望获得他人的关注，并期望利用事件展示自己的才能，在激烈氛围的作用下，情绪高度激动的他们若无人及时引导，便极有可能左右群体纠纷的走向。

· 开展心理攻势，别让围观人群变成不稳定因素

中国人素有爱看热闹的习惯，而群体纠纷在形成与发展过程中，多会聚集一些抱持好奇心理的围观者。由于围观者群体虽然是偶然聚集，却是群体纠纷中的当事人与关键人员重点争取的力量。很多群体纠纷中，关键人员都会有类似的说法出现："大家给评评理！""你们说说……"我们可以将之理解为关键人员的倾诉，但事实上，这也是鼓动无关人员参与、扩大纠纷的一种方式。

一般情况下，事件持续时间越长，围观人员便越多，客观上起到助长声势、扩大影响的作用，增加了平息事件的阻力。

（1）围观人员多有侥幸心理，并存在较强的可引导性

从人员情况看，围观人员组成具有不特定性，组织性不强。

从心理特点来看，他们的侥幸心理与可引导心态较重，但受群体纠纷关键人员的影响不大，而是受整个事态影响较大。

当前，围观人员因为对社会上一些不良现象的极度反感，和个人自身同情心的驱使，很容易参与群体事件，加剧事态的发展。所以，围观人员是政府、调解人员与纠纷关键人员争夺的力量。

（2）围观者中若有熟悉者，先指出其人其事

如果在群体纠纷的调解过程中，调解员发现某个正在"激情发言"怂恿当事人与群众的"熟人"，可如同李所长一样，大声喊出他的名字，将之明确出来。

这种明确其实也是我们之前提及的对责任扩散心理的制止，同时也是一种警告与震慑：我知道你是谁，你需要为你的言行负责。这其实是将起哄的个人定义成了参与纠纷的一分子，避免对方存在"法不责众"的侥幸心理。在调解员做出这一举动后，被指出的围观者也往往会因为"被明确""被赋予责任"而不敢再轻易参与其中。

（3）按事态发展，恰当引导围观人员

在展开心理攻势的同时，调解人员要与同事配合，采取各类措施，最大限度、第一时间宣传法治思想，同时传达事件的真实过程，切断围观人员被谣言影响的来源，防止围观者继续增加。

如果事件已经有恶化趋向，已有围观人员卷入事件，调解员一定要向其明确表明政府对事件的态度及相关处理措施，努力争取附和围观者的理解，避免激化矛盾。同时，还要大力宣传围观者与事件人员的区分，削弱或打消其利益认同心理。

若事件本身恶性化发展，如在一些群体纠纷中，甚至会出现围攻警察、扰乱政府正常工作节奏的事件，调解人员一定要宣传"围观"与"参与者"的不同法律责任，通过法律威慑防止围观者向骨干分子转化。

最重要的是，调解员应与同事配合宣传教育，必要时甚至采取适当手段对该部分人员予以驱散，从而孤立直接参与事件的人员，减小处置阻力。

7. 同体效应：表明自己的"一体性"

同体效应也称"自己人效应"，它指的是，在人际交往中，人们往往更喜欢和那些容易与自己归于一类的人交往，把这些人当成知心朋友，而对于自己人的话，人们也会更容易信赖，更容易接受。中国人爱说一句话："自己人，好办事。"之所以会有这样的论断，就是因为"自己人效应"。

·合作以前，先成为"自己人"

我们感觉只有自己人才能了解我们的心情，才能知道我们的立场。而对于"自己人"来说，我们通常也会抱有更多宽容，给予更多优待。同样一句话，旁人说了，我们会带有防御心理，"自己人"说了我们就会听——这就是"同体效应"在现实生活中的直接表现。

以这样的方式来看，成为他人的"自己人"有巨大益处，这也是为什么销售行业会有"做生意前先做朋友"这样的告诫。在其他领域，同体效应也一样在发挥作用。

一位老师新任高一班主任，面对一群正值叛逆期的孩子，焦头烂额的他简直不知要如何开展接下来的班级管理。一天放学后他正在家中休息，有老师打电话给他，说他班里的孩子与高三学生因为打篮球打了起来，他立即驱车前往学校。

到校以后，他了解了前因后果，发现错误并不在自己班的学生。面对对方的咄咄逼人，他说道："大家都动了手，是我们的错，我们不会否认，也会负起相应的责任，但你们班孩子先推倒我们班孩子，这件事咱们坐下来好好说说。"

其实事情不大，在年级组领导来了以后，事情马上就解决了。可这位班主任此后感觉，同学们明显更尊重他了。事后他才知道，自己那天的表现，让同学们将他视为了"自己的班主任"。

这种"自己人效应"便是因为一方主动接纳与表现出来的善意

引发的。当然，共同之处也可以是志向、兴趣、利益、价值观上的，这一共同点会天然给彼此提供信任的基础。

· 调解群体纠纷时，也要懂得利用同体效应

群体纠纷之所以发生，往往是因为多个个体之间有相同的利益诉求，而这种诉求就是他们之间存在"同体效应"的原因。我们在调解过程中一定要注意：大部分群体纠纷都是人民内部矛盾，这种"内部矛盾"本身就具有同体性。

比如，受疫情影响，某商场出现了客流锐减、销售额下滑的情况，服装、餐饮等行业受损严重，很多商户呼吁业主"减免租金"，而业主对此却非常不满：平日商户赚的钱并没有给自己分红，为什么一亏损就要"有难同当"？再说了，自己每月的贷款谁来还？

如何破解这一难题，最重要的就是走出"零和思维"。面对疫情，商户与业主既是博弈双方，更是利益共同体。若无力承担房租，商户退租甚至是退市，对业主也毫无好处。而站在政府的角度来说，双方矛盾持续激化，也会引发不少社会问题。

面对纠纷，地方政府发动了基层组织与社会力量，一方面在业内引导成员合理谈判，避免矛盾激化；另一方面视商户经营情况而定，通过租金打折、延缓交租等多种方式，减少双方负担，达成共赢。

而在此过程中，政府作为调解主体，并未"拉偏架"，减租是情分，不减是本分。对于那些减租业主，地方政府给予了适当减免利息的政策，以起示范带动作用。同时，更由政府通过奖励补贴鼓励餐饮企业转型线上业务，表现出了政府与业主、商户"共克时艰"的担当，真正实现了"三赢"。

· 找出同体性，让群众意识到这是"内部矛盾"

近年来，群体纠纷多以企业与员工冲突、农村拆迁、库区移

民、环境污染等问题的形式出现。虽然其维权内容不同，指向对象不同，但它们都属于"人民内部矛盾"——它并非敌我矛盾，而是群众为了表达诉求与主张，或直接争取与维护自身利益，或发泄不满、制造影响的一种活动形式。

（1）减少排他性，配合法治教育

当群众参与群体纠纷时，其实已经成了该团体中的一分子，而排他性从来都是小团体主义的寄生物，这是人类弱点之一。因此，调解员应与同事配合，对纠纷群众展开心理科普教育，使其意识到自己对抗调解的原因，以及小团体对社会发展的负面作用，配合法治教育，并最终达到自觉抑制或消除小团体对抗、不断完善自我的目的。

调解员一定要谨记：切忌以敌对态度面对群众，当事群体本身较为敏感，对调解人员持有戒备心理，且会格外关注调解员的一言一行。只有找准自己的定位，以"为民服务""以民为重"为定位点，依法办事，建立起公正感，才有可能解决问题。

（2）体察民情，深入群众

群体纠纷案涉及人数众多，受群体心理影响，往往会出现群情激愤的情况，与政府或调解人员也多有一定的情感误差，调解员必须寻找弥补情感误差的连接点，而这种连接点只有深入群众，在体察民情的同时，形成感情的流动，建立起信任感后才能形成。

同时，在处理群体纠纷时，我们也要考虑到权威效应：当地有权威、能说得上话、群众信赖的人，往往会与纠纷群体有更强的同体性，若能找到这些人参与调解，便可有效减少群众对调解的对抗。

当然，强调同体性只是增强了群众的认同感，若没有解决群众的利益诉求，纠纷便不会解决。因此，在下一步，调解人员应梳理案件头绪，分析案件成因，看清问题、把握重点，确立起清晰的调解思路。

8. 注意过滤说：利用信息过滤理论，将积极信息传达到位

有关注意力的研究发现，人没有办法同时处理两种信息，也就是说，为了提升专注力，大脑会自动过滤掉那些多余的信息，这意味着，不管周围发生什么，我们的关注点永远在自己关心的那件事上。这一理论从反面也一样成立：只有我们在意的少数人传递的信息，才能进入我们的注意范畴。

·人类注意力的特点：一次只能关注一种信息

我们可以想象一个 Y 型的过滤管道，上面有两个入口各放一个球，两个球到了交叉口后，只有一个球可以通过——这就是简化版的大脑筛选信息机制，同时也是注意过滤说的原理。

那么，大脑过滤信息的选择依据是什么？心理学家发现，一个人会受个人预期、经历、得到的反馈、意义内涵、物理性质等影响，进行注意力筛选。

比如，在喧闹的环境中，我们会注意到那个更响亮清晰的声音。

比如，在聚会上，很多人在谈话，但如果有人提到了我们的名字或我们关注的名字，这场对话就会被我们注意到。

比如，如果在一场会议开始前，我们便被告知接下来要回答某个问题，那么，我们就会特别注意收集与该问题相关的信息。

所以，按照这一逻辑，为了引起某个人、某个群体的注意，我们可以事先了解对方的各类情况，包括其背景、喜好、困扰、焦虑点等。在沟通时对症下药，便可顺利引起对方注意。

·警惕意见领袖成为"负面过滤器"

在纠纷人群中，为什么意见领袖的意见会驱动人群做出不理智的动作？在很大程度上就是因为"注意过滤说"：喧嚣的环境中，意见领袖往往与个人利益诉求实现密切相关，同时他们反过来又会

对信息起到加工解释、传播扩散的作用——这便是人群中的反向"注意过滤"。

不要小看了这种注意过滤，它甚至有可能主导纠纷的走向。

在某小区业主与物业纠纷中，因为物业提价，导致业主不满并拒绝缴纳物业费。为了加快收费速度，物业拒绝修理小区内多部已出现问题的电梯，同时停止了垃圾收纳、清理的工作。

几十位业主聚合在一起，在小区门口讨要说法。宁某是某自媒体大 V，在网络上将此事渲染后传播开来，因此，虽然调解员及时到达，展开了调解，但事态已有扩散趋势。当调解员请宁某与其他几人、物业代表到调解室调解后，多数人达成了一致：物业提升服务质量，业主及时缴纳费用。由于宁某在网络上的影响力，调解员特别提及，请其考虑社会影响，不要将事情影响扩大化。

但未曾料想到的是，宁某回到家以后，并未如实在网上表述事情进展，还在业主微信群中传达信息：调解会与物业"沆瀣一气"，有些业主代表已经被"收买"。如此一来，业主们的怒火非但没有被平息，反而更高涨。

作为群体纠纷的重要角色，意见领袖往往有或权威，或可信，或专业，或煽动性强的特性，他们多半有强势性格，对某一事件具有独特看法，因此在纠纷中受到了群体的信任。矛盾冲击下，群众往往呈现出理性丧失、自身判断力减弱的特点。若在这一过程中只注重与意见领袖沟通，却不能及时将信息传达给群众，便有可能导致案例中的情况：意见领袖对已有信息产生了负面引领作用。

· 有效发声，将成果传达给群众

在利用注意过滤说时，我们需要注意这样的事实。

（1）意见领袖会对信息加工解释

在传播心理学中有"两级传播"之说，其是指，信息往往是先由大众传媒流向意见领袖，然后再流向公众。因此，意见领袖这一中介无疑成了传播中的"二把手"。他们会将信息"解释、加工"成符合自己认可的内容，并继续传播。对自己有利者，他们会主动传播，对自己不利者则会去除。

（2）不可放弃沟通主动权

在上述案例中，宁某之所以能对信息二次加工，并引发大量关注，关键就在于当地调委会未对其足够重视。事实上，在群体纠纷的调解中，我们一方面要与群体推举出来的代表沟通，另一方面也要及时与群众沟通。在这一过程中，调解员应意识到这些细节：

①意见领袖的表达可能是存在私心的，如他们可能会更侧重于自我利益的实现，而非群体利益。

②与意见领袖达成某方面的一致时，要及时使用张贴公告、发微博、广播等方式，将协调的结果告知群众，并对未达成一致的内容做出解释，或给出下一次会谈的时间与相关承诺。

（3）加强网络舆情应对

公民利用网络发声其实已经很常见，但像宁某一类的人往往并非纯粹为群体发言，而是更多地利用纠纷为自己增加影响力与曝光率，这也可以解释为何宁某在达成约定后反悔。

因此，在一些公众关注的热点问题中，若有相关网络舆情与舆情关键发布者出现，调解员一定要做出相对回应，如向上级请示，如何展开网络舆情预警，如何与网民建立对话沟通机制，做好相关澄清工作。

除此以外，我们也要利用纠纷参与者们的期待，做足"纠纷外功夫"，摸清、找准当事人矛盾根源在哪里，审判的难点在哪里，职能部门能够发挥怎样的作用，当事人和解的"点"在哪里，当事人的自然状况、经济状况等对和解的影响在哪里，提出亟待解决的问题。通过这些来提升当事人注意水平的方式，加强群众对"纠纷和解"信息的期待程度，使其对接下来的调解充满期待，而不是将注意力过多集中在"如何把事情闹大"上。

9. 预防接种理论：强化群众"免疫力"，避免事态影响进一步扩大化

预防接种理论又称防疫论，它是站在受众立场上提出的：大部分人持有许多未经挑战的信念，这些信念在受到攻击时很容易被支持，个体想要获得思想观念上的抵抗力，便可如同打预防针一样：让一个人先接触一种弹性的、为刺激其防御而产生的负面观点，进而提升其对这种负面观点的"免疫力"。

· 用反面观点去提升免疫力

免疫力是人体自身的防御机制，现代免疫学认为，提升免疫力可以让人减少生病概率。为了提升人类特别是新生儿的免疫力，医护人员会通过预防接种的方式，积极主动地去应对各类传染性疾病。与之类似的是，我们身处的信息世界中也充满了各类声音，如何更好地传播"好声音"、更有效地提升公众抵御"坏声音"的能力？

心理学家指出，个体想要获得思想观念上的抵抗力，有以下两种途径可走：

①靠"事前滋养"，即事先对个人基本观念给予支持的观点。

②靠"预防接种"，即将人暴露于微弱的反面观点之中，这种反面观点可以有效刺激提升抵抗力。

经过实验证实，"预防接种"的免疫效果优于"事前滋养"：当我们适度接收负面的信息时，便已经增强了自身的信息免疫力，这种免疫力足以使这些基本信息在接触另一种攻击时，也不至于影响个人的态度。

预防接种理论在现代商业中常有运用，业内人往往知道自己行业中有什么见不得人的操作，当销售人员主动告诉顾客有这样的事情，并指明：我们品牌能带给你的不仅仅是好产品，因为我们深知该行业的弊端，所以，我们建议你……

购买物品时，客户原本就对产品或行业存在天然的不信任，而当销售人员使用了预防接种理论后，他们反而会升起一种"他会站在我的角度考虑问题"的信任感。

预防接种理论的关键在于，有意识地向受众灌注一些负面的信息，使他们在思想上先对此类反面信息产生抵抗性。这样，一旦真正面临负面信息的大规模侵袭时，便不会轻易动摇。

· 提前预防接种，避免事件进一步扩大化

人的心理始终是趋利避害，而在纠纷调解中，因为矛盾纠纷已经发生，出于对调解制度以及其背后公权力的质疑，当事人对调解人员的介入其实是充满了不信任的——如果信任的话，当事人便不会以群体纠纷的形式把事情闹大，更不会有"不闹没好处，小闹小好处，大闹大好处"的想法。

在这种情况下，如何调解或是制止事态影响扩大化？预防接种理论给我们提供了一种可参考使用的方法。

在某地建造通信站导致的小区抗议活动中，组织者与参与者皆是老人。区政府便在第一时间向附近小区进行了信息传达，一方面指明了通信站的运作原理，以科学反驳"通信站有辐射"的谬论，另一方面指明了抗议事件有可能对周边生产生活造成的影响。

这样做直接带来了三个好处：

①指明了纠纷的无理性，同时让群众得知了后果：若不建通信站，周围一带可能无法通信，而聚众闹事则可能需要承担相应责任。

②告知群众要面对的事情：自己的正常生活可能会被此次纠纷打乱，让有可能参与的潜在群众处于保护自己的应激状态，进而关注自我生活，而不是去关注纠纷。

③给予了轻度的批评教育，让群众感受到了一种威慑，从而迫使其进行更仔细、更全面的思考，并自主决定自己的想法与行为。

在将此事预告周围小区后，事情被有效控制在了该小区范围内，并无其他人员参与。后期，调解员又动员小区中的年轻人劝导参与的老人，向他们科普通信站的工作原理，一起群体纠纷在几天后逐渐平息了下来。

由此看来，在突发事件特别是有扩大趋势的群体纠纷中，主动告知是提前预防的关键：调解人员应与相关单位配合，由政府决定是否要向公众传达这一群体纠纷，以提前给受众打好"预防针"，获得解决问题的主动权。

· 展开舆论争夺战，恰当刺激才能有效预防

什么时候实施态度"预防接种"，不应想当然地随意确定，而是要以群体纠纷的调解节奏来定，有意识、有针对性地展开舆论争夺战。具体来说，我们需要基于具体事件，把握好预防方法与时机。

（1）适当允许不同观点的负面信息

调解员在加强正面舆情引导的同时，要注意引入那些与公众利益不一致甚至是相反的事实与观点，以便培养人群对谬误事实和错误观点的心理抵抗力，从而无形中强化公众对主流观点的认同。

比如，在一些群体纠纷中，调解员往往会先声夺人："有些人说，咱们这次拆迁，标准不一样，有个别工作人员存在执法不公、打'人情牌'的现象；有些人说，咱们的拆迁工作被黑社会接手了，不想拆也得拆。大家放心，对于这些疑问和质疑，我们都会给

出答复。"

（2）倾向性思想问题的萌发期

当群体纠纷存在进一步扩大化、无序化的潜在趋势时，尤其是当群体中有人叫嚣"闹大""上街游行"一类倾向行为时，及时采取"预防接种"的方法，可以有效帮助附和人员、围观群众警醒，进而展开自我行为约束。

不过，倾向性问题往往处于萌芽状态，消极思想倾向尚未形成气候，这就需要调解人员与群众多沟通、敏于观察、善于分析，才能把握时机，取得事半功倍的效果。在群体纠纷中，因为群体情绪的渲染，有些现象变化很快，问题也发展得很快，若调解员反应滞后，就会错过最佳"接种"时机。

（3）拓展纠纷人群的信息量

想转变人的态度，首先要打破其原有的思想与认知体系，这就需要一种或几种强大的外力，多角度、多层次地施加影响。在传媒聚光灯和"大众麦克风"的信息化时代，一味限制和阻抑群众的信息知情，已几乎不可能。

既然人们终究会接触负面思想，那么，调解员不如顺其势态，先让参与群众与围观群众了解一些这样的观点，在思想上有所准备，然后，再引入其他力量进行科学辨别、有效引导。比如，在之前提及的拆迁纠纷中，群众怀疑工作人员操作有问题，政府便将相关数据张贴，并强调若对数据有怀疑，可现场测量证实数据准确性。在事实数据的证实下，群众怒火平息了不少。号召年轻人向家中老人科普通信站工作原理，也是利用了这一方法。

必须指出的是，预防接种理论并非单一的直线作用，而是要循环往复、多次反复才能完成。因为对群众原有观点进行轻微驳斥、促使他们再思考，本身就是一个需要时间才能完成的事情。

10. 情绪隔离：把群体成员分开调解的重要性

情绪隔离是一种心理上的自我保护机制，它指的是，在具有冲击性的事件发生时，个人主动地把一些不愉快的事实、情景或者情感分隔于意识以外，不让自己受其影响，以免引发心理上的尴尬、焦虑或不愉快。

· 隔离，是为了不受影响

在积极的情绪隔离中，人们并不会隔离全部事实，而是会隔离那些会影响自己判断或理性的部分。最常被隔离的，多半是与事实相关的、会唤醒焦虑与不安的个人感觉部分。通过这种隔离，当事人便较少受其影响。

一位女士接到电话：身在家乡的父亲突然因为车祸意外去世，同行的母亲身受重伤，身为独生女的她挂掉电话后，迅速打电话给离母亲较近的亲戚，请他们先去照顾母亲。随后，她向公司告假，千里奔丧。

回到家乡后，处理母亲住院的相关信息，送父亲的遗体进入太平间，同时与肇事者展开沟通……其间，这位女士没有掉一滴泪，直到父亲下葬那天，她才痛快地大哭了一场。

父亲去世、母亲重伤，为何她没有哭？其实就是隔离机制在发挥作用：事情太过痛苦，若一味沉溺于悲伤，便无法处理诸多事宜，因此，她暂时用理智阻断了与悲伤情景的联系，直至自己有时间去悲伤。

由此来看，隔离并不是遗忘，也不是看不见，而是为了达成某一种目的（或是为了自我保护，或是为了更好地处理事情），暂时不去关注负面的情绪与情景。

· 调解群体纠纷时，尤其需要隔离自我

我们在之前谈过，"共情"与换位思考，对于调解有重要意义：情感融入，调解成功的概率更高。但在大型纠纷中，由于参与人数众多、事件冲击性较大，过度共情反而并非最佳选择。相比之下，减少负面情绪的影响，将自己从纠纷中隔离开来，显然更加明智。

在一起工伤死亡赔偿纠纷中，死者胡某是年仅 32 岁的外来务工人员，且为家中独子，还有年迈的父母和刚出生的幼子需要照顾，家属据此提出了 240 万元的巨额赔偿金。但用工方认为，整个工程造价不过 4 万元，死者又是因为在施工过程中操作不规范而意外触电死亡的，不管是从责任分担还是从经济承受能力等方面考虑，都不应赔偿那么多钱，最多支付 5 万元。双方提出的赔偿金额差距过大，导致冲突发生。

双方从调解所回去后，死者家属竟然抬尸到工地门口，声称不解决问题便不回去——事态有恶化趋势。调解组的调解员小叶与同事一行 3 人到达现场后，发现现场与电话中说的不一样：电话中说，现场只有十几个人，可调解组到达时，现场已经聚集了将近百人。

面对群众的质问，听到纠纷当事人的哭号，再加上第一次见到亡者的冲击，小叶竟然大脑一片空白，彻底愣在当场。后期他回忆说，自己当时吓得差点站都站不住了。

面对群体性纠纷时，压力是难以避免的，但压力绝不应是我们前进的拦路虎，而应成为我们前行的内在动力，我们需要做的，就是将自己从不安、恐惧的情绪中隔离开来。在小叶无所适从时，幸好同去的阮所长极有经验，他一方面从情理出发，劝导死者家属；另一方面从法理入手，劝双方冷静下来；同时还通知了最近的派出所，请其一同协助调解。最终，在警方到来后，死者家属同意先将尸体搬运走。

很显然，如果同行的调解员都如小叶一样承受不住现场的冲击，那事态很可能会进一步扩大化发展。

· 科学应对压力，克制同情心

如何在紧张的群体纠纷现场实现情绪隔离？调解员需要从积极关注入手。

（1）积极关注

积极关注原本是心理咨询中的一种技术，是指咨询师对求助者的言语和行为的积极面予以关注，从而使求助者发生积极的、正向的改变。

在调解群体纠纷时，调解员也要运用积极关注。

①在现场寻找有利于展开调解的条件。比如，当事人求公正的意图与行为，这是一种向外的求助，是当事人希望获得关注的一种表现。回应当事人的期望，便有机会推进调解进程。

②寻找自己的优势来增强信心。这是一种向内的关注，这些优势可以来自调解员的知识体系、专业素养，也可以来自丰富的调解经验。有了这些优势，调解员就可以更有底气，更能缓解紧张情绪。

在积极关注的过程中，调解员一定要注意：千万不可流露出畏惧、无所适从的言语，因为只有那些自身拥有强大气场的调解员，才有机会在此类纠纷中获得群众信任。

（2）共情，但别同情

群体性纠纷通常有一方当事人属于弱势群体。比如，讨薪纠纷中被欠薪的一方，人们天然地对弱势一方抱有同情。但是作为调解员，在调解过程中，特别是听取当事人对事实陈述时，应当注意做到共情但不同情，即控制自身的情绪不产生偏向。

同情与共情不同，同情是有判断、有倾向的。有些当事人的不幸的确值得同情，如医疗纠纷中失去了亲人的逝者家属，劳资纠纷中辛苦工作一年拿不到工资的工人。但调解员表露同情，很容易使自己丧失内心的中立，导致做出错误的判断。而且，最直接的后果是，调解员表露出来的同情可能会使他失去另一方当事人的信任。

比如，在某起工人讨薪纠纷中，当工人表示已经被拖欠工资长达一年之久，生活无以为继时，调解员选择采用"被拖欠这么久，你们是否保存相关证据？""以后遇到这种情况，要及时向劳动监察部门申请介入处理"等中立性、引导性的语句，既体现了对工人困境的理解，也坚持了中立的立场，为纠纷化解打下了基础。

总而言之，不管形势再怎么紧张、调解员都应保持冷静，将自己与纠纷中的负面信息隔离开来，用事实与证据说话，用理智去调解。

参考文献

1. 谢勇、邬欣言、廖永安等编著：《社会心理学在调解中的运用》，湘潭大学出版社 2016 年版。

2. 赵春鱼：《社会心理学》，浙江教育出版社 2016 年版。

3. 元亨利：《超实用心理学与情绪掌控》，中国法制出版社 2020 年版。

4. 郑小兰：《改变一生的 60 个心理学效应》，中国青年出版社 2009 年版。

5. 李世强：《高效表达：超实用的人际沟通技巧》，中国纺织出版社 2018 年版。

6. ［法］古斯塔夫·勒庞：《乌合之众》，马晓佳译，民主与建设出版社 2018 年版。

7. ［美］亚伯拉罕·马斯洛：《需要与成长：存在心理学探索》（第 3 版），张晓玲、刘勇军译，重庆出版社 2018 年版。

8. ［美］乔·纳瓦罗：《FBI 教你读心术》，王丽译，吉林文史出版社 2011 年版。

9. 温旭东：《人民调解工作中的语言艺术》，载《人民调解》2016 年第 6 期。

10. 朱文、夏长道：《群体性纠纷调解中调解员的自我心理调适》，载《人民调解》2016 年第 8 期。

11. 谢择月、安玥格：《社会化媒体下网络舆情的扩散研究》，载《新媒体研究》2019 年第 19 期。

12. 李杰、郭晓宏、姜亢：《心理学领域疲劳研究的知识网络》，载《中国人力资源开发》2014 年第 3 期。

13. 王浩：《态度"预防接种"：思想政治教育的"另类"心理策略》，载《探索》2010 年第 5 期。

14. 周炜：《浅析组织内部冲突及其管理》，载《科技创业月刊》2007 年第 1 期。

15. 杨旭：《司法社工服务对我国调解制度的嵌入性研究》，载《华东理工大学学报（社会科学版）》2012 年第 6 期。

16. 熊浩：《论法院在线调解的机能失调：基于媒介传播与冲突化解的双重视角》，载《法制与社会发展》2022 年第 2 期。

17. 雷五明、陶慧芬：《群体性事件的社会心理分析》，载《湖北警官学院学报》2006 年第 2 期。

18. 刘永芳、杜秀芳、庄锦英：《动机研究的历史演变》，载《山东师大学报（社会科学版）》2000 年第 1 期。

19. 罗玉兰：《化解公安交通管理矛盾纠纷的思考》，载《法制与经济（下旬）》2013 年第 8 期。

20. 张晓磊：《"三心""三法"促调解》，载《人民法院报》2010 年 12 月 17 日。

21. 蒋嫦春：《调解工作中的"五好"技巧运用》，载《中国劳动保障报》2018 年 9 月 28 日。

图书在版编目（CIP）数据

人民调解员不可不知的 100 个心理学定律：人民调解中的沟通技巧／张思星著. —北京：中国法制出版社，2024.1

（人民调解工作法律实务丛书）

ISBN 978-7-5216-3515-7

Ⅰ．①人… Ⅱ．①张… Ⅲ．①调解（诉讼法）-语言艺术-研究-中国 Ⅳ．①D925.114.4

中国国家版本馆 CIP 数据核字（2023）第 241295 号

责任编辑：周琼妮（zqn-zqn@126.com）　　　　　　封面设计：杨泽江

人民调解员不可不知的 100 个心理学定律：人民调解中的沟通技巧
RENMIN TIAOJIEYUAN BUKE BUZHI DE 100 GE XINLIXUE DINGLÜ：RENMIN TIAOJIE ZHONG DE GOUTONG JIQIAO

著者／张思星
经销／新华书店
印刷／三河市国英印务有限公司
开本／880 毫米×1230 毫米　32 开　　　　印张／10.25　字数／204 千
版次／2024 年 1 月第 1 版　　　　　　　　2024 年 1 月第 1 次印刷

中国法制出版社出版
书号 ISBN 978-7-5216-3515-7　　　　　　　　　　定价：45.00 元

北京市西城区西便门西里甲 16 号西便门办公区
邮政编码：100053　　　　　　　　　　　　传真：010-63141600
网址：http：//www.zgfzs.com　　　　　　**编辑部电话：010-63141807**
市场营销部电话：010-63141612　　　　　　**印务部电话：010-63141606**

（如有印装质量问题，请与本社印务部联系。）